中國文化遺産研究院 編

中國文化遺産研究院藏

陳介祺吉金全形拓精選集

文物出版社

圖書在版編目（CIP）數據

中國文化遺產研究院藏陳介祺吉金全形拓精選集 / 中國文化遺產研究院編. — 北京：文物出版社，2017.4
ISBN 978-7-5010-4740-6

Ⅰ. ①中… Ⅱ. ①中… Ⅲ. ①青銅器（考古）— 金文 — 拓本— 中國 Ⅳ. ①K877.3

中國版本圖書館CIP數據核字（2016）第215004號

中國文化遺產研究院藏陳介祺吉金全形拓精選集

中國文化遺產研究院 編

主　　編　劉曙光
副 主 編　赫俊紅
審　　訂　王澤文

責任編輯　李縉雲　劉永海
裝幀設計　劉　遠
責任印製　張道奇

出版發行　文物出版社
地　　址　北京市東直門内北小街二號樓
郵　　編　一〇〇〇〇七
網　　址　http://www.wenwu.com
　　　　　E-mail:web@wenwu.com

經　　銷　新華書店
製版印刷　文物出版社印刷廠
開　　本　八
印　　張　四四・五
插　　頁　二
版　　次　二〇一七年四月第一版
印　　次　二〇一七年四月第一次印刷
書　　號　ISBN 978-7-5010-4740-6
定　　價　一五八〇・〇〇圓

情繫金石　傳神寫照

《中國文化遺産研究院藏陳介祺吉金全形拓精選集》[一]，歷經數載的整理研究終得以精美面目公之於眾，頗多思緒流入筆端，其中陳介祺的金石情懷是繞不開的探究主題。

令後世學人盛讚的金石學家和鑒藏家陳介祺歷經晚清嘉慶至光緒五朝，畢生傾心於金石的藏鑒、研考和傳承，約二十七歲因得春秋曾伯簠而名其居爲「寶簠齋」，後以號「簠齋」行世。簠齋四十二歲（咸豐四年，一八五四）歸隱山東濰縣前一直隨父陳官俊宦游京師，二十九歲爲内閣中書，三十三歲中進士授翰林院編修，然頗志趣於古璽金石的鑒藏研究，與父輩喜金石者如叔父陳官橋、表叔譚怡堂、岳父李璋煜、吳式芬、許瀚、劉喜海等多往來，曾歷時五年（三十五～三十九歲）將所藏璽印鈐拓編纂成《簠齋印集》十二册。册内收官印三百一十七方、私印一千九百三十一方、封泥一百三十七方等[二]，可見其藏印之富。同時，簠齋對於商周青銅彝器的收藏也不遺餘力，四十歲時從陝西古董商蘇億年處重金購得西周毛公鼎，據「咸豐二年壬子五月十一日寶簠居士陳介祺審釋并記」中寫道：「……此鼎較小，而文之多幾五百，蓋自宋以來未之有也。典誥之重，篆籀之美，真有觀止之歎。數千年之奇於今日遇之，良有厚幸已。」[三]

居京時簠齋父親陳官俊數歷官場起落，終因道光末咸豐初父卒國亂家變，於中年決然攜眷歸隱濰縣故土[四]。此後三十年間金石收藏與傳續成爲其生命之重心，尤其在同治十年（一八七一）相繼喪妻及長子後的十三年間（一八七二～一八八四），他與吳雲（一八一一～一八八三）、鮑康（一八一〇～一八八一）、潘祖蔭（一八三〇～一八九〇）、吳大澂（一八三五～一九〇二）、王懿榮（一八四五～一九〇〇）等舊交新知開始密集地傳書交流[五]，其在金石鑒藏、考辨、傳拓和承續方面的真知灼見和勤謹用功可從流藏各處的諸多器物及有關手稿、信札、拓片等文獻資料中窺知大略。

簠齋一生鑒藏的金石大的品類近十種，各品類的數量已無確數，從簠齋晚年的一份金石拓本價目記載《傳古小啓》[六]看：彝器約百五十餘種、鐘十種[七]、泉笵百餘種、三代秦漢六朝古銅器小品及銅造像百餘種、漢鏡百餘種、漢瓦百餘種、漢魏六朝磚百餘種、六朝唐宋元石五十餘種、集爲六函《十鐘山房印舉》的古璽萬餘方。簠齋諸多拓本鈐印很生動形象地傳遞出其藏器特色，如：簠齋藏三代器、陳介祺所得三代兩漢吉金記、陳介祺手拓吉金文字、陳氏吉金（吉金類），十鐘山房、十鐘主人、十鐘山房藏鐘（鐘），簠齋古兵（兵器），簠齋藏三代鉨、萬印樓、簠齋藏古封泥（古璽封泥類），秦鐵權齋、秦詔量瓦之齋、簠齋藏秦瓦當（秦器），簠齋藏石（石刻造像類），三代古陶軒、古陶主人、齊東陶父、古瓦量齋（陶類），三代化范之室、千化范室、三百范齋藏范（泉笵），二百竟齋藏竟（漢鏡）等等。

簠齋生活的清中晚期，人們對金石的追逐已成爲書畫收藏之外的重要門類，但多數人僅看重器之色形，即使注意到器之文字，也不求甚解。簠齋則有較明確的收藏觀念，他很看重金石文字，欲藉此求知古人并以考鑒著述和圖文精拓來傳古[八]，對當時富藏金石的劉喜海（一七九三～一八五三）「徒以玩物畢一生之精力而一無所傳」深感遺憾惋惜。他在同治十一年（一八七二）十二月六日致友人鮑康信札中云：「吉金之好，今日直成一時尚。竊謂徒玩色澤則名爲古物，與珠玉珍奇何異！我輩留心文字，必先力去此習，得一拓本足矣。」[九]簠齋擇器的主要途徑有：購自市肆，購自其他藏友，與至友交換，托中間商或友人代購等。他在托西安古董商蘇億年覓器時很清晰地表達出擇器標準：「以字爲主，式樣次之，颜色花文又次之。只好颜色而字遜者亦甚不必爭。天地間惟以字爲重，字以古爲重。時代愈晚愈輕。印自不如古器，而費又多。雖費多而不能敵一重器，私印尤不敵官印。余收古物以印之費爲多，而愛之則不如三代器，愈老愈愛三代古文字拓本也……如有再出字多之器，千萬不可失之。切屬切屬！千萬千萬！」[一〇]由此亦可見他對古文字之器的傾心和孜孜以求。

簠齋曾在《傳古小啓》中總結道：「余收金石古文字四十年餘，歸里來以玩物例屏之。同治丁卯（一八六七）青齊息警後，自念半生之力既糜於此，三代古文字猶是漆簡真面目，非玩物比也。」對古文字的好求，使得他在光緒間成爲發現齊魯古陶文第一人，得陶文四千餘種[一一]。

簠齋認爲金石文字，尤其是三代吉金古文字，有義理、文法和書法等方面的價值[一二]，收藏金石的最終目的是通過傳古之文字來承續先人之義理文脈[一三]。其畢生鑒藏金石始終與對金石文字的著録、考辨、傳拓和交流共享等學術行爲密切關聯。

簠齋鑒定别僞的核心要素是對器物文字的甄别，他認爲古器作字得於心手、有法合規、形神相應[一四]，「收古器則必當講求古人作篆用筆之法，知之然後可以判真贋」[一五]，類似的言論如：「論文字以握論器之要」[一六]，「近日作僞至工，須以作字之原與筆力别之，奇而無理，工而無力，則其僞必矣。」[一七]「識得古人筆法，自不至爲僞刻所紿，潛心篤好，以真者審之，久能自别。」[一八]

簠齋鑒藏金石除看重文字外，還講求藏器之精，認爲「多不如真，真不如精，古而精足矣，奚以多爲。得可存者十，不如得精者一」[一九]。故鮑康（一八一〇～一八八一）評曰：「壽卿所藏古器無一不精，且多允推當代第一。」[二〇]

簠齋對藏器的著録考釋、對器形和文字的圖像傳拓，以及晚年與金石至友鮑康、潘祖蔭、吳大澂、王懿榮等的書信交流，更是勤耕不輟、不遺餘力，留下大量著述和拓本資料。簠齋之言論和傳拓圖頗受時人珍視，如收入潘祖蔭《滂喜齋叢書》的刻本《陳簠齋丈筆記》、《簠齋傳古别録》。簠齋傳古的全形拓或文字拓本品質精良，他認爲「傳古首在别僞，次即貴精拓精摹精刻以存其真」，《傳古别録》便是其一生圖文拓製經驗之總結[二一]。吳大澂（一八三五～一九〇二）盛讚到：「三代彝器之富，鑒别之精，無過長者。拓本之工，亦從古所未有。」「然非好之真，不知拓之貴，亦不知精拓之難」[二二]。

簠齋除自拓外，亦請人助拓，對所聘之人要求通識篆學、性格誠篤精細，他在致潘祖蔭信札中説：「延友則必須通篆學，誠篤精細，不輕躁鹵莽者。此等人亦必須善遇之，使之能安，然甚不易得。」[二三]陳峻（粟園）是簠齋所遇最稱心的拓手，曾助拓《簠齋印集》[二四]；王石經是簠齋歸里後的主要拓友，善篆刻，簠齋用印多出其手[二五]。簠齋所製金石拓本，一是投報以佳拓來投的舊交，一是應同好者的索求。對於不相識的同好索求者酌收工本費以求能持續地傳古流佈[二六]。就文字拓本而言，拓資按品種工料列價：鐘拓（十種）每紙足銀伍錢，三十字以上彝器與秦器拓（共約肆拾種），亦每紙足銀伍錢；其他彝器拓、泉范拓、漢鏡拓、漢瓦拓、漢魏六朝塼拓（各百餘種）、六朝唐宋元石拓（五十餘種）、古銅器小品及銅造像各種拓（百種内），每紙貳錢，綿紙叁錢。此外，吉金圖屏册拓，大者每紙壹兩，小者伍錢；《十鐘山房印舉》，六函，因工料過費每部足銀伍拾兩，且祇能當有拓印善手、索求量有十餘部才接受訂製[二七]。從上述單幅拓本的價格可知，拓製吉金全形圖相對不易。

百餘年過去，簠齋藏器歷經滄桑四散海内外，而我院有緣珍藏了一批簠齋金石資料，包括手稿、書法、金石全形拓、金石文字拓本等，來源渠道一是簠齋後人於一九六二的捐贈，一是二十世紀五六十年代文物主管部門從市肆的收購。這些資料已納入簠齋的專題整理研究中，此書便是商周秦漢吉金全形傳拓圖之精選集，包括商周一百四十三器和秦漢三十一器的全形拓以及相應的銘文拓本。其底本以一套五册裝爲主，另選配了虘鐘等五幅原爲十一條屏的全形鐘圖和一幅原爲掛軸裝的毛公鼎圖及兮甲盤、天亡簋等，簠齋藏三代吉金重器悉數囊括。

簠齋在數十年傳拓金石文字和吉金圖的過程中，勤謹用心，從對拓器的惜護、拓包的製作使用、拓紙和墨的選擇到對字和器的拓法等，總結出一套寶貴的實操經驗，藉書信分享給金石友好，并輯成《傳古别録》。簠齋所拓吉金全形圖與銘文皆力求「真」與「精」[二八]，這在我們編纂的《中國文化遺産研究院藏陳介祺吉金全形拓精選集》中可以得見。就銘文而言，真與精體現在剔字時對字之邊際的明辨，拓字時對拓包、墨、紙、水之間濃淡乾濕及手法的掌控[二九]。若從全形拓各原拓看，體現真與精有幾個關鍵要素：一是器形的整體真實觀，二是分紙拓與黏合，三是精細與傳神。從製作環節看，當是先取拓器呈像的形勢結構，在作爲襯底的宣紙上界出拓器上下、左右的最大點位，然後依器之耳、足、口沿、腹身等不同部位，取俯視角度用極薄軟之棉紙分紙拓出，再按一定透視關繫黏合在宣紙上[三〇]。拓墨的濃淡相間施用，精微地凸顯出器之口沿、耳足、提梁、腹部扉楞、花紋等的立體質感，結合器内外素面處的淡墨平拓，使得青銅器的整體陰陽立體和厚重感躍然紙上，呈現出一種平面的真實感，同時又透射傳遞出三代吉金歷久滄桑後的斑駁古老却依然精雅的氣息。簠齋探索出的這種記録和呈現青銅彝器真形的獨特傳拓方法[三一]突破了北宋的《宣和博古图》和清乾隆時《西清古鑑》[三二]中僅靠摹繪青銅器輪廓形象和紋飾的記録局限，也不同於當時僧六舟（一七九一～一八五八）的拓圖所使用的整紙拓法[三三]。簠齋認爲「整紙拓者，似巧而俗，不入大雅之賞也」。簠齋全形拓传拓的整體風格淡雅精緻與古樸厚重兼具，視覺審美感較强，達到了真實與藝術表現的統一。可以説，《中國文化遺産研究院藏陳介祺吉金全形拓精選集》不僅具有較高的歷史價值，更是高水準藝術作品的一次薈萃和傳佈。

在本書的編纂過程中，得到了著名學者李學勤先生及其高足王澤文先生的鼎力相助。每遇疑難之處，兩位先生總是耐心地不吝賜教，尤其是王澤文先生對文稿進行仔細審訂把關，其學術精神和專業指點使我受益匪淺！同時還得到同仁王小梅女士和劉紹剛、鄭子良先生的熱情相助。中國文化遺産研究院劉曙光院長（現國家文物局副局長）和文物出版社張自成社長對院藏陳介祺遺存的出版更是有定音落錘之功。當然，本書能夠順利出版亦離不開文物出版社責任編輯李縉雲、劉永海先生的精誠合作。作爲具體編纂者和古籍整理項目負責人，我在此衷心地向上述相關人員表示最誠摯的感謝！

限於編著者的專業知識水準，書中的不足與謬誤之處誠請大家予以指正！

赫俊紅

二〇一六年六月十六日 定稿

於中國文化遺産研究院

[一] 陳介祺（一八一三～一八八四），字壽卿，又字酉生，號伯潛、簠齋、海濱病史，山東濰縣人。古以祭祀爲吉禮，故稱銅鑄之祭器爲「吉金」，後爲鐘鼎彝器的統稱。將青銅器立體形狀表現於二維平面的一種拓製方法稱之爲全形拓、立體拓，作爲一種視覺圖像，也謂之「全形傳拓圖」或「全形圖」。

[二] 除借劉喜海百餘鈕印外，餘皆簠齋自藏，印集經許瀚、吴式芬、何紹基審定，共鈐拓十部，并得到葉志詵、吴式芬、劉喜海、呂堯仙、朱筱漚、李璋煜、陳怡堂等購助。參見陸明君：《簠齋研究》第六章「年表」，榮寶齋出版社，二〇〇四年，第一九三頁。

[三] （清）陳介祺著，陳繼揆整理：《簠齋金文題識》，文物出版社，二〇〇五年，第八頁。

[四] 清道光二十八年（一八四八）簠齋三十六歲，母親去世；次年二月父親陳官俊被罷上書房總師傅，七月猝逝；再次年七月祖母卒，皆歸里葬。咸豐三年（一八五三）清政府因太平軍起義，軍需大增，財政告急，命前朝老臣捐助，陳家迫認捐四萬兩，先兑交二萬兩，允緩期措交二萬兩，於三個月之内交齊。簠齋四處奔波籌款。次年歸里濰縣。參見陸明君：《簠齋研究》第六章「年表」，榮寶齋出版社，二〇〇四年，第一九四～一九五頁。

[五] 簠齋致潘祖蔭等書札，經其六世孫陳繼揆整理，輯成《秦前文字之語》。據統計，同治十二年至光緒二年（一八七三～一八七六）致潘祖蔭四十三札，同治十二年至光緒十年致王懿榮五十八札，同治十一年至光緒元年（一八七二～一八七五）致鮑康四十四札，同治十一年至光緒六年（一八七二～一八八〇）致吴雲二十三札，同治十二年至光緒五年（一八七三～一八七九）致吴大澂三十四札。

[六] 現藏中國文化遺産研究院的簠齋《傳古小啓》底稿本中，記載了其可售金石拓本的品種、數量、單價等信息，落款「簠齋謹白」，并寫明住址，但未具時間。據簠齋同治十二年七月十日致鮑康札言「近有《傳古小啓》之刻，刻成，當寄野人作一大笑柄也」，推知《傳古小啓》當成於清同治十二年（一八七三）。

[七] 簠齋在同治十一年十月十八日致吴雲札云：「吉金以鐘鼎爲重器，敝藏有十鐘，因名齋爲十鐘山房。」見《秦前文字之語》第二一八頁。據《簠齋金文題識》，其藏鐘有十一枚，中國文化遺産研究院現藏有此十一鐘的屏幅全形拓。另外院藏一套五册裝全形拓中有一開「益公鐘」，但其背面墨筆記「劉益公鐘 疑陝僞」。

[八] 清同治十一年十月十四日簠齋致鮑康札云：「今人論書，必推許氏，然許書已非真本，豈如鐘鼎爲古文字廬山真面……蓋今日之突過許書者，惟此古人鑄金之真文字，文字精則無遺憾，文字不傳，雖極博洽，後人亦何所裨益，何從窺擬邪。」又，清光緒元年簠齋得秦詔殘瓦，十二月四日分别致潘祖蔭、鮑康、吴大澂和王懿榮信札提及此事，并各奉贈拓紙，其中致鮑康云：「新得秦詔字殘瓦，至佳，拓上一紙，真奇之至。」致王懿榮云：「近得一秦詔殘瓦，至佳。人皆不解何以刻詔於瓦，蒙竊謂此宫必李斯所作，故刻詔於宫上之瓦，以紀并兼之盛者。書刻并美，鋒穎猶新。讀古人書，看古文字，曷可不以心精全力注之，以求古人之心乎。」參見陳介祺著，陳繼揆整理：《秦前文字之語》，齊魯書社，一九九一年。

[九] 見陳介祺著，陳繼揆整理：《秦前文字之語》，齊魯書社，一九九一年，第一五〇頁。

[一〇] 羅宏才：《新發現的兩通陳介祺書信》，《文物》，一九九五年第一期。

[一一] 簠齋於光緒六年撰聯自云「陶文齊魯四千種」，光緒九年則補記「陶文今將及五千」。參見陳繼揆整理：《簠齋論陶》之「序」，文物出版社，二〇〇四年。

[一二] 簠齋光緒元年四月初一致王懿榮札，在談及摹刻吉金傳後時云：「古文字義理第一，文法第二，書法第三。書能毫髮不失而有力即是佳刻，方足傳古，非易易也。」見《秦前文字之語》第一〇六頁。又，簠齋在同治十三年六月八日致潘祖蔭札中談及「攀古樓款識釋文」時云：「讀古人之字，不可不求古人之文，讀古人之文，不可不求古人之理，不可專論其字，竊向往之而愧未能也。」見《秦前文字之語》第二七頁。

[一三] 天地古今所傳者文字耳，大而精者義理，小而粗者文字，無文字則并義理亦不著矣。見簠齋《傳古小啓》底稿本，中國文化遺産研究院藏。

[一四] 簠齋同治十三年十月十三日致潘祖蔭札云：「古人作字，其方圓平直之法，必先得於心手，合乎規矩，唯變所適，無非法者，是以或左或右或伸或縮，無不筆筆卓立，各不相亂，字字相錯，各不相妨，行行不排比，而莫不自如，全神相應。又作范須反書鑄出乃正，是非規矩之至神，其孰能與於此。惜乎聖人所傳學書之法，今不能知矣。古人之法，真是力大於身而不絲毫亂用，眼高於頂明於日而不絲毫亂下，乃作得此等字，所以遒斂之至而出精神，疏散之極而更渾淪。字中字外極有空處，而轉能筆筆字字行行篇篇十分完全，以造大成而無小疵，非聖人之心，孰能作之始哉。無大無小，止是一心之理推之而已。」見《秦前文字之語》第三八頁。

[一五] 簠齋同治十三年七月十一日致潘祖蔭札，見《秦前文字之語》第二九頁。

[一六] 簠齋同治十三年九月二日致潘祖蔭札，見《秦前文字之語》第三六頁。

[一七] 簠齋同治十三年十月十三日致潘祖蔭札，見《秦前文字之語》第三八頁。

[一八] 簠齋同治十一年十二月六日致鮑康札之附箋，見《秦前文字之語》第一五〇頁。

[一九] 簠齋同治十二年七月十日致潘祖蔭札之附箋，見《秦前文字之語》第四頁。

[二〇] （清）鮑康：《續叢稿》，第三七頁，「再題壽卿瓦當拓册」一則，載《觀古閣叢刻》，清同治光緒間刻本。

[二一] 簠齋在《傳古别録》末題記曰：「此次所言拓别各事皆係平日經歷體驗用心所知者。雖無可觀於傳古之事，亦尚不無可取，大雅不以爲語小而虚心詧之，則古人有文字之器受惠多矣。」，與石居據原稿本影印。

[二二] 清光緒元年臘月三日、二年七月十六日吴大澂致陳介祺書札，轉引自《簠齋研究》，第二三六、二三九頁。

[二三] 簠齋同治十三年七月十一日致潘祖蔭札，見《秦前文字之語》第二九頁。

[二四] 簠齋云：「昔辛亥（一八五一）陳粟園爲作《簠齋印集》十部，十月始成。葉（志詵）、劉（喜海）、李（璋煜）、吴（式芬）、吕（堯仙）諸公醵貲助之乃就。」見《傳古小啓》校稿本，中國文化遺産研究院藏。本書所收頌圖即爲陳粟園所拓，銘文拓紙鈐印：陳粟園手拓。

[二五] 本書所收毛公鼎圖即王石經所拓製，圖爲掛軸裝，鈐印：王石經手拓本、簠齋藏三代器等。簠齋認爲王石經治印可與趙之謙比肩，他曾致潘祖蔭札云：「舍親王西泉石經，武生而能作篆隸，知古法，刻印尤得漢法，亦能作鐘鼎，但迫促亦不多作，甚能鑒别，惟未嘗學問耳。十鐘主人大印、海濱病史印，即其所刻，仲飴與相契也。趙撝叔之謙刻印尚佳。」「……西泉似不讓撝叔也」。見《秦前文字之語》，第一七、四七頁。又，王石經爲簠齋所治諸印可見王石經著，陳進整理：《西泉印存》，《萬印樓叢書》，天津人民美術出版社，二〇一四年。

[二六] 簠齋《傳古小啓》云：「復思傳公海内，其舊交以佳拓來投者，則亦如所投報之。其同好未識而索者，衰老不能自拓，僻處又無文字友可共，又紙墨帛膠食功一切之費，不能無不收微資，是終不能爲古人傳矣，大雅其不哂之乎！」

[二七] 參見簠齋：《傳古小啓》底稿本，中國文化遺産研究院藏。

[二八] 簠齋致潘祖蔭札云：「傳古首在别僞，次即貴精拓精摹精刻以存其真」（同治十三年十月十三日）；「傳則必不可失真，字與拓圖與照者校，皆不失毫髮則必傳」（光緒二年五月二十三日）。見《秦前文字之語》第三八、六二頁。

[二九] 參見《傳古别録》中「剔字之弊」、「拓字之法」的闡述。

[三〇] 簠齋拓圖很注意藉助照相取形，并力薦多有金石收藏的潘祖蔭等嘗試，曾在得見潘祖蔭所寄盂鼎圖後於光緒元年四月廿二日復札云：「盂鼎圖甚不愜意，既有斯舉，豈可不精。當以洋照取其真形再拓，鼎文鼎耳足原樣佈於放大足尺寸真形上，使之無一不合乃可。不合者，全形多誤，耳形内外前後多誤，腹形誤，花文誤，足有誤」（見《秦前文字之語》第一〇九頁）。但又不拘泥於照相，他認爲「洋照近大遠小，過分明亦有弊，形似而神不大雅，究不能全用其法，器之曲折處，以横紙度之乃審……其不可見而仍不能不見者，仍不拘洋式照。」（同治十一年五月二日致吴雲札，見《秦前文字之語》第二一七頁）。

[三一] 簠齋在《傳古别録》中云：「拓圖以記尺寸爲主。上中下高低尺寸既定，其曲處，以横絲夾木版中，如綫表式，抵器，即可得真。再向前一傾見口，即得器之陰陽，以紙褙挖出後，有花文耳足者，拓出補綴，多者去之，使合。素處以古器平者拓之。不可在磚木上拓，不可連者，紙隔拓之。」

[三二] 王黼奉敕編纂的《宣和博古圖》輯録了宋皇室所藏商至唐代的青銅器，對每件器物均摹繪圖形和款識，記録容量、重量、銘字數及釋文等，間有考記；目前流傳版本多爲明清重修本。《西清古鑑》仿《宣和博古圖》遺式，著録清殿廷陳列及内府所藏青銅古器，除文字記考外，亦摹篆款識、精繪形模；清乾隆十四年（一七四九）由吏、户、工部尚書梁詩正、蔣溥、汪由敦等奉敕編纂，陳孝泳、楊瑞蓮摹篆，畫院供奉梁觀、丁觀鵬等繪圖；參見《西清古鑑》，清光緒十四年（一八八八）日本邁宋書館銅版刻本。

[三三] 本書之底本原五册裝簠齋吉金全形圖中收入一幅當爲六舟所拓的楚公鐘（中者）圖（圖中鈐印「六舟手拓」）。該圖係整紙拓出，有枚乳，舞面的回紋用墨綫摹繪，整體用墨偏濕潤，風格有别於其他全形圖。此圖的拓製時間當在咸豐八年（一八五八）即簠齋四十六歲之前。但該鐘的銘文拓本係簠齋拓風，拓紙鈐印：陳壽卿手拓吉金文字、陳氏吉金、陳介祺所得三代兩漢吉金記。

編例

一　本書收録中國文化遺産研究院珍藏的清陳介祺曾藏并精拓的商周秦漢吉金全形拓一七三幅，其中商周部分一四二幅，秦漢部分三一幅。全形拓之外另附有吉金銘文拓本。

二　選圖原則：以院藏一套五册原裝全形拓爲主，另選配簠齋重器精拓、原爲掛軸裝的虘鐘等五幅全形鐘圖和一幅毛公鼎圖。

三　編録内容分圖版和文字著録兩部分。著録信息包括：器物的名稱、時代和現藏地，器物全形拓的最大縱横尺寸，器物銘文的字數、釋文，與其他代表性金文集著相對應的器銘拓片的著録編號，陳介祺就藏器要言的輯録。

四　目次編排：先依時代分商周、秦漢兩部分；每部分再依器類爲序，類序參照《殷周金文集成》；同器類的按其時間早晚爲次，同時段的則按銘文字數多寡爲次。

該編次基於器圖類序的清晰便覽，不同於原五册裝的類序混排。爲方便日後各全形影圖與原實圖的對檢，在器圖題名之後附唯一檢索編號，如「兮仲鐘 00995.4.16」。檢索編號的三部分數字從左至右分别表示原册裝的院藏古籍登録號、册次號、册中圖序號。

五　需補充説明之處：

（一）圖版部分，器銘的拓本是全形拓的原配本，全形拓的用墨淡雅，故銘文拓本墨色稍淺。院藏尚有效果更好的陳介祺金文拓本專册，待將來整理公之於衆。

（二）文字著録部分，參閲引用了前人研究成果。

有不同定名的器物，暫選一種説法。

商周器銘的釋文按原銘行款排列，便於對照觀覽；釋文盡量吸納學術新成果，疑難處參酌諸家研究，限於體例，不再注明出處。釋文中通假字的現用正字置於括號（）内，限於版面直接隸寫的有：隹（唯）、且（祖）、女（汝）、乍（作）、烏（嗚）、乎（呼）、易（錫）、白（名字中作「伯」）、中（名字中作「仲」）、屯（純），（尊）等，少量尚難辨識之字則保留原形或摹寫。秦漢器銘較易於辨識，釋文未按原行款排列。

商周器的現藏地主要參照《殷周金文集成》、《商周青銅器銘文暨圖像集成》。

陳介祺對所藏器的扼要研究記録，於今仍極有價值，故輯入附録。

（三）參閲書目：

中國社會科學院考古研究所編：《殷周金文集成》（修訂增補本），中華書局，二〇〇七年。内文簡稱《集成》。

中國社會科學院考古研究所編：《殷周金文集成釋文》，香港中文大學出版社，二〇〇一年。

孫慰祖、徐谷甫編著：《秦漢金文彙編》，上海書店出版社，一九九七年。内文簡稱《秦漢》。

吴鎮烽編著：《商周青銅器銘文暨圖像集成》，上海古籍出版社，二〇一二年。

羅振玉編：《三代吉金文存》，中華書局，一九八三年。

（清）陳介祺著，陳繼揆整理：《簠齋金文題識》，文物出版社，二〇〇五年。

（清）陳介祺著，陳繼揆整理：《簠齋金文考》，文物出版社，二〇〇五年。

目録

Contents

壹·商周时期

貳·秦漢时期

壹

中國文化遺產研究院藏陳介祺吉金全形拓精選集

商周時期

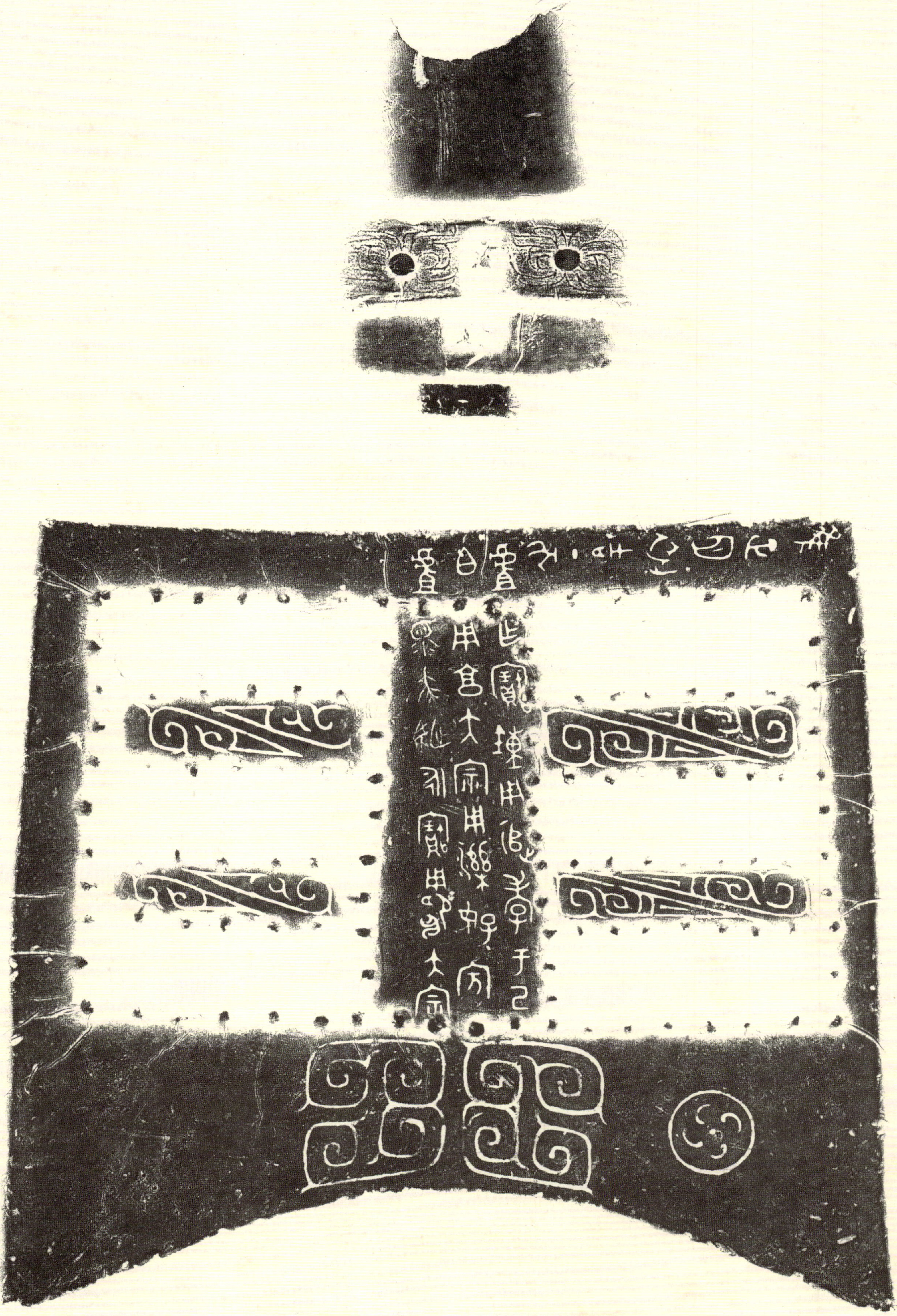

〇〇一

虘鐘

490086.02

西周中期

全形拓最大縱橫44.8×31.6釐米

該器現藏：日本京都泉屋博古館

銘文字數：三五

《集成》著録編號：八八

釋文

唯正月初吉，丁亥，

虘作寶鐘，用追孝于己

伯，用享大宗，用濼（樂）好賓。

虘眔蔡姬永寶，用卲大宗。

附録

戱鐘

補甬。有乳環鉦百二十一。

三十五字，左鉦上七字，横列向中，鉦間通上三行，二行

行九字，一行十字。鼓左。

得之關中。

虘、爐、戱屢見吉金，亦見《説文》，而古音訓未能定。蓋

爲其祖作也，其考盭伯爲支子，故此曰用仰大宗也。仰字

奇，即卬，人形。

大者爲其祖作，小者爲其父作，文不盡同。

參見《簠齋金文題識》頁一至二

〇〇二

𢾊鐘（釐伯鐘）

490086.08

西周中期

全形拓最大縱横25.3×17.4釐米（有字面）、26.3×17.4釐米（無字面）

該器現藏：日本京都泉屋博古館

銘文字數：二五

《集成》著録編號：九二

釋文

首，敢對揚天子不（丕）顯

休，用作朕文考釐

伯龢薔（林）鐘，

𢾊眔蔡

姬永寶。

附録

𢾊編鐘

小者甬文與大者鉦間文同，當是一人所作。

是末一鐘。山東長山袁理堂宜業舊藏，得自袁氏。

己伯其祖也，釐伯其父支子也，與虘鐘是一人作。虘、𢾊一字。

參見《簠齋金文題識》頁五

〇〇三

丼人=女鐘

西周晚期

490086.01

全形拓最大縱橫71×48釐米

該器現藏：上海博物館

銘文字數：四一（又重文三）

《集成》著録編號：一〇九

釋文

丼（邢）人=女曰，覭盄（淑）文祖、
皇考，克哲厥德，得純
用魯，永冬（終）于吉。=女不
敢弗帥用文祖、皇考，
穆=秉德，
=女憲=聖
趩（爽），疐處……

附録

邢仁=女鐘

鐘之大者。鐘大而質似少薄，未稱。四十一字，鉦間三十二字，鼓右九字。浙江錢塘張應昌仲甫、揚州包氏、山東諸城劉喜海燕庭舊藏，得之劉氏。仁=女疑仁接。

參見《簠齋金文題識》頁一

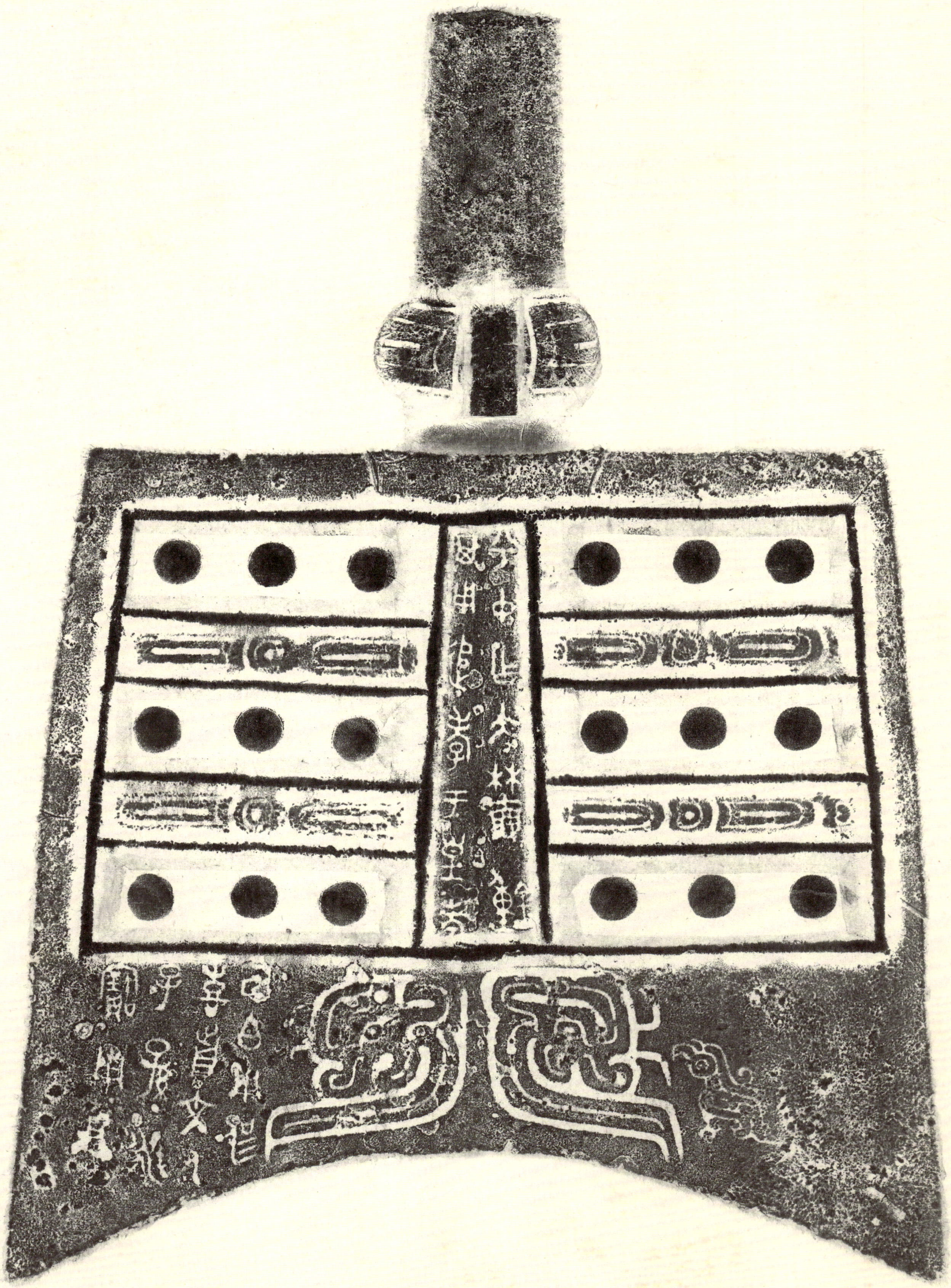

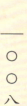

〇〇四

兮仲鐘 00995.4.16

西周晚期

全形拓最大縱横39×27.6釐米（有字面）、
39×28釐米（無字面）
該器現藏：日本京都泉屋博古館
銘文字數：二七
《集成》著録編號：六九

釋文

兮仲作大薔（林）鐘，
其用追孝于皇考
己伯，用侃
喜前文人，
子孫永
寶用享。

附録

兮仲鐘
二十七字。鉦間十三字，鼓右十四字。
書與鐘制俱似王朝者，號尗旅編鐘同。
山東諸城劉燕庭因李寶台得於廠肆，
得之劉氏。
參見《簠齋金文題識》頁二

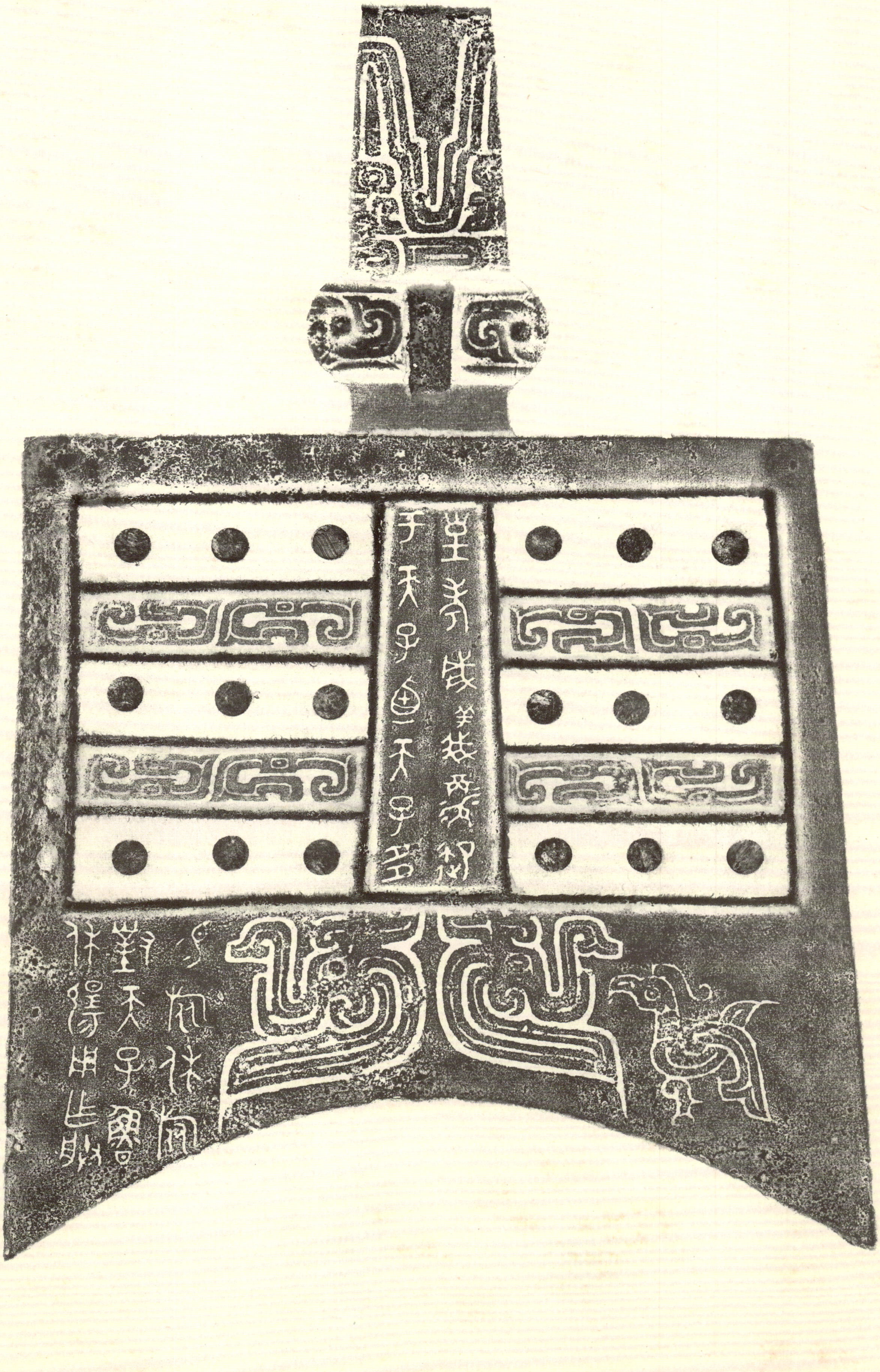

〇〇五

虢叔旅鐘

00995.4.17

西周晚期

全形拓最大縱横36.6×24.5釐米（有字面）、35.7×25.4釐米（無字面）

該器現藏：日本京都泉屋博古館

銘文字數：二六

《集成》著録編號：二四三

釋文

「……皇考威儀，淄（祗）御
于天子。迺天子多
賜旅休。」旅
對天子魯
休揚，用作朕……

附録

虢尗旅編鐘

二十六字，鉦間十三字，鼓右十三字。
㲋形鼓左。

出關中，同出三鐘。宗周鐘今不知所在，
世傳唯虢尗旅三鐘爲冠。
浙江山陰胡定生、山東諸城劉燕庭舊藏，
得之劉氏。

参見《簠齋金文題識》頁五

〇〇六

楚公𧰼鐘（大者）490086.05

西周晚期

全形拓最大縱橫 56 × 41.5 釐米

該器現藏：日本京都泉屋博古館

銘文字數：一四

《集成》著録編號：四三

釋文

楚公𧰼自作寶大

𣪘（林）鐘，孫子其永寶。

附録

楚公受鐘

大者。

十四字。鳧形鼓左。

得之關中。

家從[illegible]，疑仍是受異文。

參見《簠齋金文題識》頁三

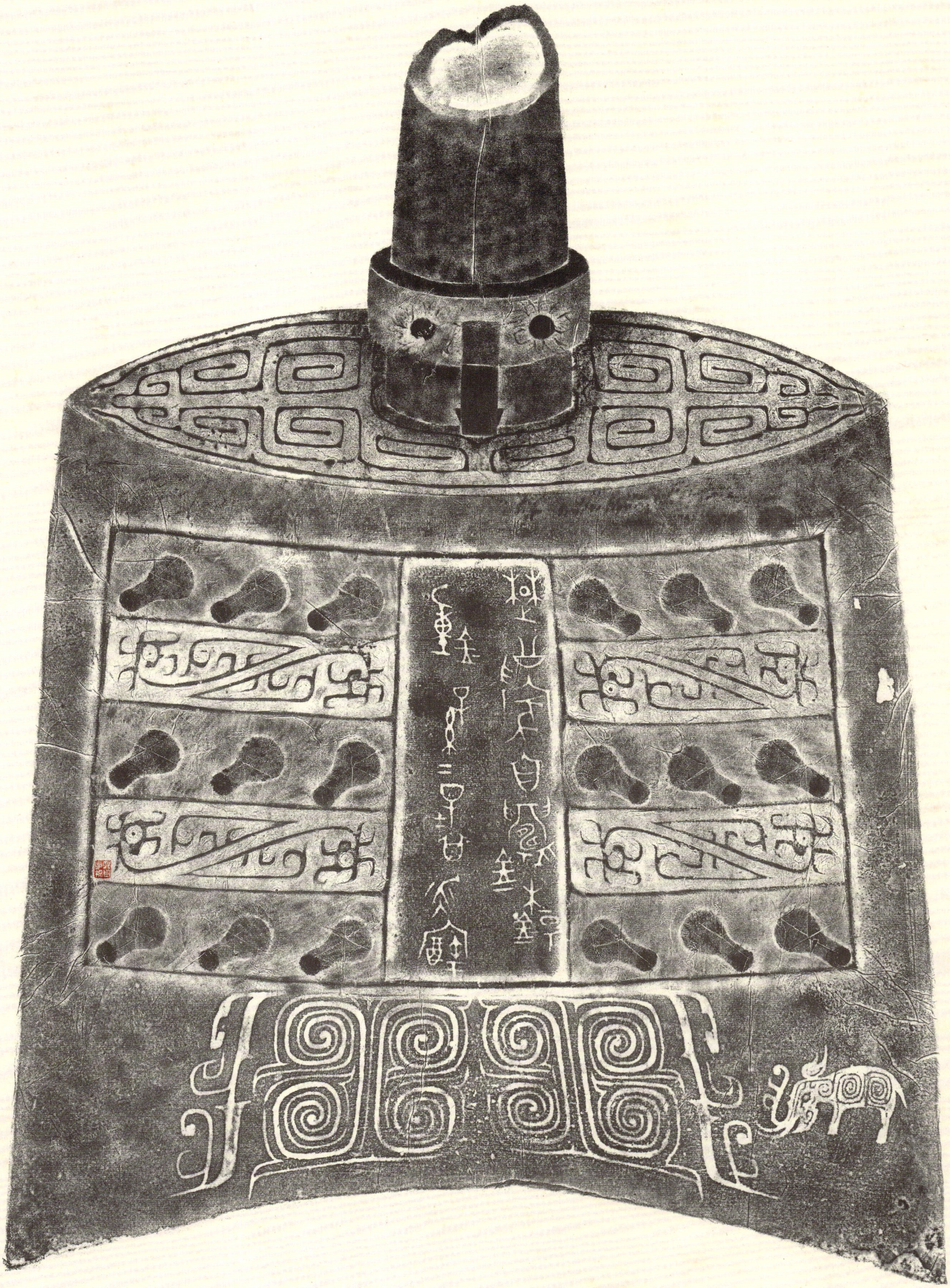

楚公受自鑄
鐘孫〓子〓其永寶
金陵甘氏所藏者小於此五
分之三楚字在鉦上文微不同

○○七

楚公豙鐘（中者）00995.2.01

西周晚期

全形拓最大縱横47.2×33.9釐米
該器現藏：日本京都泉屋博古館
銘文字數：一二（又重文二）
《集成》著録編號：四二

釋文

楚公豙自鑄鍚（錫）
鐘，孫〓子〓其永寶。

附録

楚公受鐘
次者。
十三字，重文二，象形鼓左。
得之廠肆翟君官學正者。
參見《簠齋金文題識》頁三

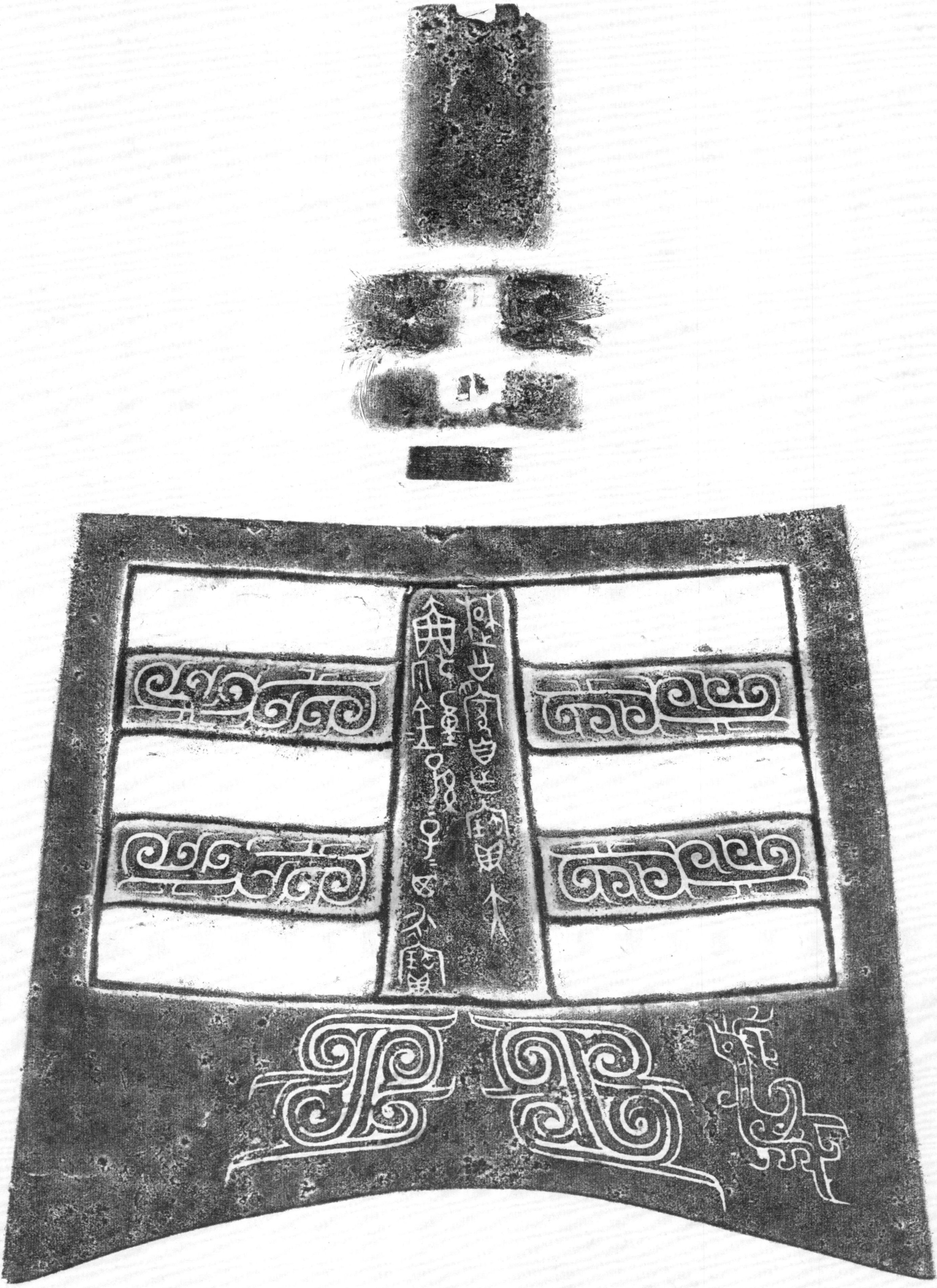

〇〇八

楚公冢鐘（小者）490086.07

西周晚期

全形拓最大縱橫39.5×27.9釐米
該器現藏：日本京都泉屋博古館
銘文字數：一四（又重文二）
《集成》著録編號：四四

釋文

楚公冢自作寶大
歠（林）鐘，孫=子=其永寶。

附録

楚公受鐘
小者。
十六字，重文二。
得之關中。
參見《簠齋金文題識》頁四

〇〇九

己侯虓鐘

00995.4.15

西周晚期

全形拓最大縱橫26.8×19釐米（有字面）、26.6×19釐米（無字面）

該器現藏：日本京都泉屋博古館

銘文字數：六

《集成》著録編號：一四

釋文

己（紀）侯

虓作

寶鐘

附録

己（紀）侯鐘

背甬有環。甬有環者唯此。古鐘有銅鉤，多無字，唯南海吳氏所録有從鐘之鉤四字。六字。己字有剔誤。

鐘小而厚倍它鐘，當不中律，國之所以早亡與。出山東壽光。

山東益都李載賡、江西萍鄉劉金門鳳誥、山東諸城劉燕庭舊藏，得之劉氏。

見《山左金石志》。

參見《簠齋金文題識》頁二至三

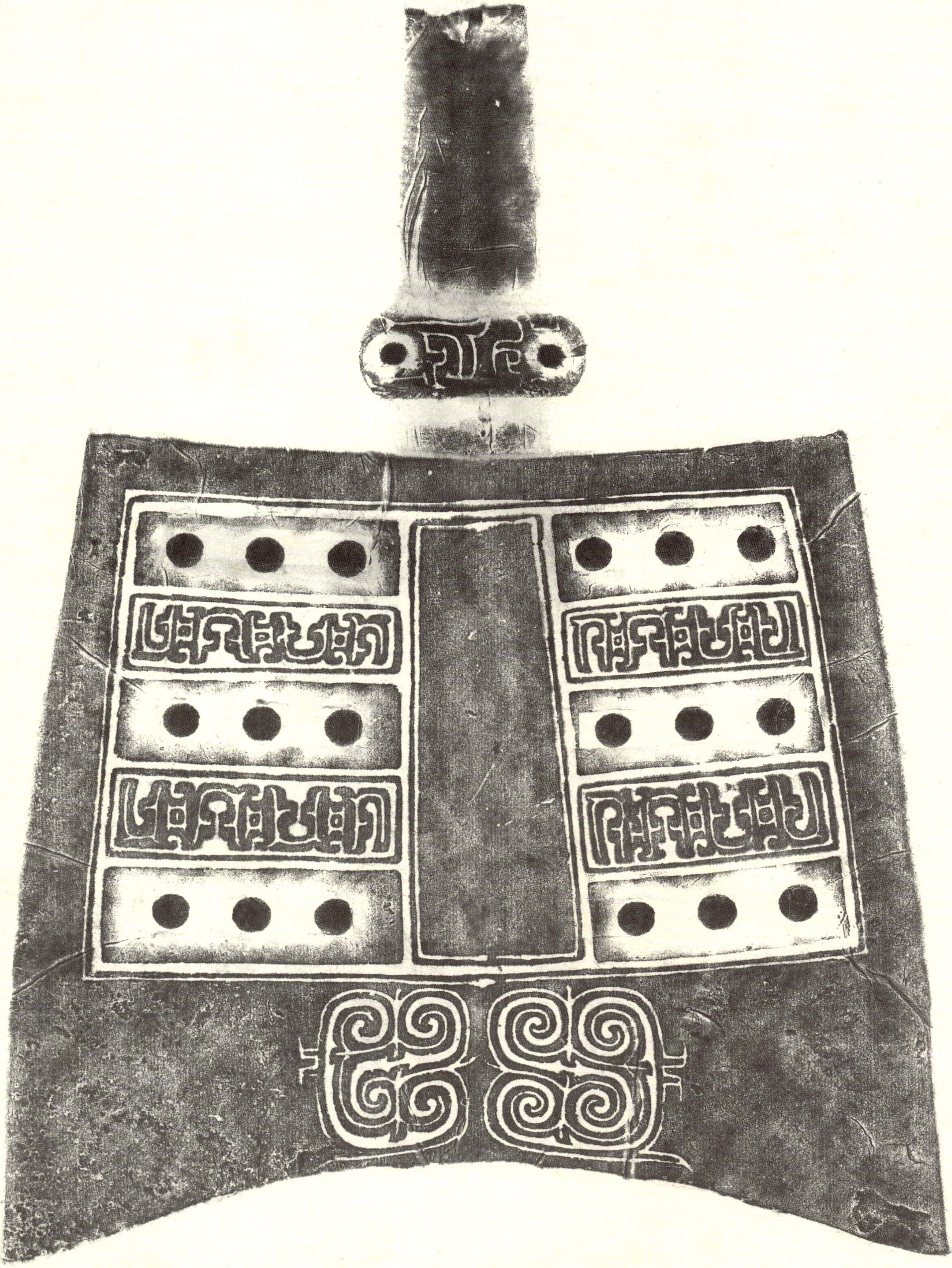

〇一〇

益公鐘

00995.4.38

西周晚期

全形拓最大縱橫31.5×25.6釐米（有字面）、34.9×25.1釐米（無字面）

該器現藏：青島市博物館

銘文字數：七

《集成》著録編號：一六

釋文

益公爲

楚氏龢鐘

〇一一

僕兒鐘 00995.1.01

春秋晚期

全形拓最大縱横22.7×17.3釐米（右圖）、
22.7×17釐米（左圖）

該器現藏：上海博物館

銘文字數：三〇

《集成》著録編號：一八五

釋文

唯正九
月初吉，
丁亥，曾
孫儯（僕）兒，
余迭
斯于
之孫，余
茲佫之
元子，
曰：「嗚
呼，敬
哉，余……」

附録

鄦（許）兒（倪）編鐘

兩面有字，一面十六字，一面十四字。
鑿款。

阮録全鐘，今亦不知所在。
文與陽湖孫氏藏全文鐘有異者，不可解。

參見《簠齋金文題識》頁五

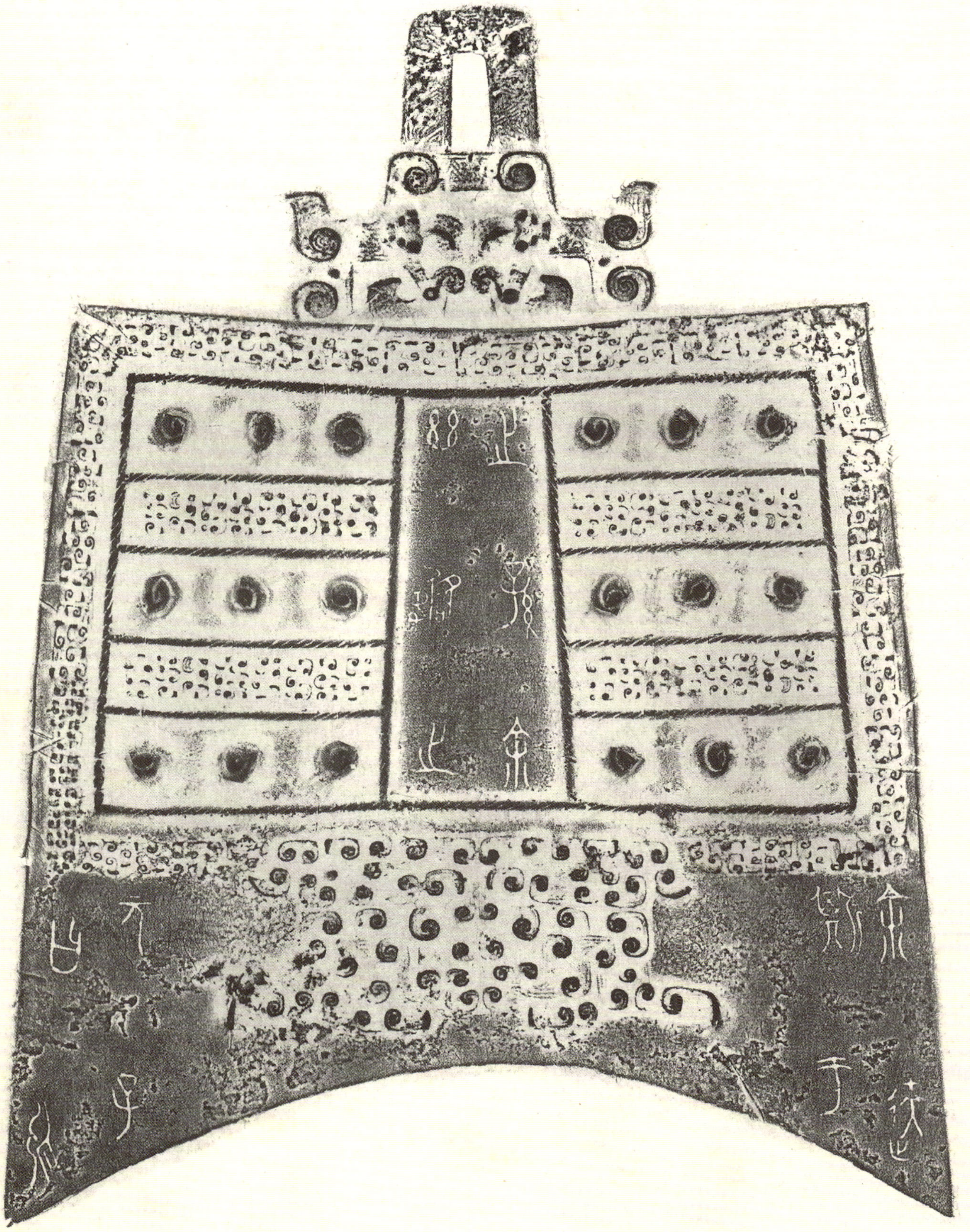

〇一一

者沪鐘

00995.2.02

戰國早期

全形拓最大縱橫23.5×14.2釐米（右圖）、23.2×14.2釐米（左圖）

該器現藏：日本京都泉屋博古館

銘文字數：存一七

《集成》著録編號：一三二

釋文

唯戉（越）

十有（又）

九年，

王曰：

者汈，

汝亦

虔秉

不（丕）涇

德，台（以）

續光

朕邑，

于之……

附録

古奇字編鐘

補甬。

削書字。兩面各十二字，磨滅者九。

鐘有二，其一歸河南糧道湖北蔣啓勷，

未得拓本。蔣君啓勷時觀督豫中，未詳

所出，或即豫所出與。

清卿視學關中，當得蔣器拓中有者汅字

者，余未得見。

參見《簠齋金文題識》頁四

〇一三

厚趠方鼎

西周早期

00995.1.02

全形拓最大縱横23×20.6釐米
該器現藏：上海博物館
銘文字數：三二（又重文一）
《集成》著録編號：二七三〇

釋文

唯王來各（格）于成周
年，厚趠又（有）𧶠（儥）于
祭公，趠用作厥
文考父辛寶尊
齋，其子=孫永寶。朿

附録

趠鼎
亦可名厚趠鼎。
三十三字。
見薛尚功《款識》，宋器今存蓋千百之一矣。
參見《簠齋金文題識》頁六

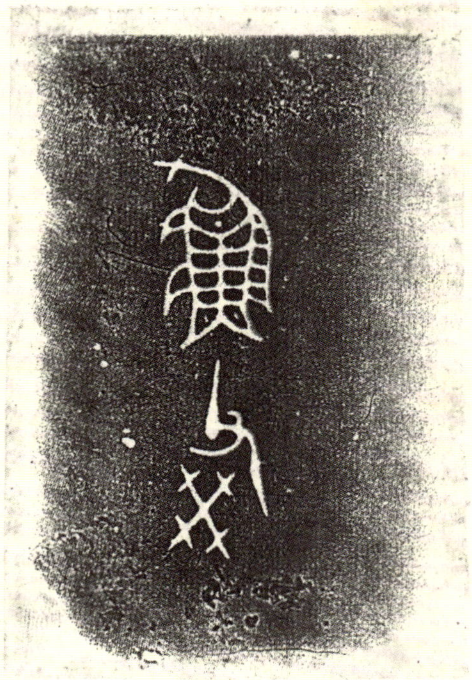

○一四

魚父癸方鼎

00995.4.18

西周早期

全形拓最大縱横25.9×24釐米

銘文字數：三

《集成》著録編號：一六八六

釋文

魚 父癸

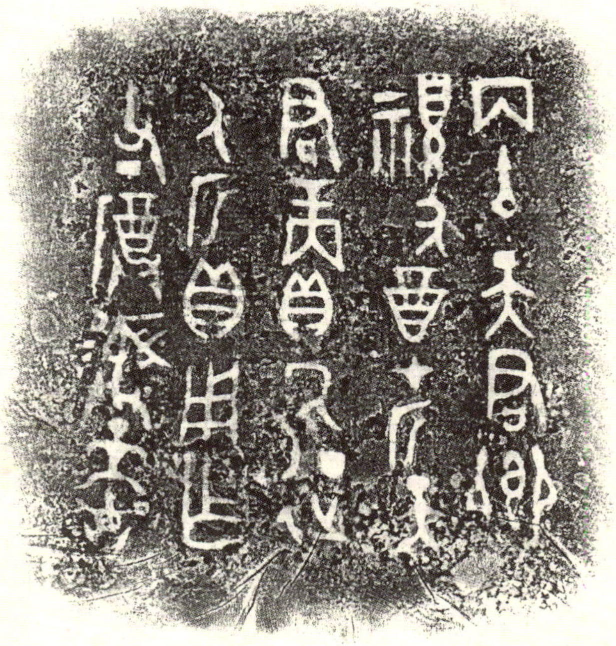

〇一五

征人鼎

西周早期

00995.3.01

全形拓最大縱橫 26×17.7 釐米

該器現藏：日本京都小川睦之輔氏

銘文字數：二四

《集成》著録編號：二六七四

釋文

丙午，天君鄉（饗）
禝酉（酒），在斤，天
君賞厥征
人斤貝，用作
父丁尊彝。亀

附録

商天君鼎
二十六字。
𠂆是作者名。
參見《簠齋金文題識》頁九

〇一六

伯魚鼎

00995.1.03

西周早期

全形拓最大縱橫33.4×25.7釐米

銘文字數：六

《集成》著録編號：二一六八

釋文

伯魚作

寶尊彝

附録

伯魚鼎

六字。

出易州，敦一，殘；毁器一；有勺一，無銘。

伯當是氏，非伯仲。

參見《簠齋金文題識》頁一〇

壹 商周時期·鼎

〇一七

裒鼎

00995.1.05

西周早期

全形拓最大縱橫23.9×18釐米

銘文字数：六

《三代吉金文存》著録編號：三·二·七

釋文

裒作父

癸寶鼎

附録

裹鼎

六字。

參見《簠齋金文題識》頁一二

〇一八

釐鼎

00995.3.02

西周早期或中期

全形拓最大縱横 17.6×16 釐米

該器現藏：上海博物館

銘文字數：五（蓋、器同銘）

《集成》著録編號：二〇六七

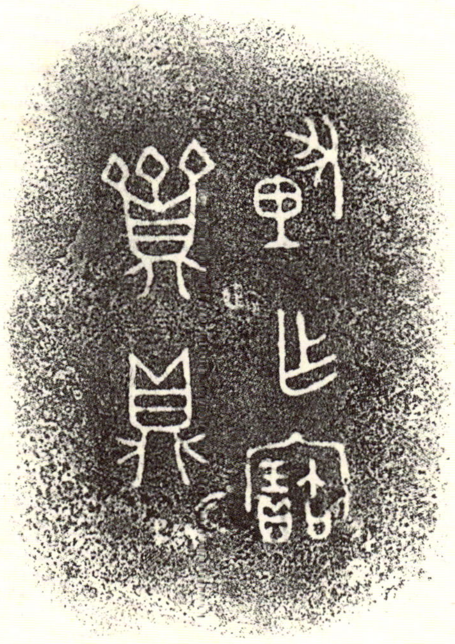

蓋銘

器銘

釋文

釐作寶

齍鼎

附録

釐鼎器蓋

鼎極小，小者陪鼎，又有蓋。

耳旁出上曲。

鼎小而有蓋者罕覯。

器蓋各五字。

出齊地，疑亦田陳物也。

参見《簠齋金文題識》頁一四

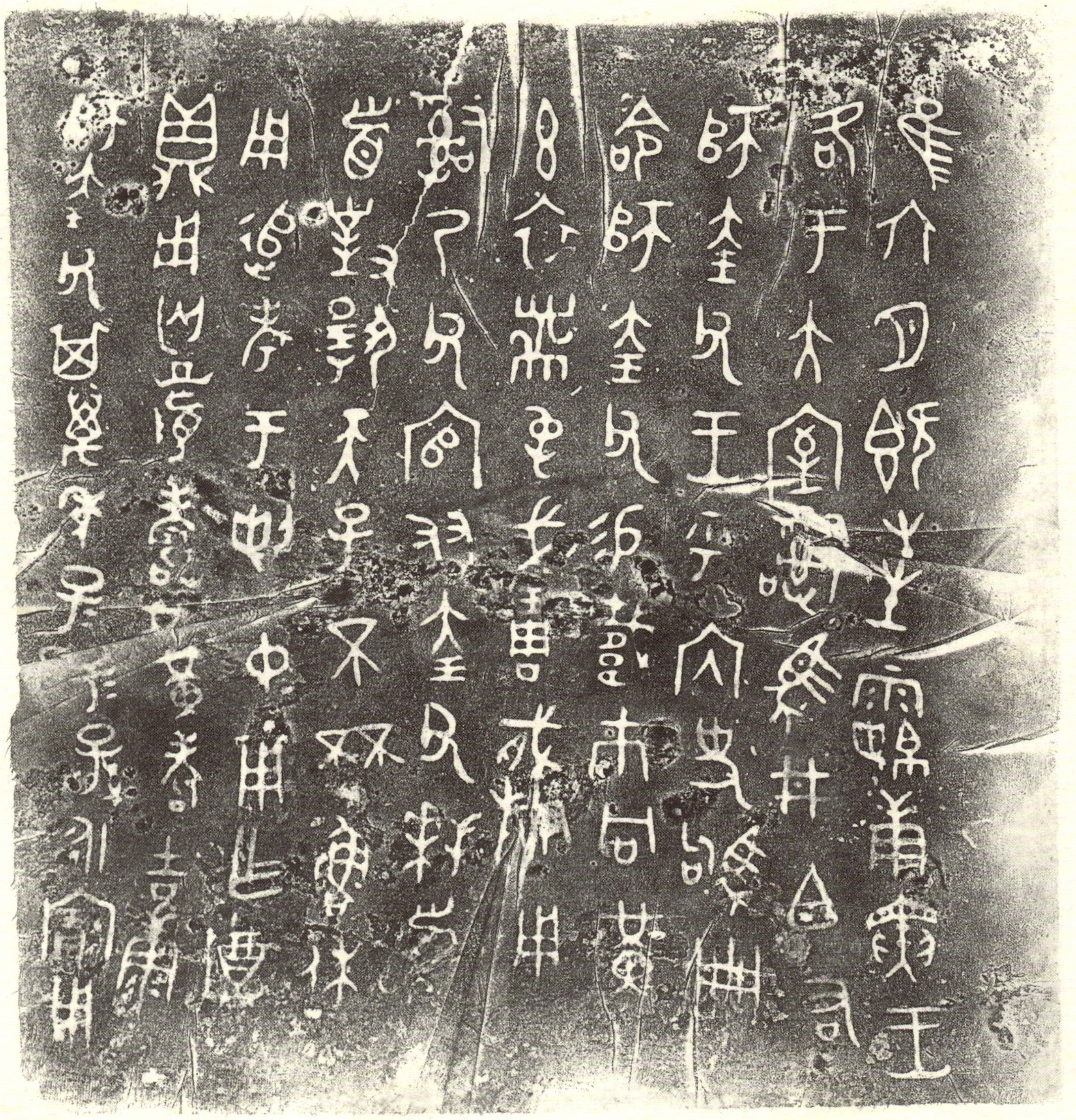

〇一九

師𡘋父鼎

00995.4.19

西周中期

全形拓最大縱横28×27.9釐米
該器現藏：上海博物館
銘文字數：九二（又重文一）
《集成》著録編號：二八一三

釋文

唯六月既生霸，庚寅，王
各（格）于大室，嗣馬井伯右（佑）
師𡘋父。王呼内史駒冊
命師𡘋父，錫𢦏（緇）市、冋（絅）黄（衡）、
玄衣、黹純、戈琱㦸、旂，用
嗣乃父官、友。𡘋父拜稽
首，對揚天子不（丕）伓魯休，
用追孝于剌仲，用作尊
鼎，用介眉壽、黄耇、吉康。
師𡘋父其萬年，子=孫永寶用。

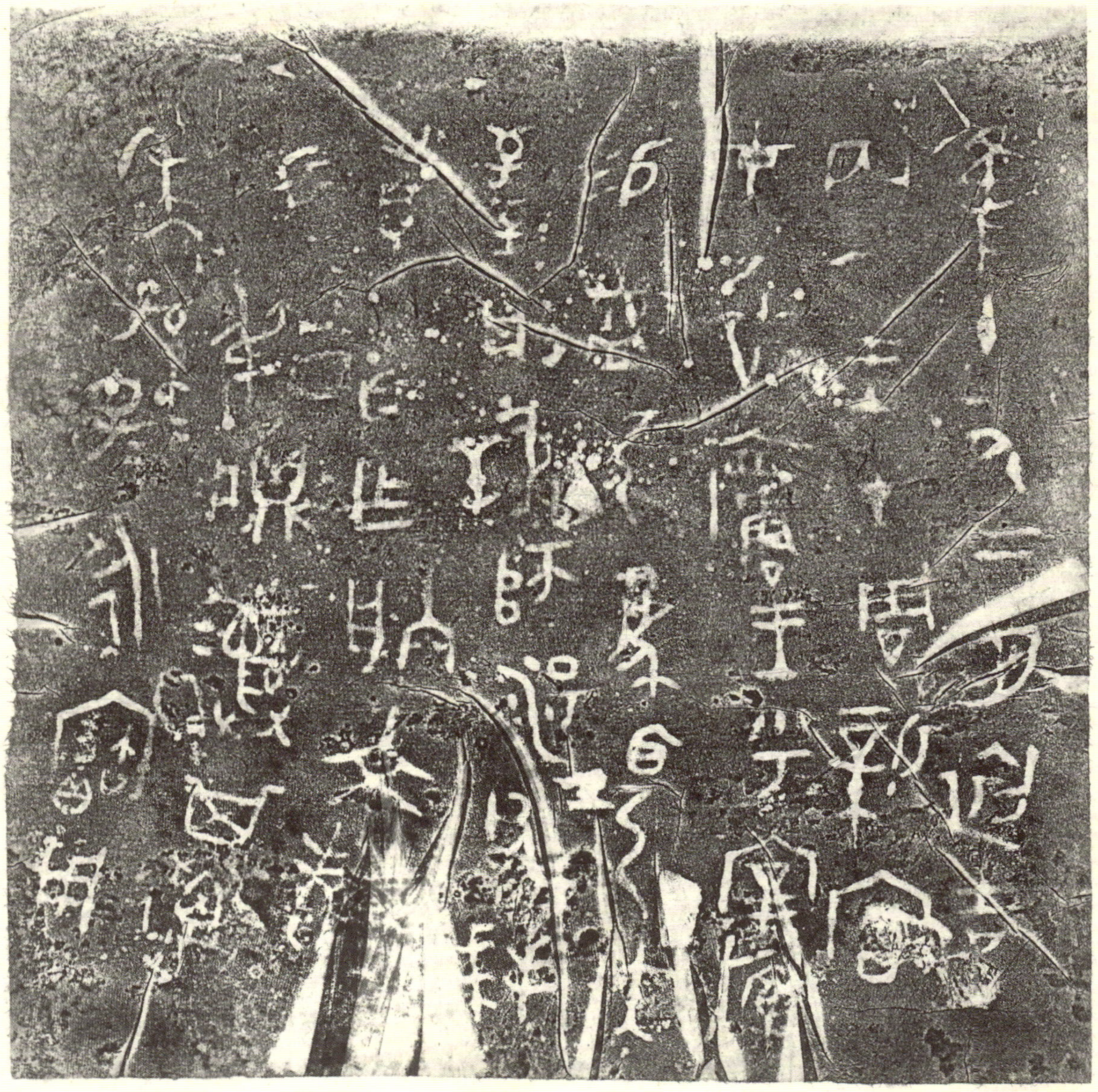

〇二〇

師湯父鼎

00995.4.21

西周中期

全形拓最大縱横31.7×27.4釐米

該器現藏：臺北故宫博物院

銘文字數：五二（又重文二）

《集成》著録編號：二七八〇

釋文

唯十又二月初吉，
丙午，王在周新宫，
在射廬，王呼宰雁
錫盛弓、象弭、矢
臸、彤欮。師湯父拜
稽首，作朕文考
毛叔䵼彝，其萬
年，孫=子=永寶用。

〇二一

師器父鼎

西周中期

00995.4.20

全形拓最大縱横31.2×28.5釐米

銘文字數：三一（又重文二）

《集成》著録編號：二七二七

釋文

師器父作尊
鼎，用享孝于
宗室，用旂（祈）眉
壽、黄句（耇）、吉康。
師器父其萬
年，子〓孫〓永寶用。

〇二二

毛公鼎 490114

西周晚期

全形拓最大縱横63.5×50.4釐米

銘文拓本最大縱横50×65釐米

該器現藏：臺北故宫博物院

銘文字數：四八一（又重文九、合文九）

《集成》著録編號：二八四一

釋文

王若曰：「父厝，丕顯文武，皇天引
猒厥德，配我有周。膺受大命，率懷
不廷方，亡不閈于文武耿光。唯天將
集厥命，亦唯先正腎辪（乂）厥辟，爵（恩）勤大命。
肆皇天亡旲（斁），臨保我有周，丕鞏先王配命。
旼（旻）天疾畏（威），司（嗣）余小子弗彶（及），邦將害（曷）吉，翩＝四方大
縱不靜。烏乎（嗚呼）！趯余小子圂湛于艱，永鞏先
王」。王曰：「父厝，今余唯肇巠先王命，命女辪（乂）我邦
我家，外內惷于小大政，甹（屏）朕立（位），虩許上下若否，
雩四方死（尸）毋動。余一人在位，引唯乃智，余
非庸（用）又（有）昏。女毋敢妄（荒）寧虔夙夕，惠我一人，
雍我邦小大猷。毋折緘，告余先王若德，用
仰卲（昭）皇天，申恪大命，康能四國，俗（欲）我弗作
先王憂。」王曰：「父厝，雩之庶出入事（使）于外，敷命敷
政，蓺小大楚（胥）賦。無唯正昏，引其唯王智，廼
唯是喪我國。歷自今，出入敷命于外，厥非
先告父厝，父厝舍命，毋有敢惷敷命于外。」王
曰：「父厝，今余唯申先王命，命女極一方，宏
我邦我家。毋頧（推）于政，勿雍逮（闌）庶人賈，毋

敢龔橐，龔橐廼敄鰥寡。善效乃友正，毋敢
湛(酗)于酒，女毋敢墜在乃服，恪夙夕敬念王
畏威不賜(易)。女毋弗帥(率)用先王作明型，俗(欲)女弗
以乃辟圅(陷)于艱。」王曰：「父厝，巳(熙)！曰彶(及)茲卿
事寮、大(太)史寮，于父即尹，命女䙴(總)嗣(司)公
族，雩參有嗣(司)小子、師氏、虎臣，雩朕褻事，
以乃族扞敔(禦)王身。取徵卅寽，錫女秬鬯一卣，
鄭(祼)圭、䰜(瓚)寶，朱市，悤衡、玉環、玉瑑，金車，桒(賁)幬較(較)，
朱䚄鞃靳，虎冟(冪)熏(纁)裏，右軛，畫轉、畫輯，金
甬遣(錯)衡，金踵、金豙(柅)，勅䍃，金簟(簟)弼(第)，魚箙(箙)；馬
三匹，鋚勒，金𣃔、金雁(膺)，朱旂、二鈴。錫女茲寶(詒)，
用歲用征。」毛公厝對揚天子皇
休，用作尊鼎，子=孫=永寶用。

附録

厝鼎

右周公厝鼎銘兩段三十二行，四百八十五字，重文十一字，共四百九十六字。每字界以陽文方格，中空二格。近出關中岐山縣。鼎字之多者，曶鼎不可見已，真本亦不易覯。關中近日出土之鼎，其大者字似曶鼎少大，尚爲青緑所掩，爲李公所得，次即盂鼎歸劉公，皆長安宦。此鼎較小，而文之多幾五百，蓋自宋以來未之有也。典誥之重，篆籀之美，真有觀止之歎。數千年之奇於今日遇之，良有厚幸已。

咸豐二年壬子五月十一日寶簠居士陳介祺審釋并記。

參見《簠齋金文題識》頁八

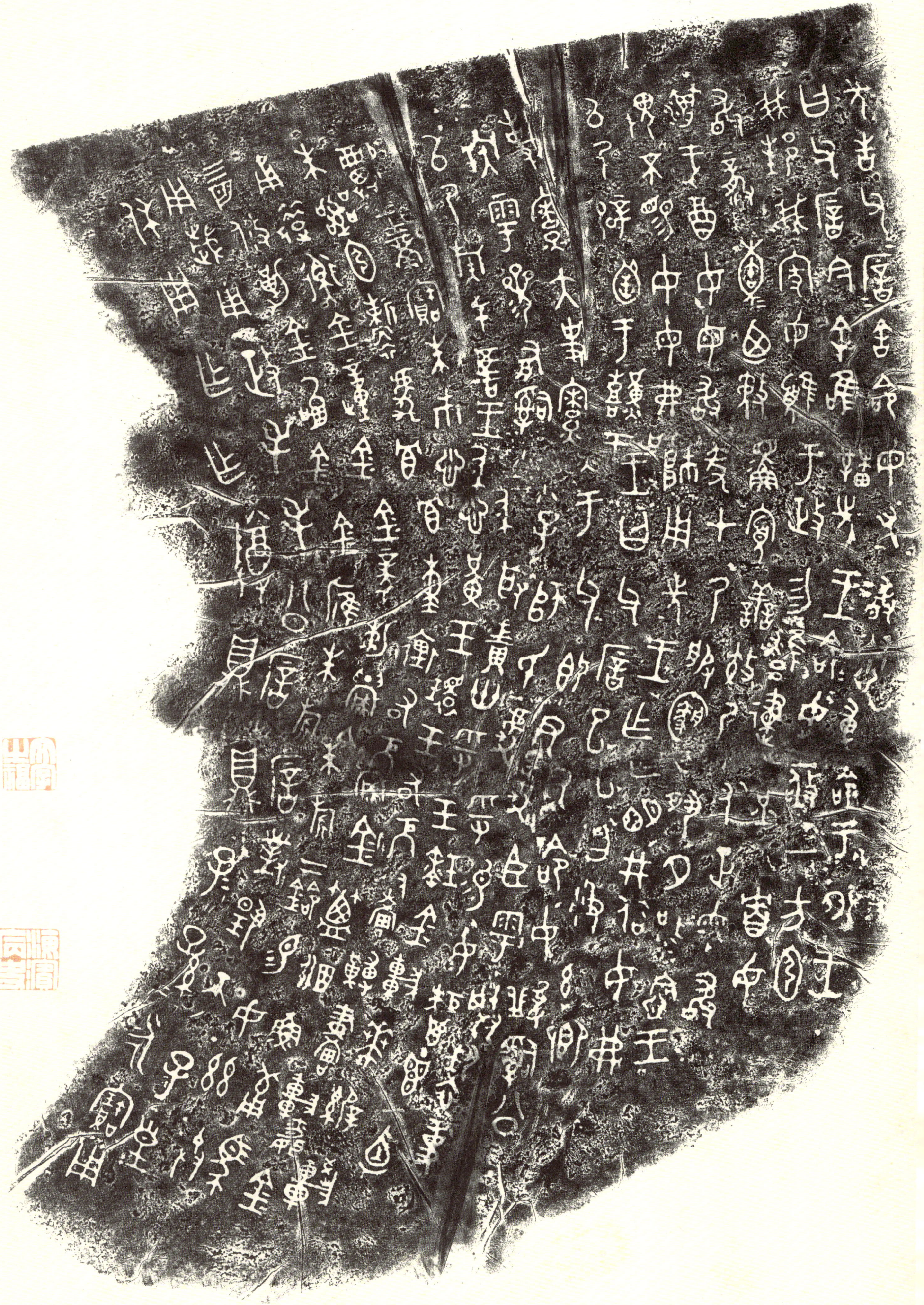

壹
商周時期・鼎

○二三

小子𣪕鼎（寒姒鼎）00995.1.06

西周晚期

全形拓最大縱橫21.7×19.5釐米

銘文字數：一八（又重文一、合文一）

《集成》著録編號：二五九八

釋文

赤史小子𣪕作寒

姒好尊鼎。其萬

年，子=孫永寶用。

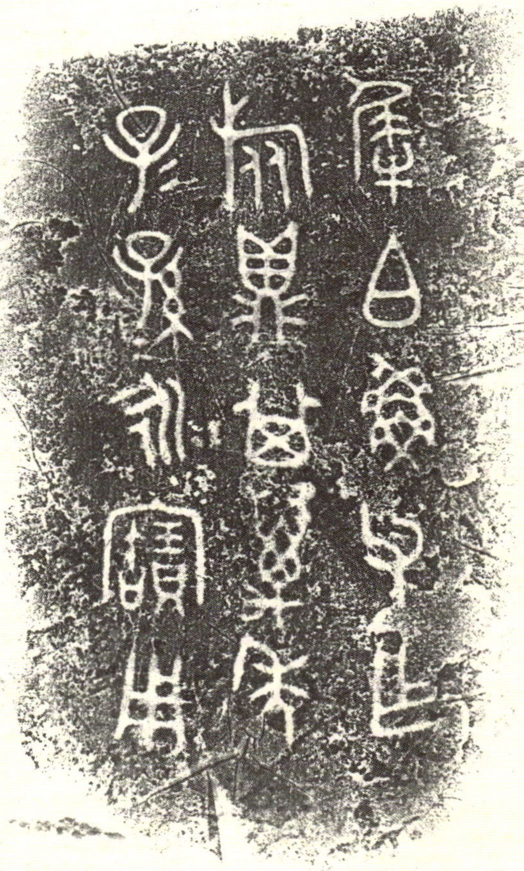

○二四

犀伯魚父鼎

00995.2.19

西周

全形拓最大縱橫22.5×21.4釐米

銘文字數：一五（又重文二）

《集成》著録編號：二五三四

釋文

犀伯魚父作

旅鼎。其萬年，

子=孫=永寶用。

附録

犀伯魚父鼎

十七字。

余藏古器文有魚字者，鼎二、尊一、爵二、觶一、毁三，皆有不同，可見古人象形之神變。

参見《簠齋金文題識》頁一一

〇二五

鄭同媿鼎

西周

00995.2.18

全形拓最大縱橫22.4×20.1釐米

銘文字數：一〇

《集成》著録編號：二四一五

釋文

奠（鄭）同媿作旅鼎，其永寶用。

附録

鄭君敳鼎

□字。

奠有定訓，疑有定音，音在奠、定之間，與鄭音近。

[illegible]究不同。

葉東卿贈。

參見《簠齋金文題識》頁一一至一二

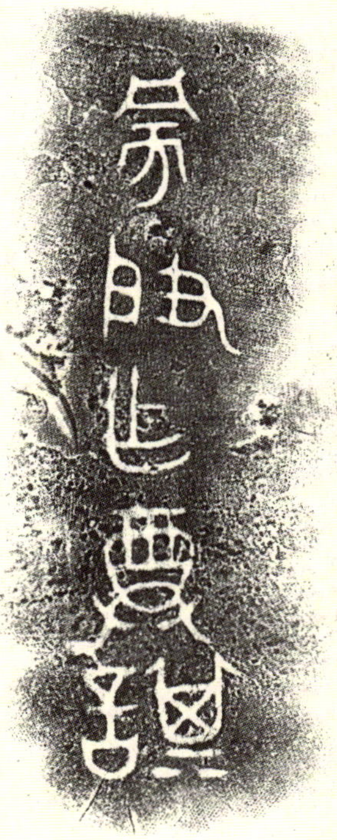

〇二六

旁肇鼎

西周

00995.2.20

全形拓最大縱橫16.2×14.1釐米

該器現藏：上海博物館

銘文字數：五

《集成》著録編號：二〇七一

釋文

旁庫（肇）作尊諆

附録

旁肇鼎

小鼎，陪鼎也。

五字。

旁字可正《説文》。凡可正《説文》字，

皆當一一記之。

參見《簠齋金文題識》頁一三

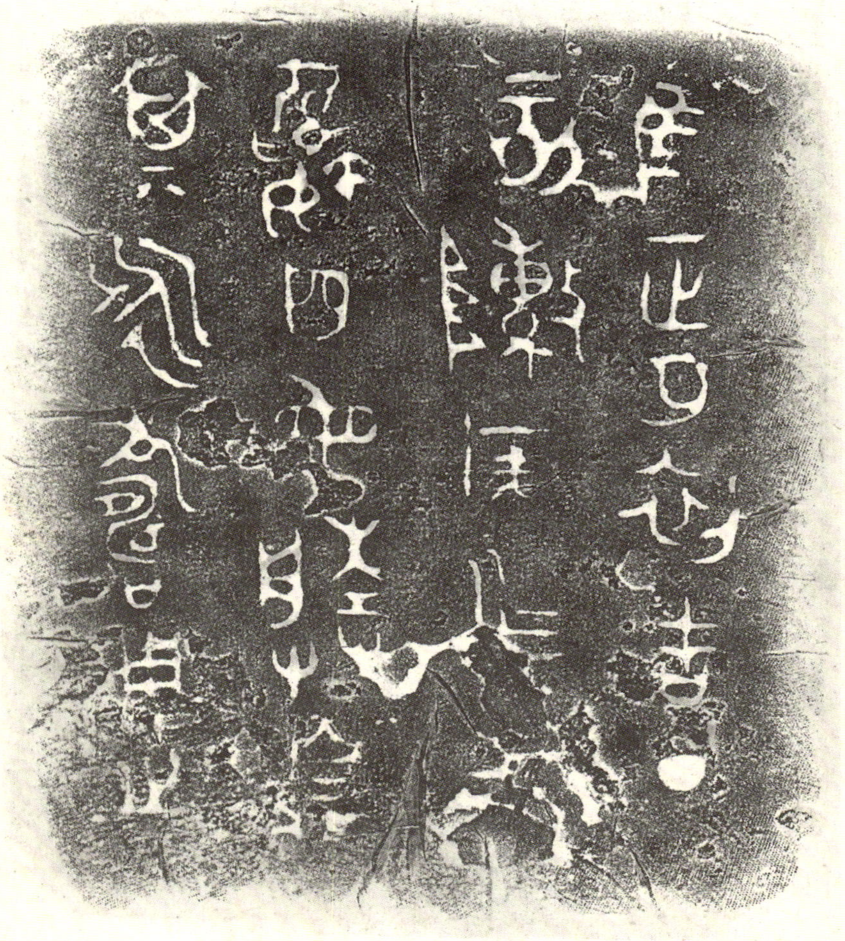

〇二七

陳侯鼎

00995.1.04

春秋早期

全形拓最大縱横26.4×33.5釐米

該器現藏：故宮博物院

銘文字數：二一（内一字殘泐不清）

《集成》著録編號：二六五〇

釋文

唯正月初吉，丁

亥，敶（陳）侯作[鑄]

媯四母媵鼎。

其永壽用之。

附録

陳侯鼎

二十一字。

此非田陳器。

山左土物。

参見《簠齋金文題識》頁一〇

〇二八

梁上官鼎

戰國晚期

00995.2.46

全形拓最大縱橫20.6×23.3釐米

該器現藏：故宫博物院

銘文字數：一一（又合文二）

《集成》著録編號：二四五一

蓋釋文

梁上官

㡿(容)厽(叁)分

器釋文

宜詡(信)冢子，㡿(容)厽(叁)分。

附録

梁上官鼎

有蓋。

關中寄。

蓋六字，[illegible]上官；器六字，[illegible]不同，下三字同，[illegible]。吳清卿(時視學陜甘)大瀓所藏鼎有上官字、平安君字，李方赤外舅藏鼎，東臯長笏臣藏鼎，余并定爲梁器。

參見《簠齋金文題識》頁一五

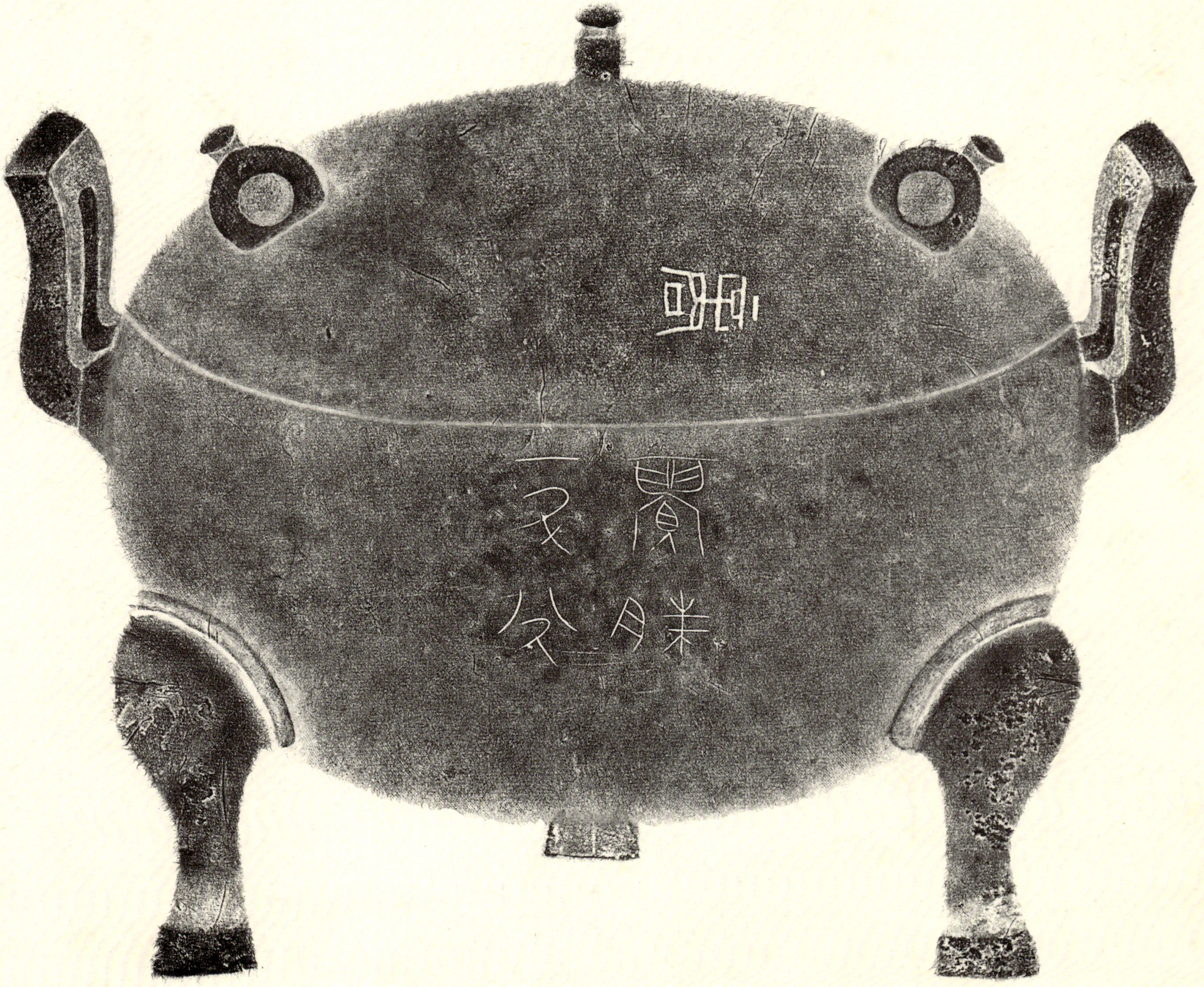

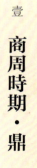

〇二九

眉脒鼎

戰國

00995.2.44

全形拓最大縱橫19.4×22.8釐米

銘文字數：五

蓋銘「商」字漢代後刻

《集成》著録編號：二一〇三

釋文

眉（沬）脒（厨）

一斗半

附録

眉脒鼎

與商字鼎蓋合。

六字、一字。

似漢制，則周末矣。蓋雖合，未必一器。

制爲秦漢鼎之權輿矣，古制厚重爾。周末器。

一つ一勺也，十つ一升也，十升一斗也。字从止。

此漢器紀升斗之所由放。

參見《簠齋金文題識》頁一四

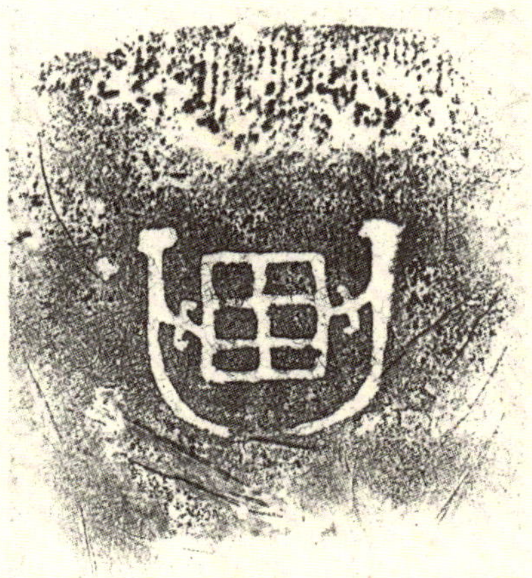

〇三〇

□鬲

0995.2.21

商晚期或西周早期

全形拓最大縱横21×15釐米

銘文字數：一

《集成》著録編號：一〇一九（當作鬲）

釋文

□

○三一

伯夓父鬲

00995.4.31

西周晚期

全形拓最大縱横17.4×18.9釐米

銘文字數：一七（又重文二）

《集成》著録編號：七一九

釋文

伯夓（夏）父作畢姬尊鬲。其萬年，子=孫=永寶用享。

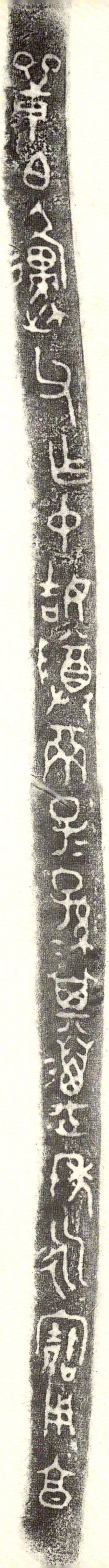

〇三二

單伯邍父鬲

00995.4.30

春秋早期

全形拓最大縱橫16.6×18.5釐米

該器現藏：故宮博物院

銘文字數：一八（又重文二）

《集成》著録編號：七三七

釋文

單伯邍父作仲姞尊鬲。子=孫=，其萬年永寶用享。

○三三

鄭登伯鬲

00995.1.24

春秋早期

全形拓最大縱橫18.4×18.8釐米

該器現藏：故宮博物院

銘文字數：八

《集成》著録編號：五九七

釋文

奠（鄭）豋（登）伯作叔𡢃薦鬲

附録

奠（鄭）興伯鬲

八字。

劉氏舊物。

參見《簠齋金文題識》頁一六

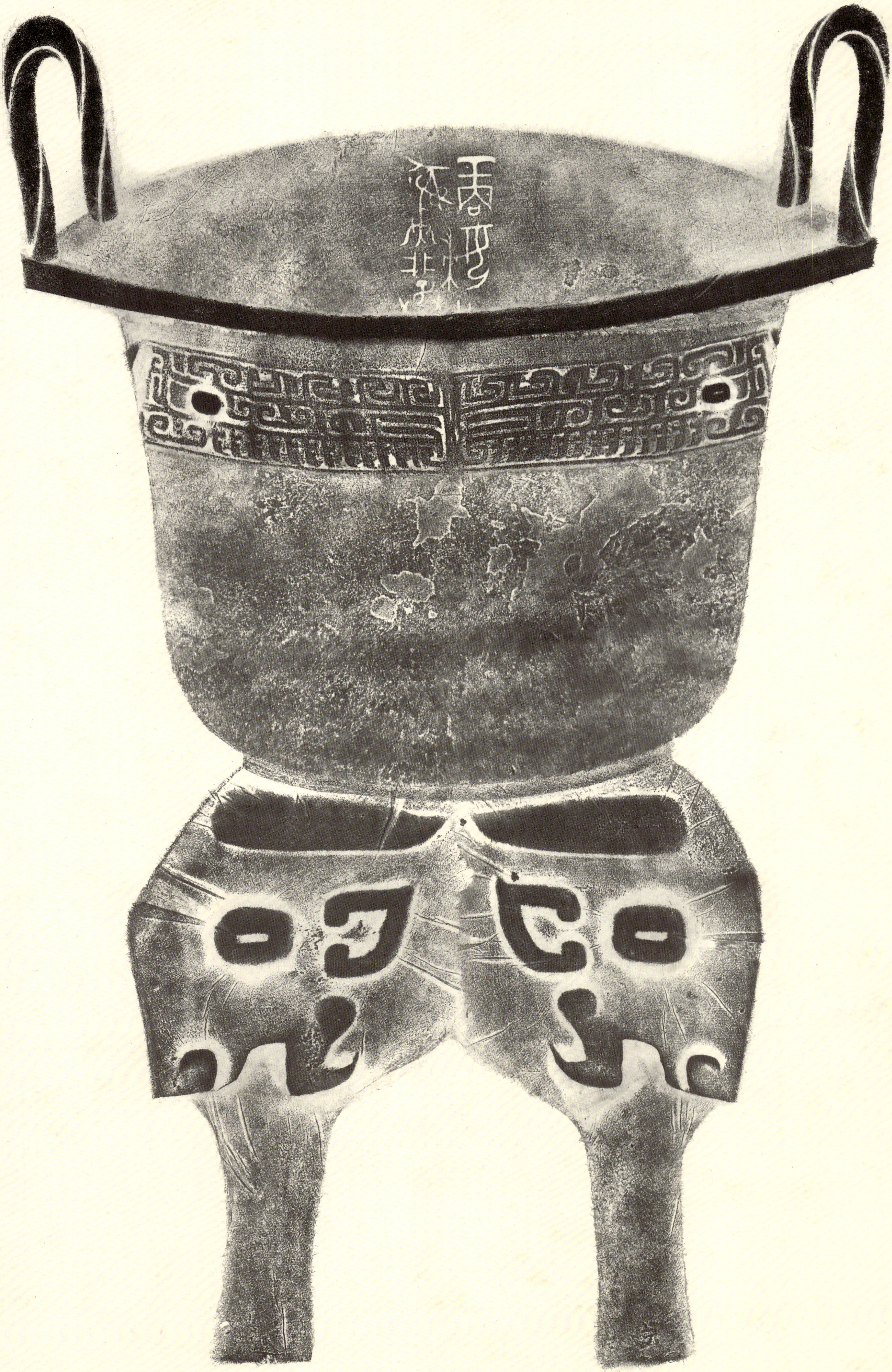

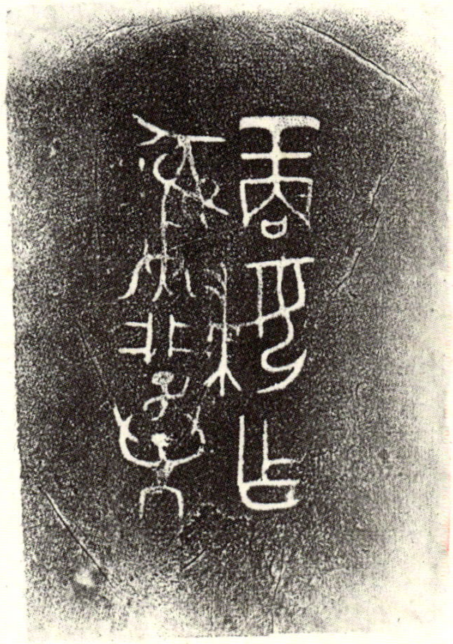

〇三四

商婦甗

商晚期

00995.4.27

全形拓最大縱橫39.1×24.5釐米

該器現藏：上海博物館

銘文字數：五

《集成》著錄編號：八六七

釋文

商婦作

彝。[illegible]

〇三五

卣弗生甗

西周早期

00995.4.28

全形拓最大縱横33.3×24.8釐米

銘文字數：六

《集成》著録編號：八八七

釋文

卣弗生

作旅甗

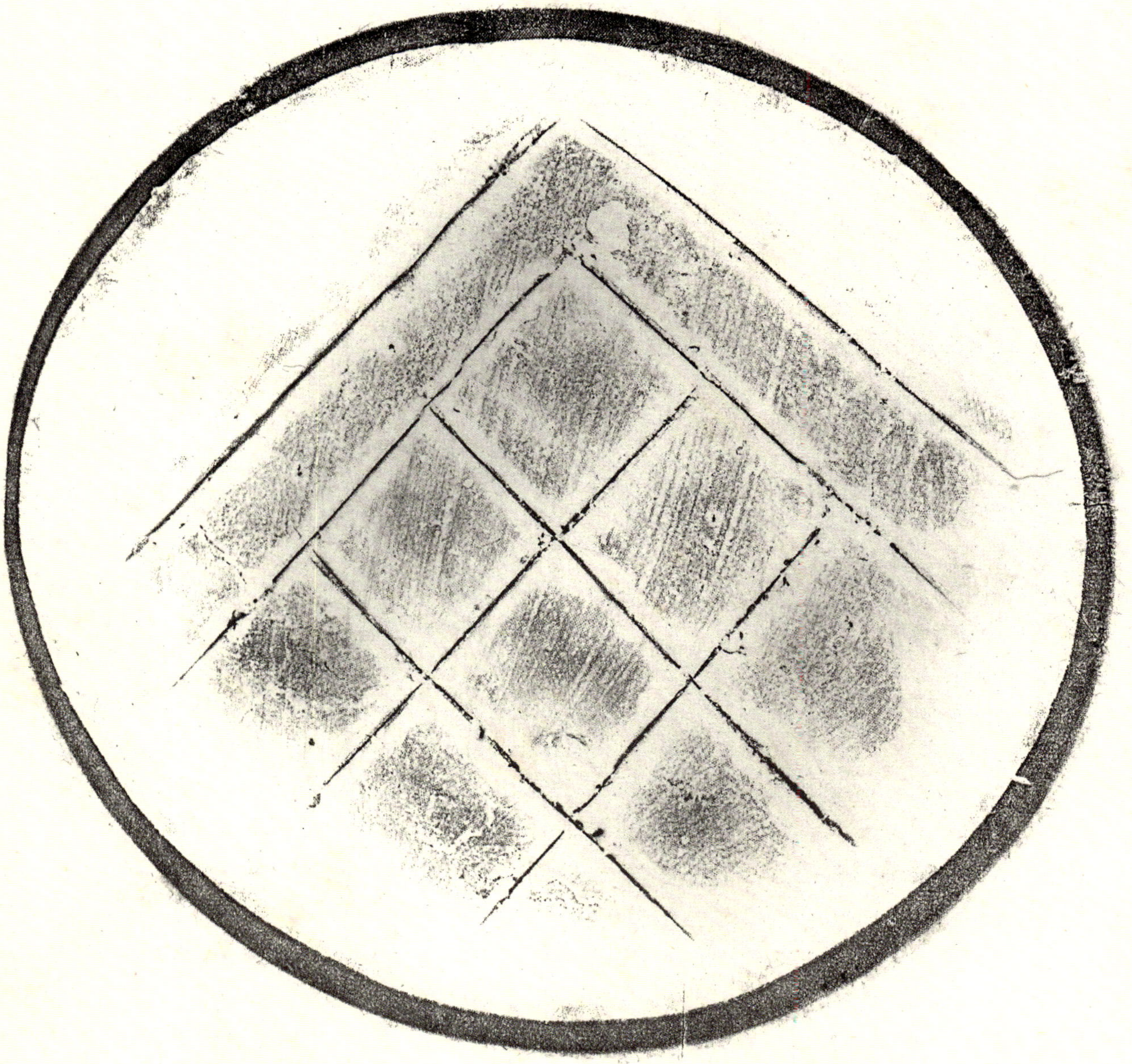

〇三六

文父乙毁

00995.2.05

商晚期

全形拓最大縱横20.1×29.6釐米

銘文字數：六

《集成》著録編號：三五〇二

釋文

文，父乙，卯，婦媅。

附録

□父乙卯毁器

六字。

底有陽識□字，余有□父丁爵。

參見《簠齋金文題識》頁二四

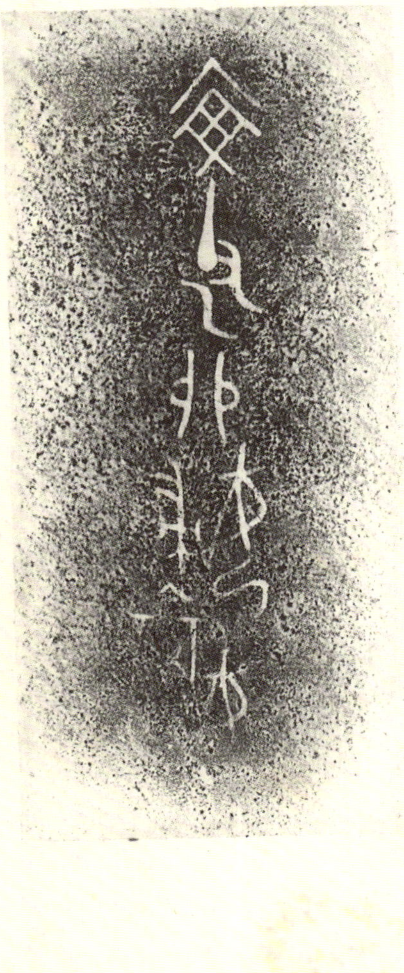

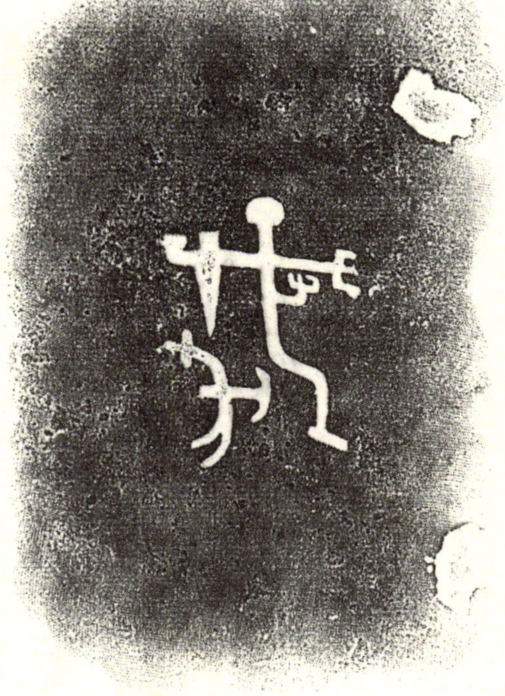

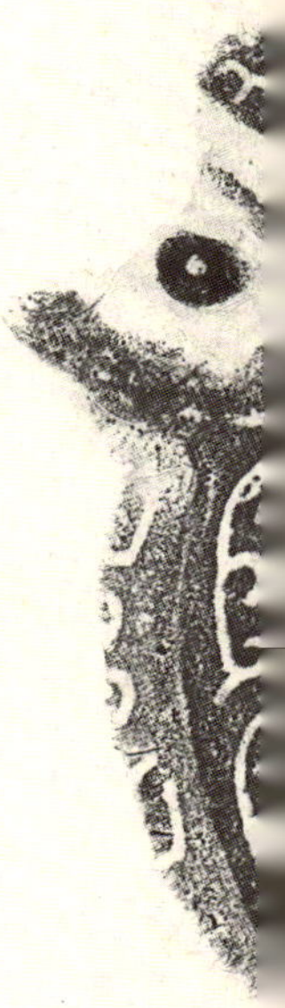

○三七

何戊毁

00995.2.03

商晚期

全形拓最大縱橫21.8×29.4釐米

該器現藏：故宮博物院

銘文字數：二

《集成》著録編號：三○六五

釋文

何戊

附録

商子戊毁器

器有乳。

二字。子荷瞿形。

參見《簠齋金文題識》頁二五

〇三八

帆𣪘

0995.1.15

商晚期

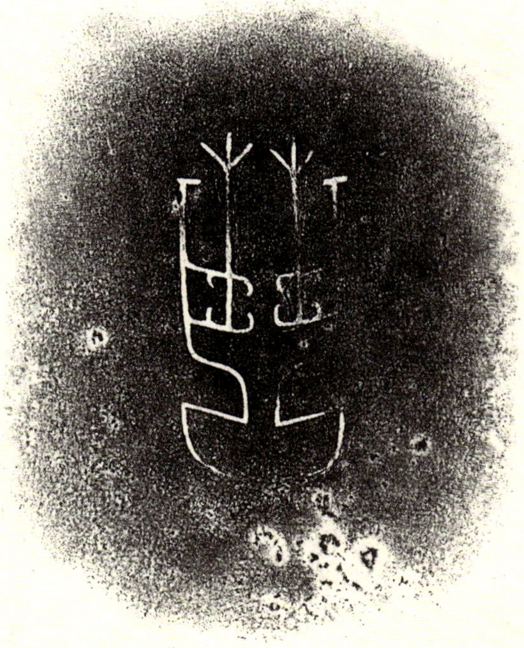

全形拓最大縱横16.4×23.9釐米

該器現藏：故宫博物院

銘文字數：一

《集成》著録編號：二九一九

釋文

帆(埶)

附録

雙鳳集木𣪘器

一字，鳳皇雌雄相向形。

參見《簠齋金文題識》頁二六

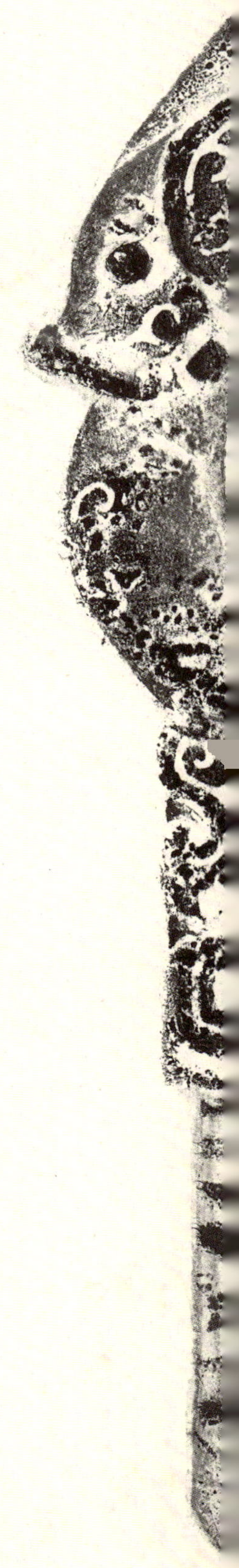

〇三九

天亡毀

00995.2.07

西周早期

全形拓最大縱橫30.7×28.9釐米

該器現藏：中國國家博物館

銘文字數：七七（又合文一）

《集成》著録編號：四二六一

釋文

乙亥，王又（有）大豊（禮），王同三方。王祀于天室，降，天亡又（尤）。王卒祀，于王不（丕）顯考文王事喜（饎），帝（禘）。文王監在上。丕顯王作眚（笙），丕緒（肆）王作庸，丕克乞（迄）卒王祀。丁丑，王鄉（饗）大宜，王降，亡助（敗），鳌退賣。唯朕（駿）有蔑，每（敏）揚王休于尊。白

附録

聃毀器

四耳方坐，匧齋之寶。

七十一字。

聃，武王同母弟八年最少者。毛伯聃、聃季一人。與毛公鼎同出關中。

參見《簠齋金文題識》頁一七

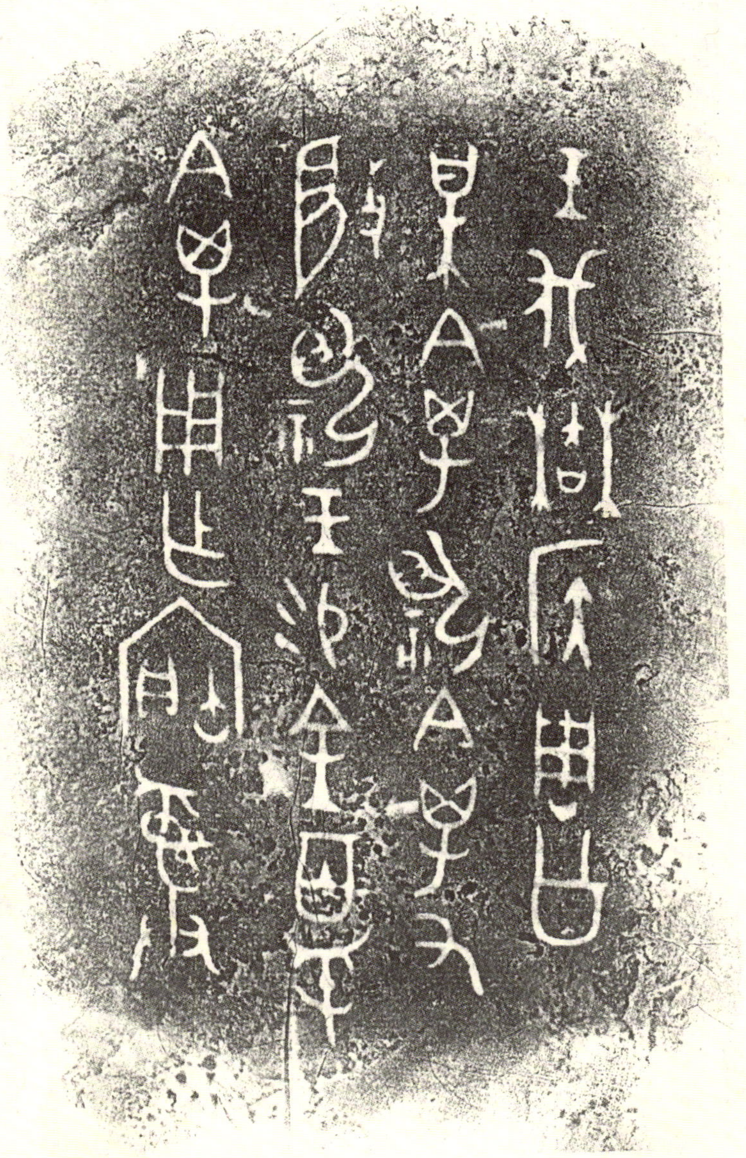

〇四〇

禽𣪘

00995．4．23

西周早期

全形拓最大縱横18.7×26.6釐米

該器現藏：中國國家博物館

銘文字數：二三

《集成》著録編號：四〇四一

釋文

王伐⿱林去（蓋）侯，周公某（謀）。禽祝，禽又（有）啟祝。王錫金百寽。禽用作寶彝。

○四一

仲毁

00995 2.06

西周早期

全形拓最大縱横20.9×27.8釐米

銘文字數：一〇

《集成》著録編號：三七二三

釋文

仲作寶尊彝，
其萬年永用。

附録

中毁器
底有龍文。
十字。
参見《簠齋金文題識》頁二三至二四

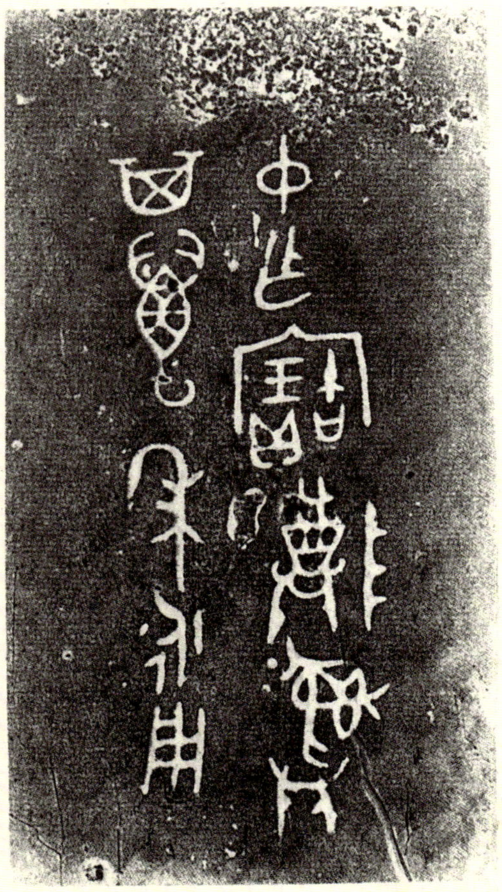

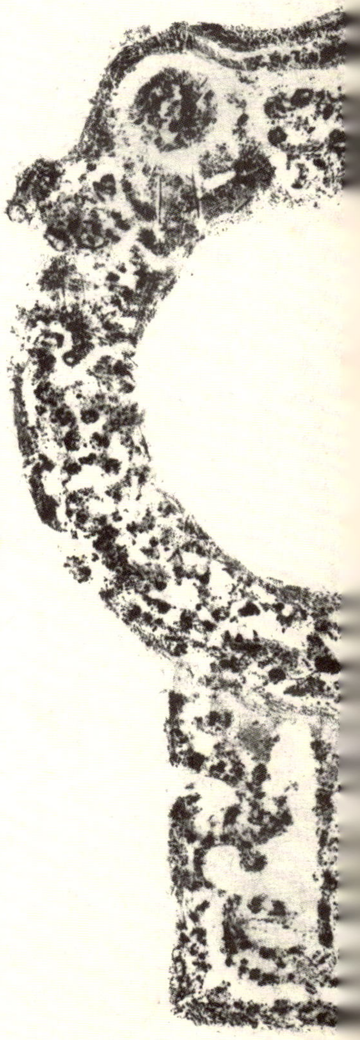

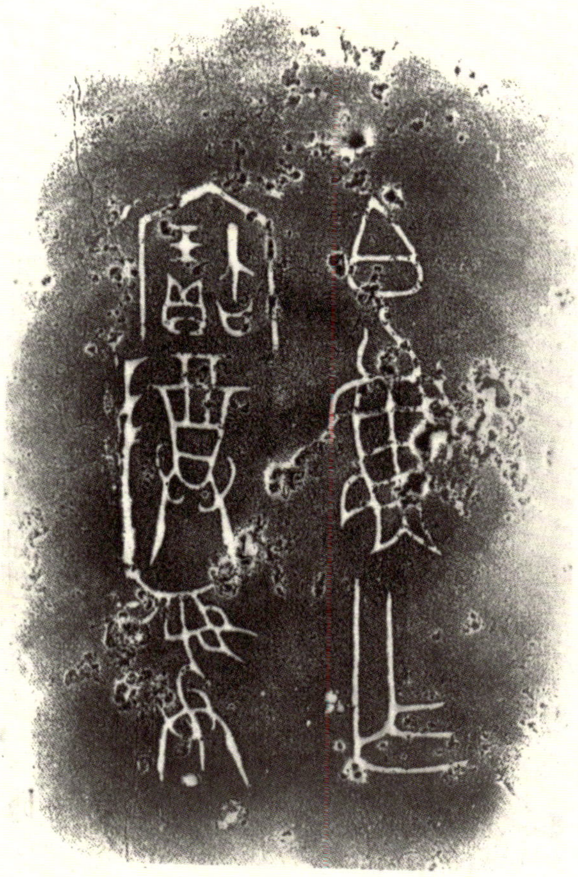

蓋銘

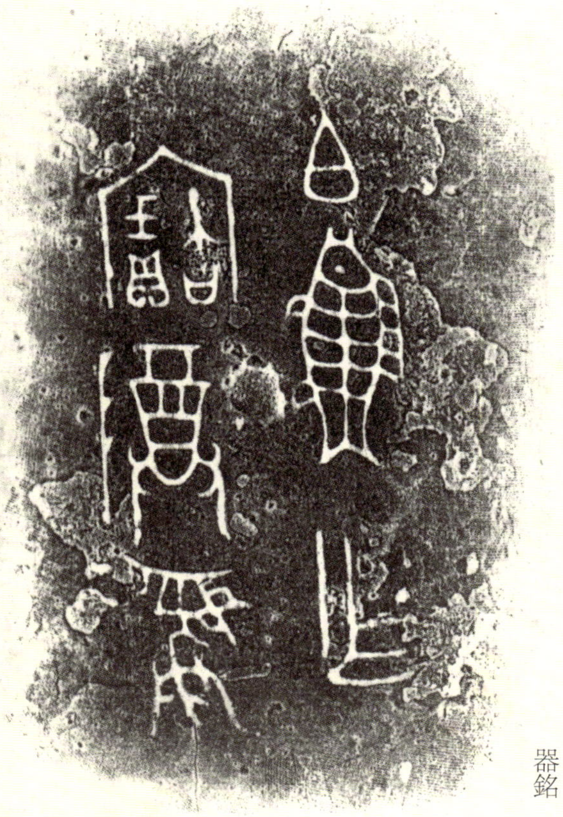

器銘

○四二

伯魚𣪘

00995.1.09

西周早期

全形拓最大縱橫25.7×31.5釐米

該器現藏：上海博物館

銘文字數：六（蓋、器同銘）

《集成》著録編號：三五三五

釋文

伯魚作

寶尊彝

附録

伯魚𣪘器、伯魚𣪘蓋

制作莊古。

器蓋各六字。

出易州。

參見《簠齋金文題識》頁二四

○四三

癸山𣪘

00995.2.04

西周早期

全形拓最大縱横23.8×25.5釐米

該器現藏：美國華盛頓賽克勒美術館

銘文字數：二

《集成》著録編號：三〇七〇

釋文

癸山

附録

商癸山𣪘器

有乳。以上二𣪘（何戊𣪘、癸山𣪘——編者注）同出。

二字。

参見《簠齋金文題識》頁二五

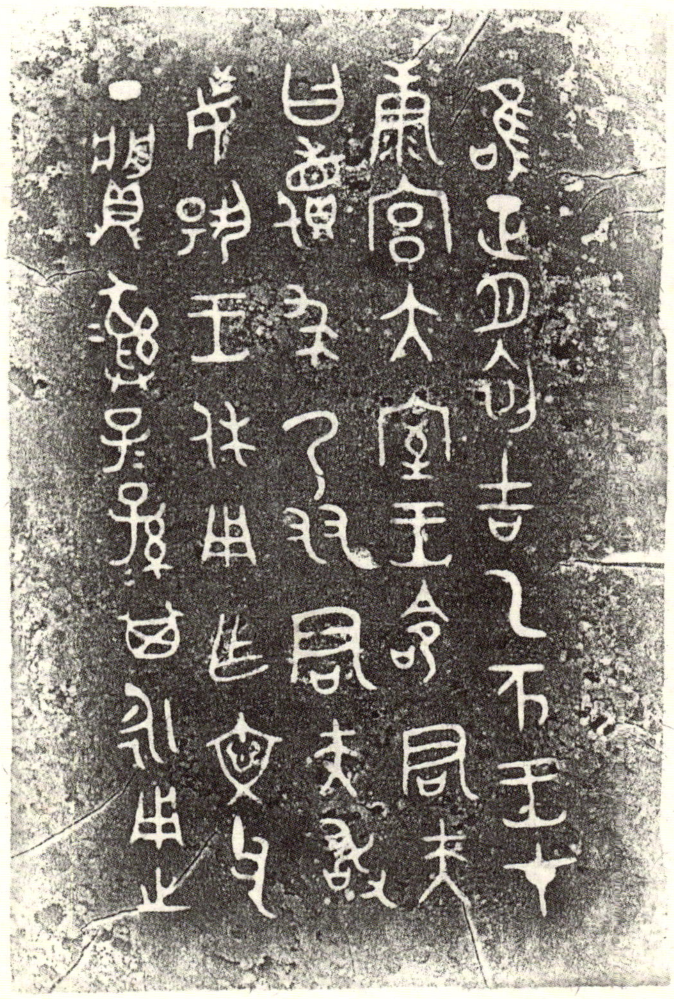

○四四

君夫毀蓋

西周中期

00995.2.12

全形拓最大縱橫 10.5×18.3 釐米

該器現藏：天津市藝術博物館

銘文字數：四二（又重文二）

《集成》著録編號：四一七八

釋文

唯正月初吉，乙亥，王在康宮大室。王命君夫曰：價求乃友。君夫敢妦（奉）揚王休，用作文父丁䵼彝。子〓孫〓其永用之。

附録

君夫毀蓋

四十四字。王朝書。

君夫之祖父爲康王臣，故在康宮命之，康王之子之後同，他放此。堯舜禪禹受亦皆於廟，蓋古禮矣。

價見《説文》。[illegible]自是求，以手振裘之象與。[illegible]自是友，友當是官名，如太史友、内史友也。

參見《簠齋金文題識》頁一八

〇四五

彔作辛公毁

00995.2.08

西周中期

全形拓最大縱横17.9×28.5釐米（器）、9.1×19.2釐米（蓋）

該器現藏：日本京都泉屋博古館

銘文字數：三〇（蓋、器同銘，又重文二）

《集成》著録編號：四一二二

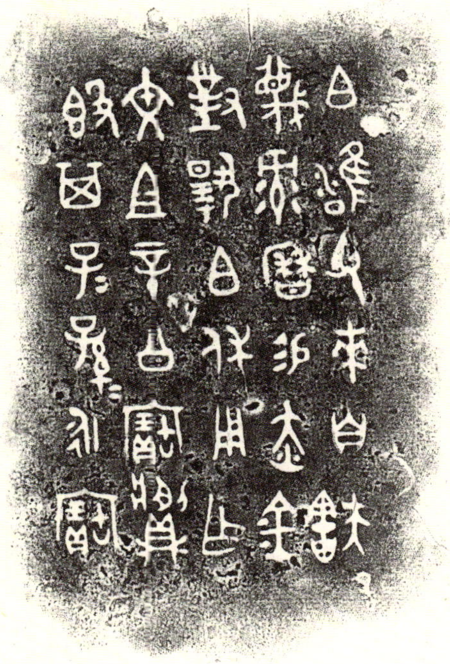

蓋銘

器銘

釋文

伯雍父來自㝬
蔑彔曆，錫赤金。
對揚伯休，用作
文祖辛公寶䵼
毁。其子=孫=永寶。

壹

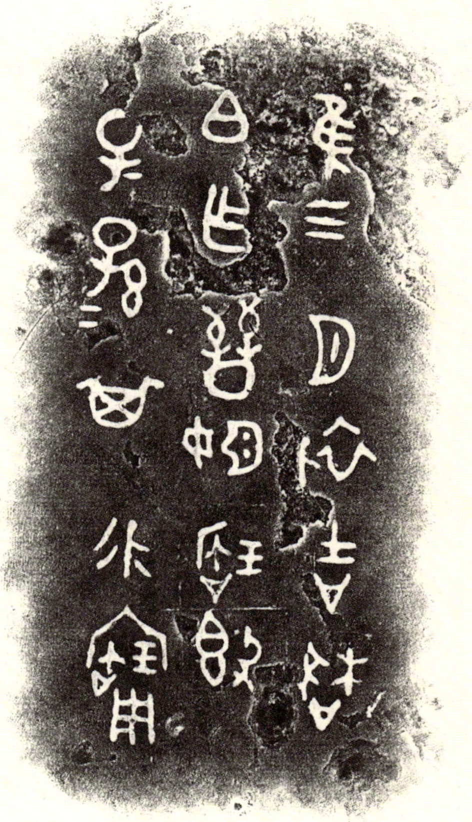

○四六

格伯作晉姬毁

00995.1.12

西周中期

全形拓最大縱橫21.2×28.7釐米

該器現藏：故宮博物院

銘文字數：一八（又重文二）

《集成》著録編號：三九五二

釋文

唯三月初吉，格
伯作晉姬寶毁。
子〓孫〓其永寶用。

附録

格伯毁器
有蓋無銘。
二十字。
參見《簠齋金文題識》頁二一

○四七

城虢遣生殷

00995.1.14

西周中期

全形拓最大縱橫15.8×21.5釐米

銘文字數：一五

《集成》著録編號：三八六六

釋文

𨜽（城）虢遣生作
旅殷。其萬年，
子孫永寶用。

附録

城虢遣生作殷器
兩耳三足損。
十五字。
城虢者召伯與，遣生其屬與。周造邦，如洛
如申，皆召公、召伯主之。
參見《簠齋金文題識》頁二一

蓋銘

器銘

○四八

己侯毁 0995.1.10

西周中期

全形拓最大縱横23×25釐米

該器現藏：上海博物館

銘文字數：一二（蓋、器同銘，又重文一）

《集成》著録編號：三七七二

釋文

己（紀）侯作姜

縈毁。子=孫

其永寶用。

附録

己（紀）侯毁器、己侯毁蓋

器耳有二環。

器蓋各十三字。

己，古紀字。艾，少艾，與艾伯鬲作乂同。

參見《簠齋金文題識》頁二二至二三

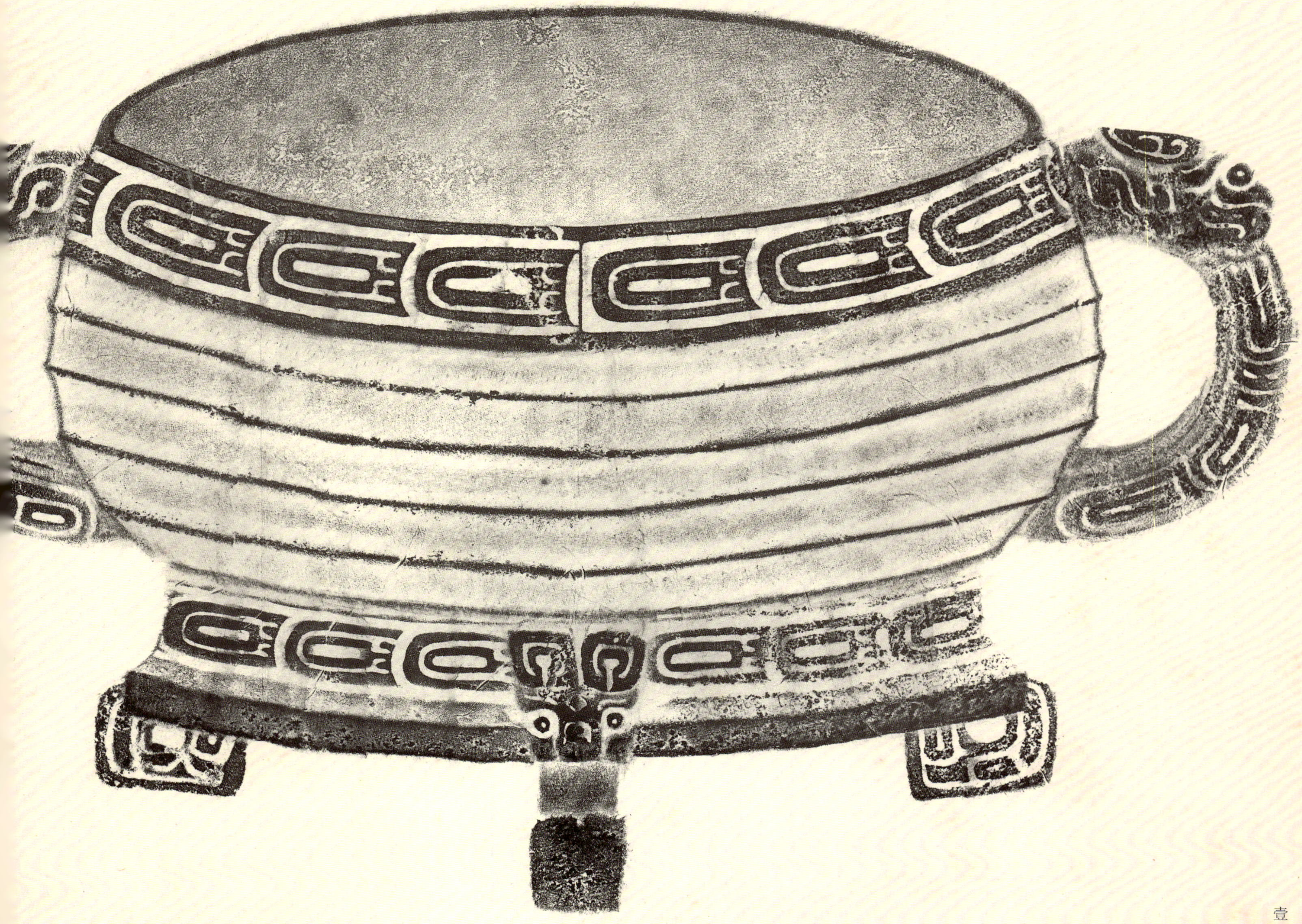

○四九

伯就父毁

西周中期

00995.1.13

全形拓最大縱橫19.5×29.8釐米

銘文字數：一一（又重文二）

《集成》著録編號：三七六二

釋文

伯就父作[illegible]

毁，子=孫=永寶用。

附録

伯喬父毁器

十三字。字口有損。

[illegible]，古天字，高下从[illegible]，今多以爲京、亭字。字見潘伯寅少農供奉所藏郘伯𪏽鐘字中。

參見《簠齋金文題識》頁二三

〇五〇
頌㲃盖
0095.1.11
西周晚期

全形拓最大縱橫20.6×26.7釐米
該器現藏：上海博物館
銘文字數：一五〇（又重文二）
《集成》著録編號：四三三八

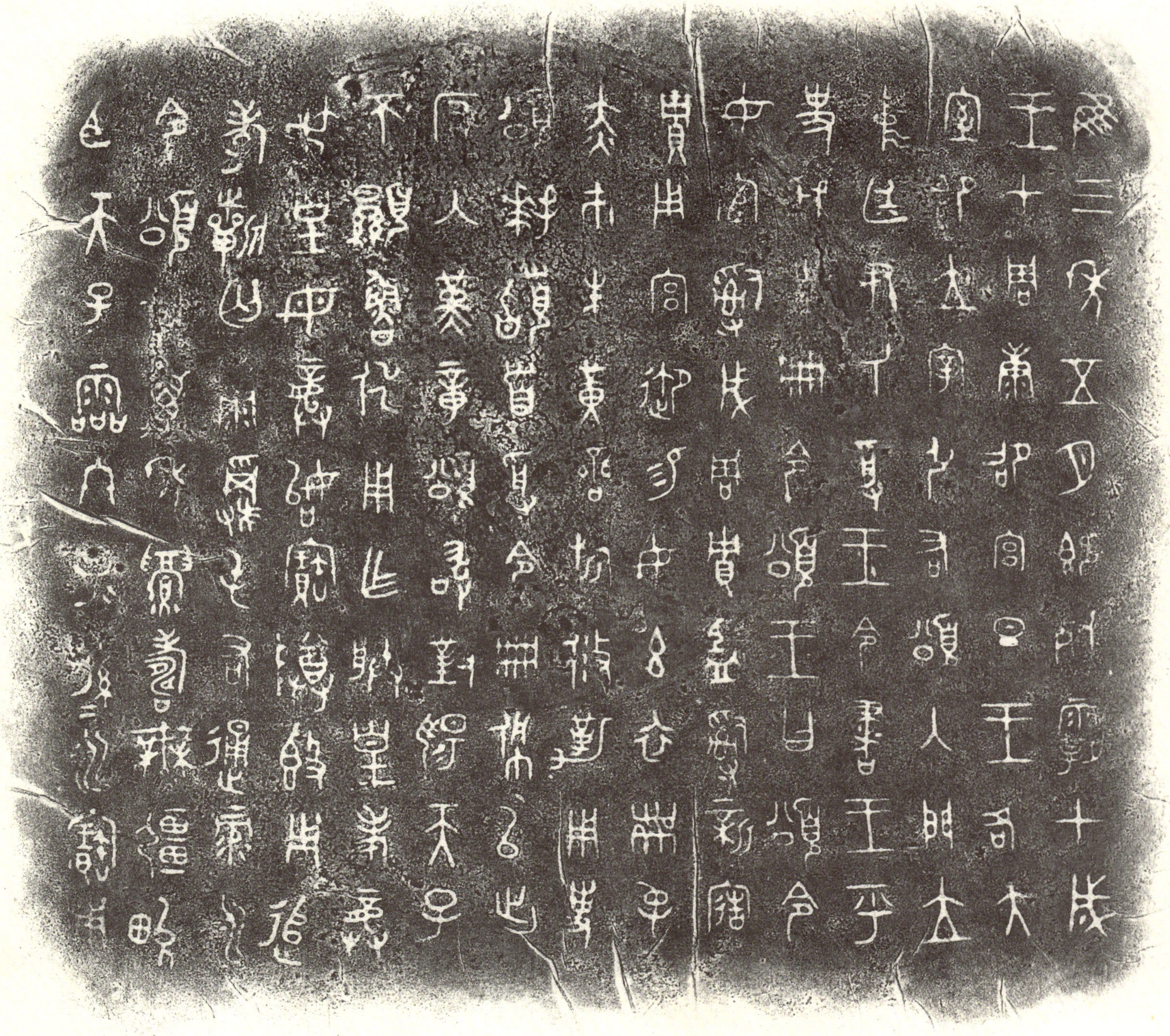

釋文

唯三年五月既死霸，甲戌，
王在周康卲（昭）宮，旦，王各（格）大
室，即立（位）。宰引右（佑）頌入門，立
中廷。尹氏受（授）王令（命）書。王呼
史虢生冊命頌，王曰：「頌，命
汝官嗣（司）成周賈，監司新造
賈，用宮御。錫汝玄衣黹純、
赤市朱黃（衡）、䜌（鸞）旂鋚勒，用事。」
頌拜稽首，受命冊，佩以出，
反（返）入堇（覲）璋。頌敢對揚天子
不（丕）顯魯休，用作朕皇考龔
叔、皇母龔姒寶尊毀，用追
孝，祈匄康𩐿純右（祐），通祿永
命。頌其萬年眉壽無疆，畯
臣天子，靈冬（終），子〓孫〓永寶用。

附録

頌毀蓋
一百五十二字。王朝書。
凡金文述王命前後皆記事，皆與書體例同。立皆當釋位，非如字。頌古容字，公亦容也。頌古作頌。
參見《簠齋金文題識》頁一八

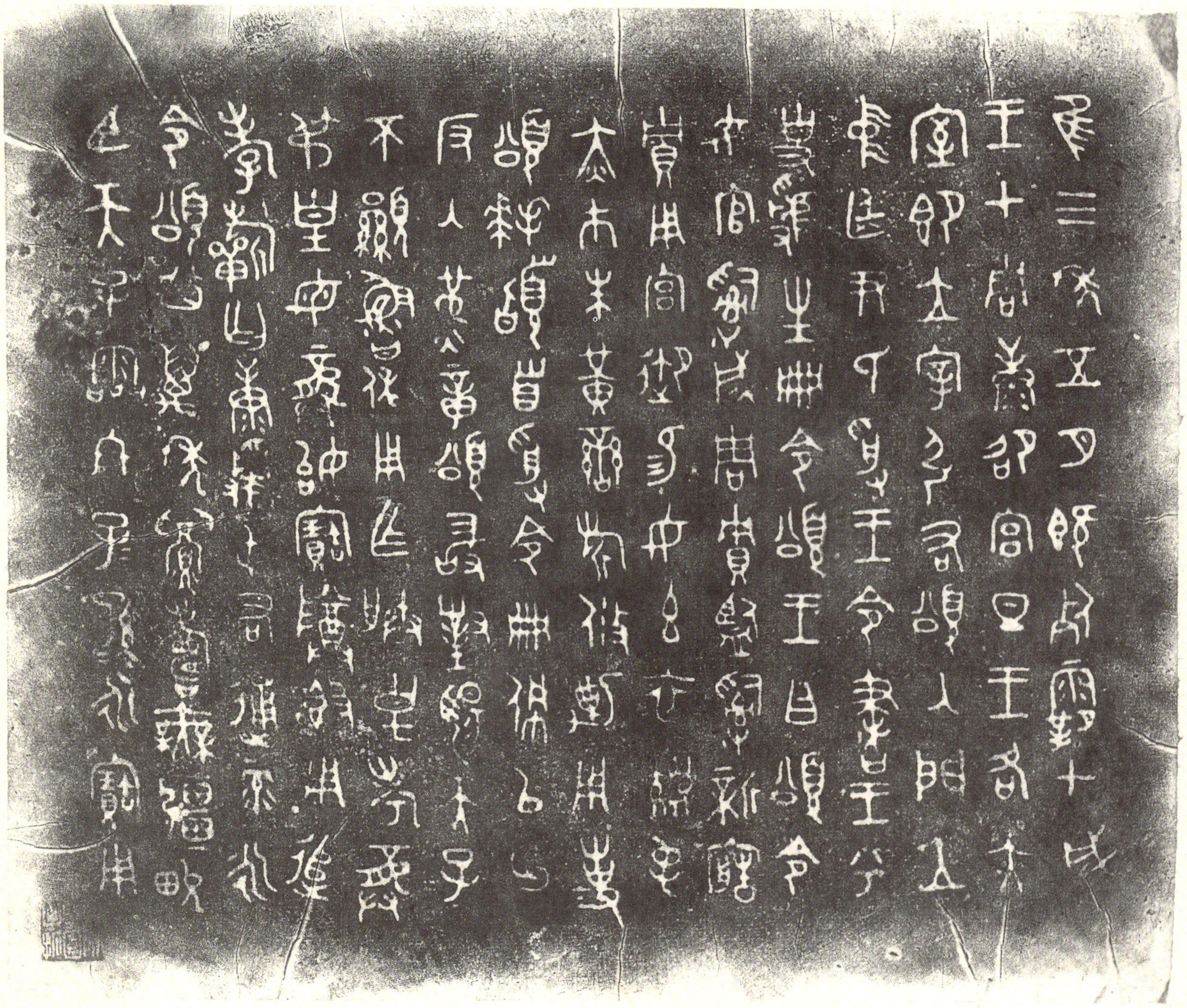

○五一

頌毀

0095.4.22

西周晚期

全形拓最大縱橫27.2×43.6釐米

該器現藏：山東省博物館

銘文字數：一五○（又重文二）

《集成》著録編號：四三三四

釋文

唯三年五月既死霸，甲戌，
王在周康卲（昭）宮。旦，王各（格）大
室，即立（位）。宰引右（佑）頌入門，立
中廷。尹氏受（授）王令（命）書，王呼
史虢生冊命頌，王曰：「頌，命
汝官𤔲（司）成周賈，監司新造
賈，用宮御。錫汝玄衣黹純、
赤市朱黄（衡）、䜌（鑾）旂鋚勒。用事。」
頌拜稽首，受命冊，佩以出，
反（返）入堇（覲）璋。頌敢對揚天子
不（丕）顯魯休，用作朕皇考龔
叔、皇母龔姒寶尊毀，用追
孝，祈匄康𪺍純右（祐），通祿永
命。頌其萬年眉壽無疆，畯
臣天子，靈冬（終），子=孫=永寶用。

○五二

師寰𣪘

00995.4.36

西周晚期

全形拓最大縱橫31.5×43.9釐米

該器現藏：上海博物館

銘文字數：蓋一一一（又重文二）、器一一五（又重文二）

《集成》著録編號：四三一三

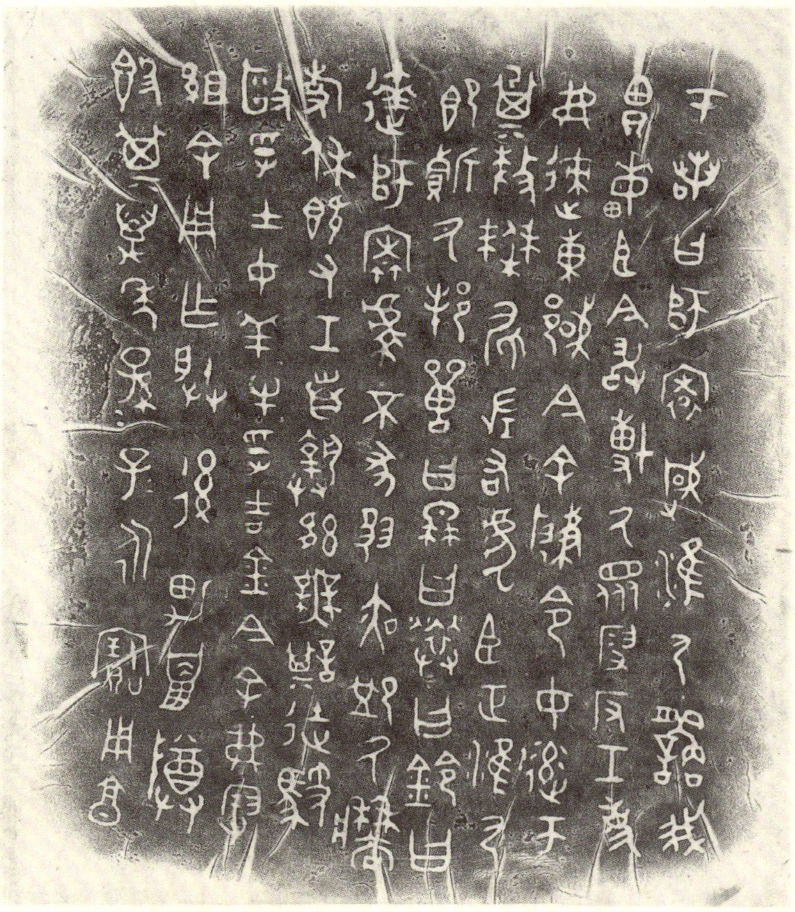

蓋銘

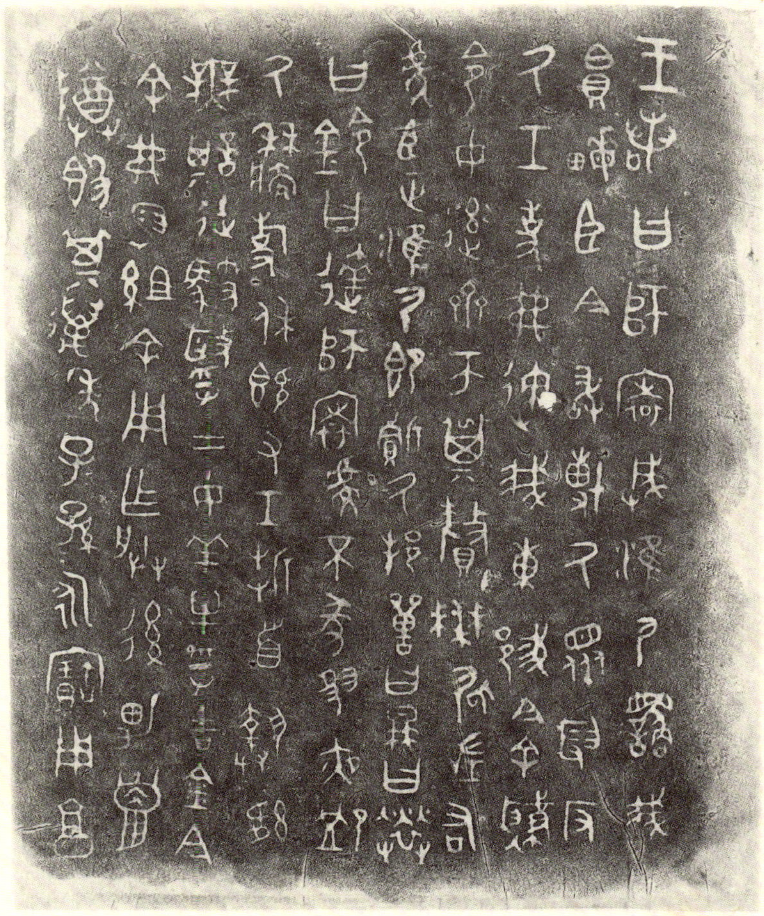

器銘

蓋釋文

王若曰：「師寰，□（蠢）淮夷繇（迪）我
員（帛）晦（賄）臣，今敢博厥眾，叚（暇）反工吏，
弗速（蹟）東或（國）。今余肇令女（汝）逹（率）師、
㠱（紀）、贅（萊）、僰（偪），屄（殿）左右虎臣，正（征）淮夷。
即質厥邦獸，曰冉，曰䔲（袋），曰鈴，曰
達。」師寰虔不家（墜），夙夜卹厥牆（將）
事。休既又（有）工（功），［折］首執訊，無諆徒駿（馭），
毆俘士女、羊牛，俘吉金。今余弗叚
組（徂），余用作朕後男巤尊
𣪘。其萬年，孫₌子₌永寶用享。

【釋文中「折」，據器銘補。】

器釋文

王若曰：「師寰，□（蠢）淮夷繇（舊）我
員（帛）晦（賄）臣，今敢博厥眾，叚（暇）反
厥工吏，弗速（蹟）我東或（國）。今余肇
令汝逹（率）齊師、㠱（紀）、贅（萊）、僰（偪），屄（殿）左右
虎臣，正（征）淮夷。即質厥邦獸，曰冉，曰䔲（袋），
曰鈴，曰達。」師寰虔不家（墜），夙夜卹
厥牆（將）事。休既又（有）工（功），折首執訊，
無諆徒駿（馭），毆俘士女、羊牛，俘吉金。今
余弗叚組（徂），余用作朕後男巤
尊𣪘。其萬年，子₌孫₌永寶用享。

○五三

圅皇父𣪘

00995.3.14

西周晚期

全形拓最大縱横31.2×35.3釐米

該器現藏：日本奈良天理參考館

銘文字數：三四（蓋、器同銘，又蓋重文一、器重文二）

《集成》著録編號：四一四一

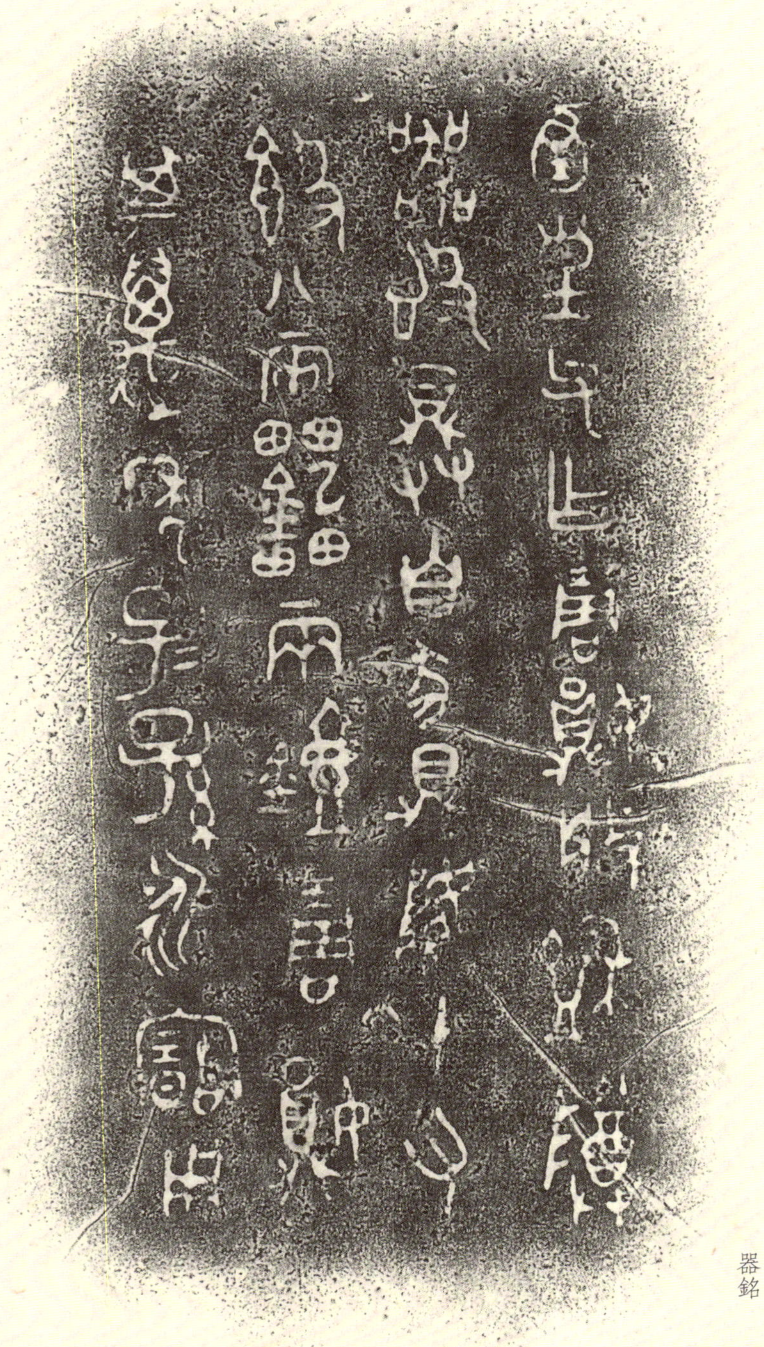

器銘

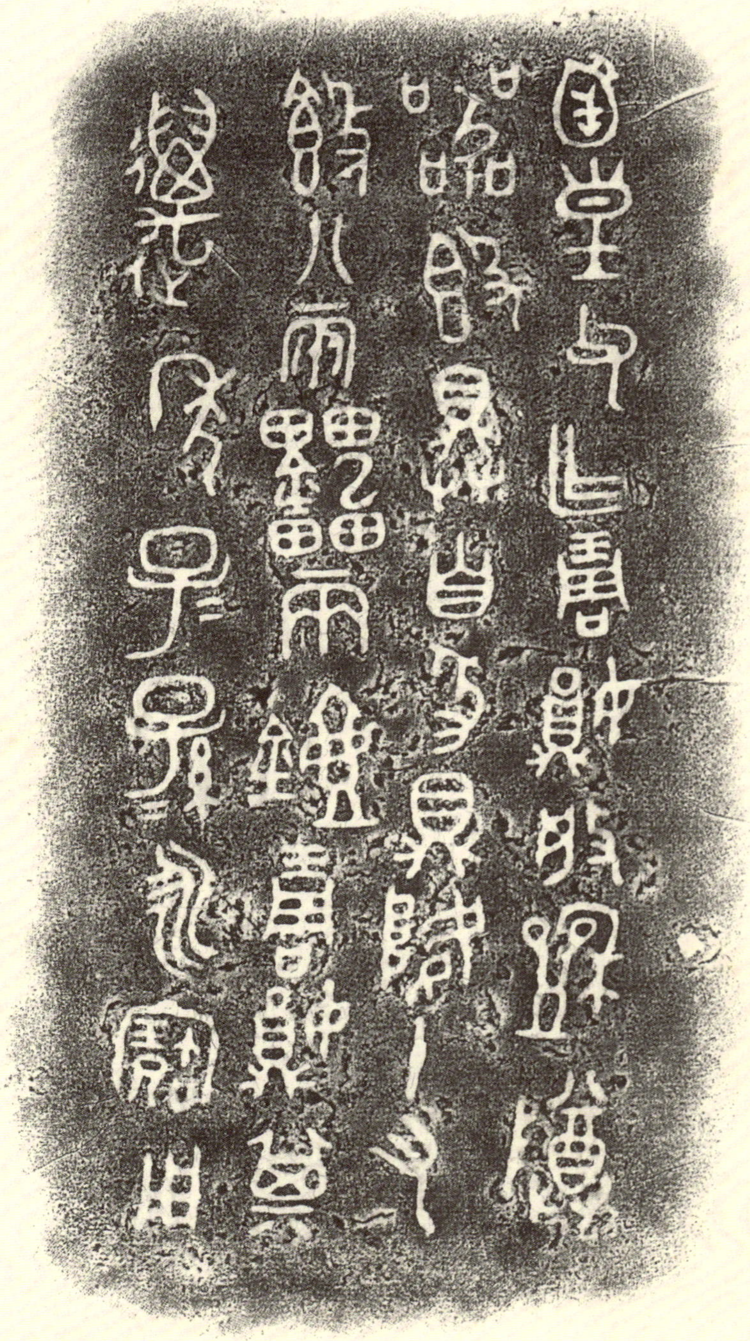

蓋銘

蓋釋文

函皇父作琱(周)娟(妘)般(盤)盉尊

器毁[一]鼎(具)，自豕鼎降十又[一]

毁八，兩罍、兩壺。周妘其

萬年，子=孫=永寶用。

器釋文

函皇父作琱(周)娟(妘)殷(盤)盉尊

器毁[一]鼎(具)，自豕鼎降十又[一]

毁八，兩罍、兩壺。周妘

其萬年，子=孫永寶用。

【釋文中[一]，據盤銘補。】

附録

函(閻)皇父毁器、函皇父毁蓋

器蓋各三十六字。

皇父見《詩》。

用之作周乃加王，如盂鼎之文武玟珷，召

伯毁鼎之太保作僔，皆加王見義，字不得

以爲从玉之琱也。

銘中所言之器，想俱同出而不知所在。

參見《簠齋金文題識》頁一八至一九

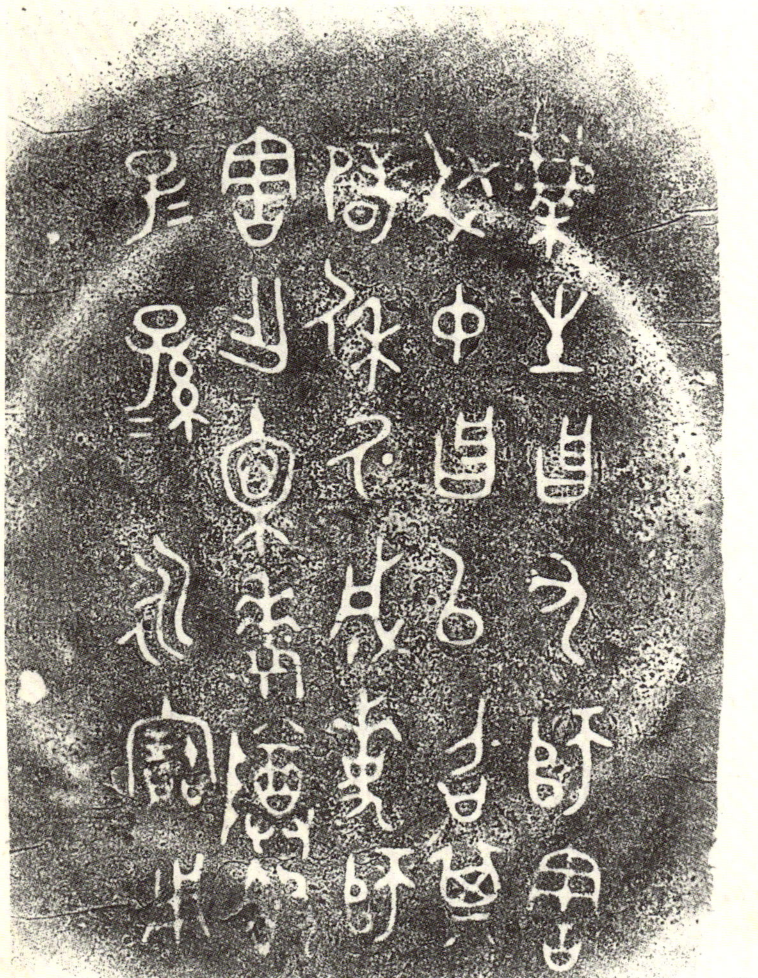

器銘

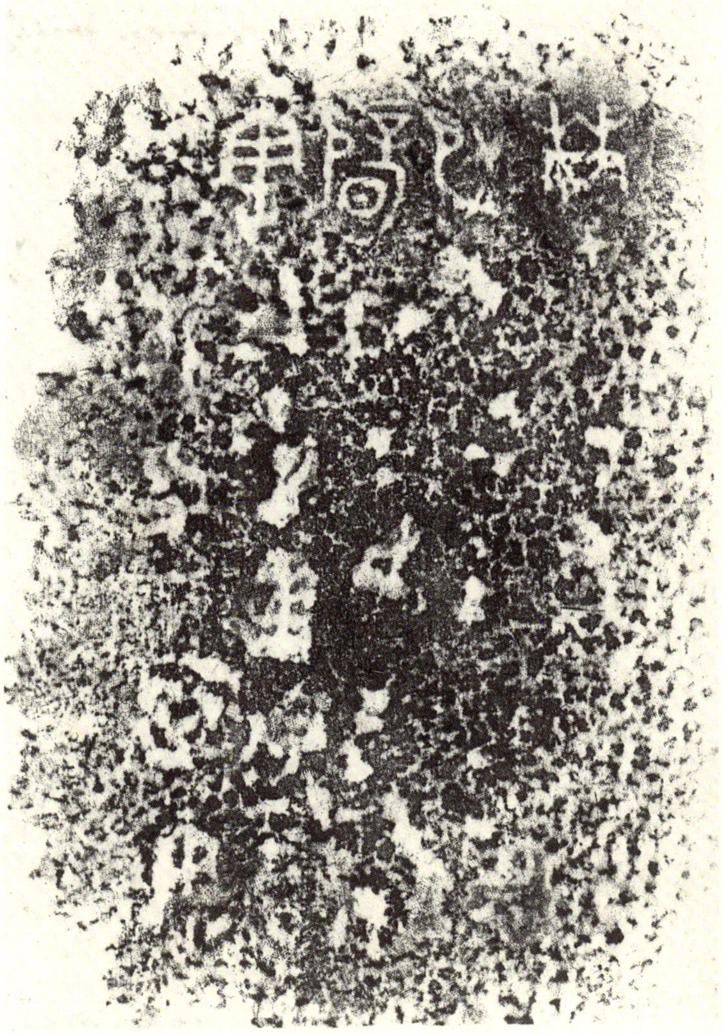

蓋銘

○五四

師害毁（之二）00995.2.09

西周晚期

全形拓最大縱橫27.6×33.7釐米

銘文字數：二九（蓋、器同銘，又重文二）

《集成》著録編號：四一一六

釋文

麇生曶父師害
及仲，曶以召（紹）其
辟，休厥成事。師
害作文考尊毁，
子=孫=永寶用。

附録

師害毁器、師害毁蓋
器、蓋各三十一字。
出齊東。
，奇字。文考亦異它字。
參見《簠齋金文題識》頁一一九至二〇

蓋銘

器銘

○五五

師害𣪕（之二）00995.2.10

西周晚期

全形拓最大縱橫27.8×33釐米

銘文字數：二九（蓋、器同銘，又重文二）

《集成》著録編號：四一一七

釋文

麇生曶父師害
及仲，曶以召（紹）其
辟，休厥成事。師
害作文考尊𣪕，
子=孫=永寶用。

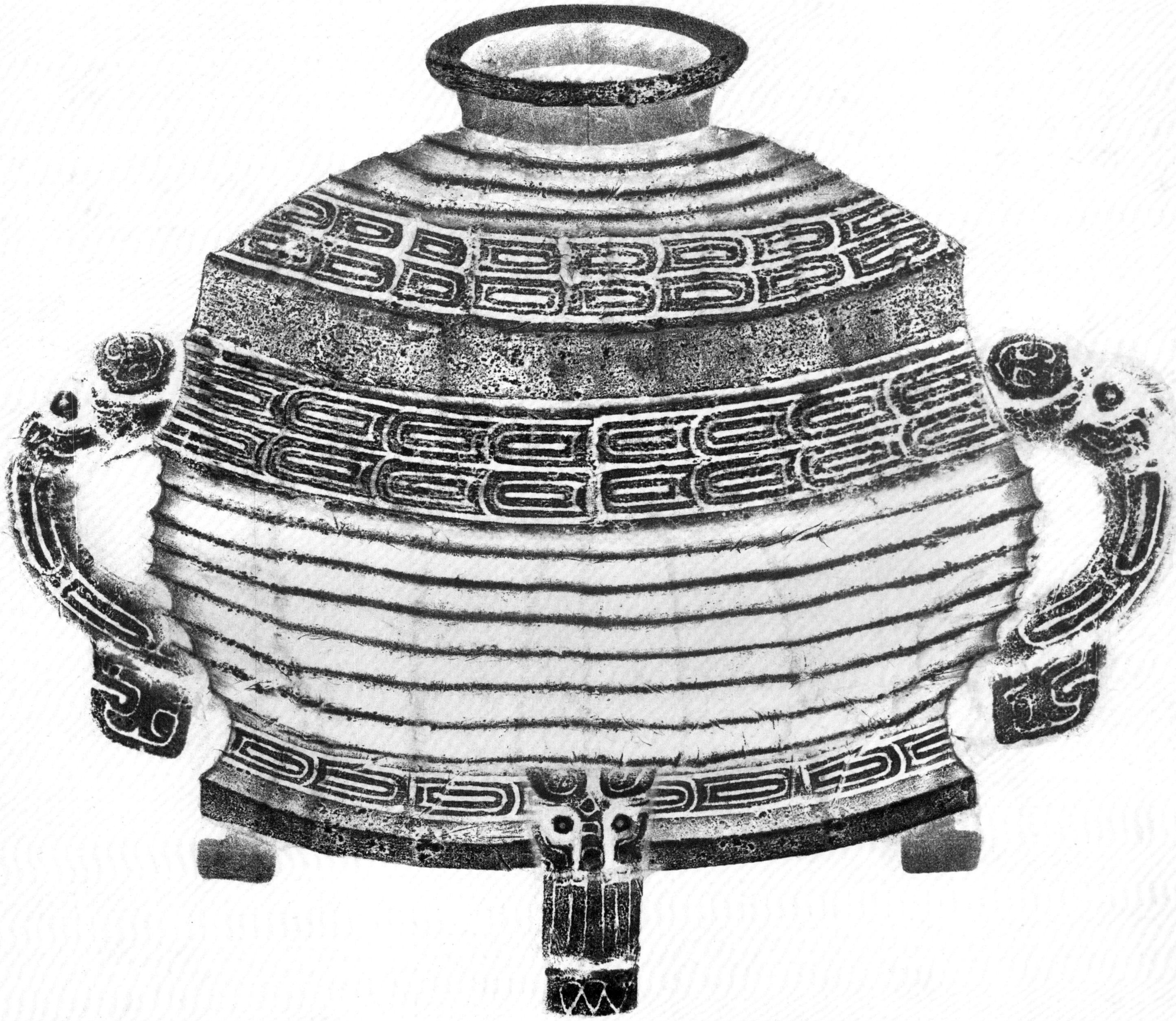

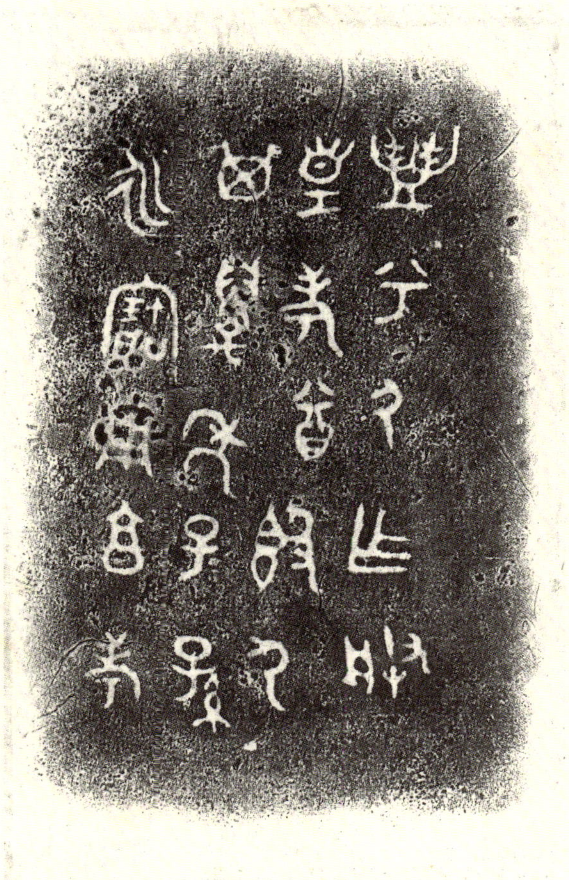

蓋銘

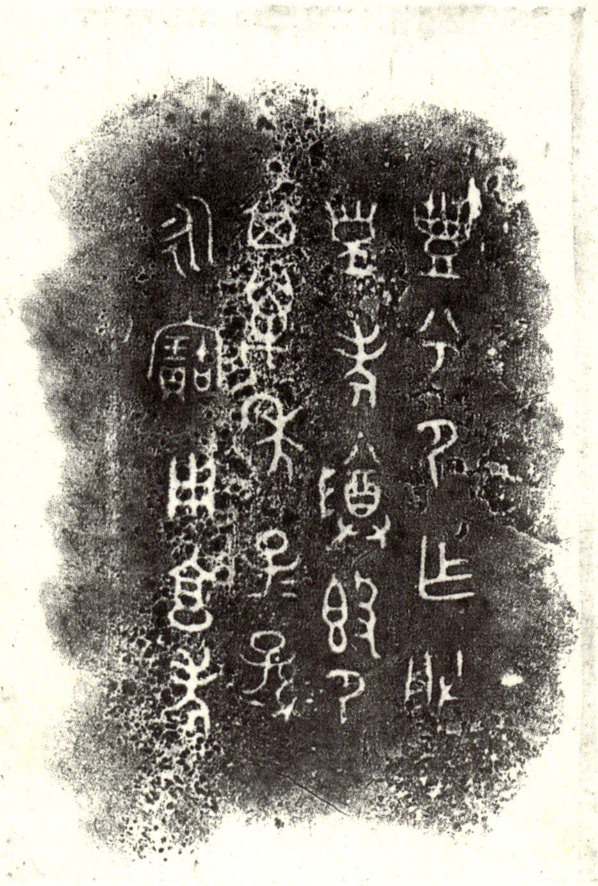

器銘

○五六

豐兮夷𣪘 00995.2.11

西周晚期

全形拓最大縱橫29×32.1釐米

銘文字數：二〇（蓋、器同銘，又器重文二）

《集成》著録編號：四〇〇二

蓋釋文

豐兮夷作朕
皇考酋（尊）𣪘，夷
其萬年，子孫
永寶用享孝。

器釋文

豐兮夷作朕
皇考尊𣪘，夷
其萬年，子=孫=
永寶用享孝。

附録

豐兮夷𣪘器、豐兮夷𣪘蓋
器二十二字，蓋二十字。
張叔未亦有一器，似器蓋互易。
參見《簠齋金文題識》頁二〇

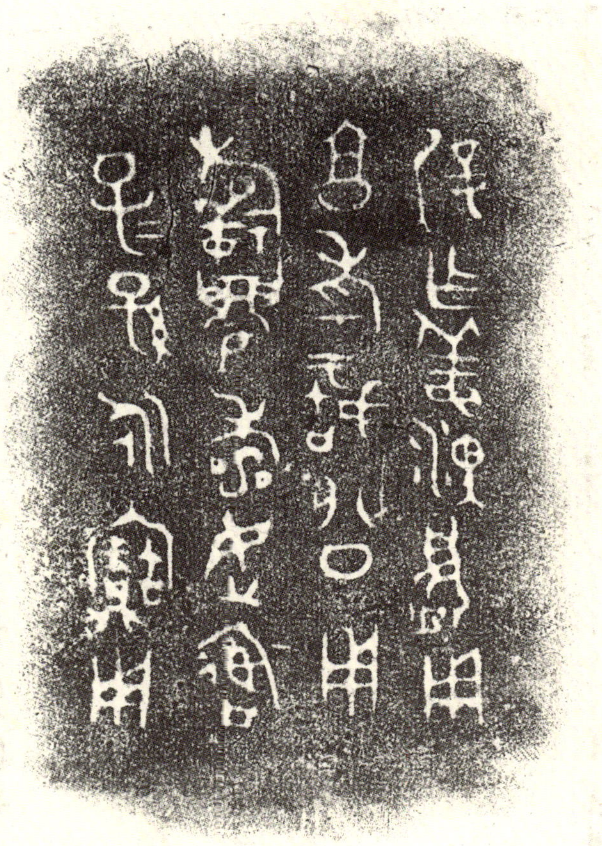
蓋銘

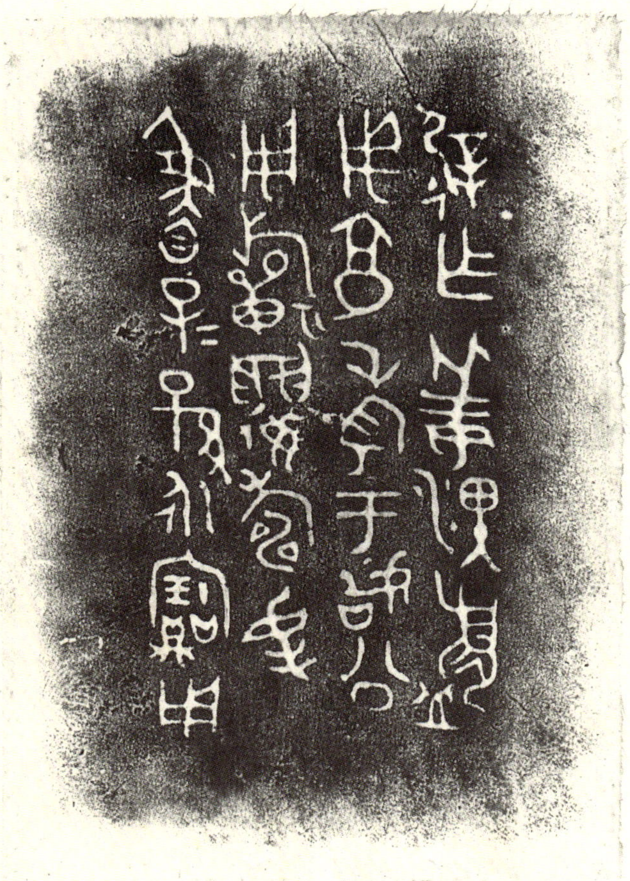
器銘

○五七

遲盨

00995.4.29

西周晚期

全形拓最大縱橫26.6×26.5釐米

該器現藏：山東省博物館

銘文字數：二二（蓋、器同銘，又重文一）

《集成》著録編號：四四三六

蓋釋文

遲作姜淠盨，用
享孝于姑公，用
祈眉壽純魯，
子=孫永寶用。

器釋文

遲作姜淠盨，
用享孝于姑公，
用祈眉壽純
魯，子=孫永寶用。

附録

遲簋器、遲簋蓋

二十三字。

十六長樂堂物。考，孝通。姑公，公姑也。
純魯字，器蓋不甚同。器作□，蓋作□。

參見《簠齋金文題識》頁二八至二九

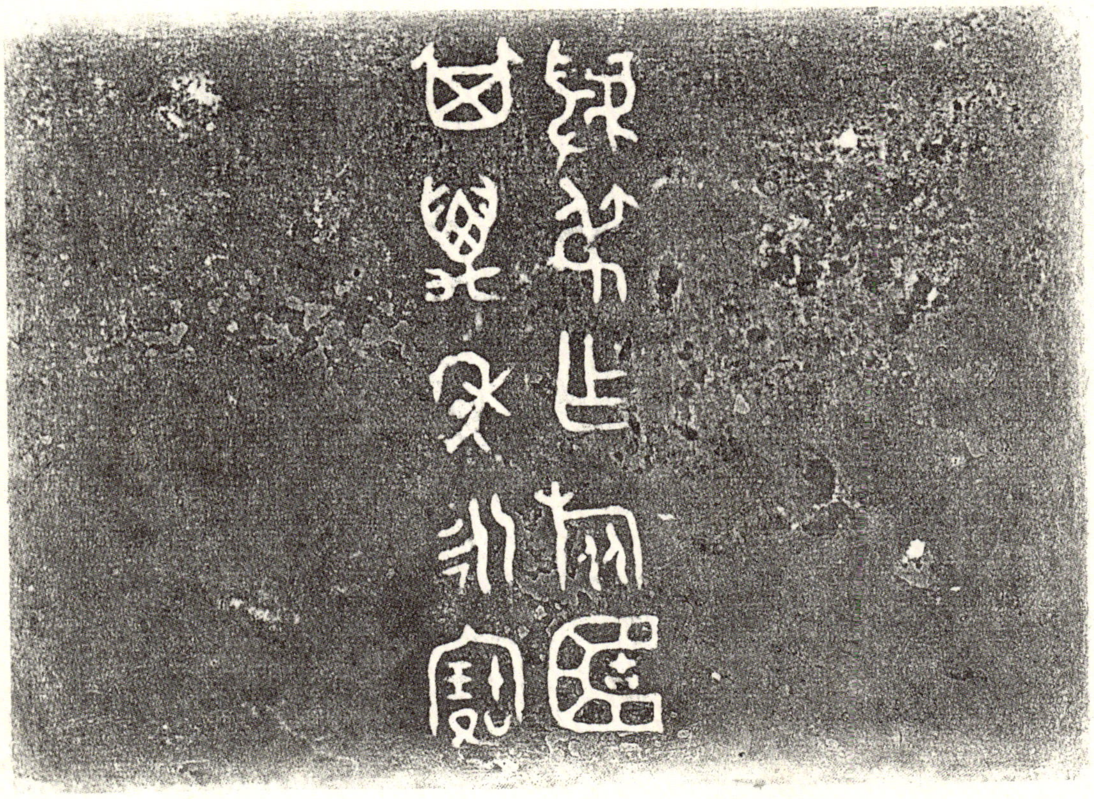

○五八

虢叔簠 00995.2.15

西周晚期

全形拓最大縱橫15.1×31釐米

該器現藏：上海博物館

銘文字數：一○

《集成》著録編號：四五一五

釋文

虢叔作旅匿（簠），
其萬年永寶。

附録

虢叔簠

十字。

參見《簠齋金文題識》頁二八

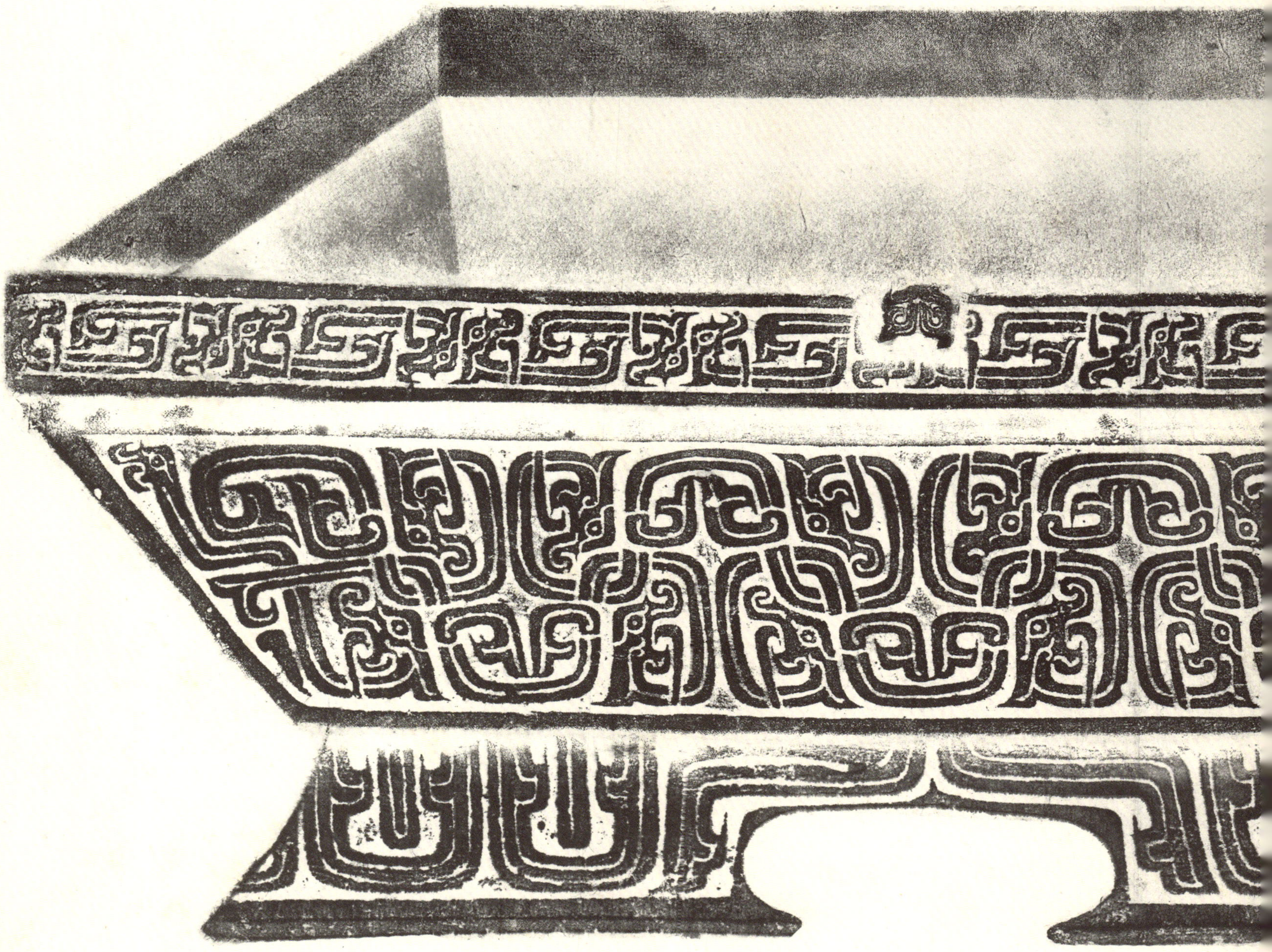

〇五九

曾伯霥簠

春秋早期

00995.2.14

全形拓最大縱橫 17.4×39.7 釐米

該器現藏：山東省博物館

銘文字數：八六（又重文四）

《集成》著録編號：四六三二

釋文

唯王九月初吉，庚午，
曾伯霥哲聖元武，元武孔
黹，克狄淮夷，印（抑）燮鄉（繁）
湯（陽），金道錫行，具（俱）既卑（俾）
方。余擇其吉金黃鏞，
余用自作旅匠（簠），以征
以行，用盛稻粱，用孝
用享于我皇文考。天
賜之福，曾霥叚不黃
耇，萬年眉壽無疆，子=
孫=永寶用之享。

附録

曾（鄫）伯霥簠
九十字。
書如石鼓。阮録乃器，此蓋。會，簠蓋也，
見《儀禮》。
與慈溪葉夢漁湖海閣所藏當是一器。
徐籀莊云此是會。會，簠蓋也。
器作於周襄王七年丁丑，魯僖公十六年時。
《左》僖十六年傳，會於淮，謀鄫且東略也。
注：鄫爲淮夷病。故事又見《魯頌・泮水》
狄彼東南及鄭氏詩譜。
子而曰伯，或伯仲文。
鄫以魯與諸侯力伐淮夷而作器，自悊聖元武。
參見《簠齋金文題識》頁二七

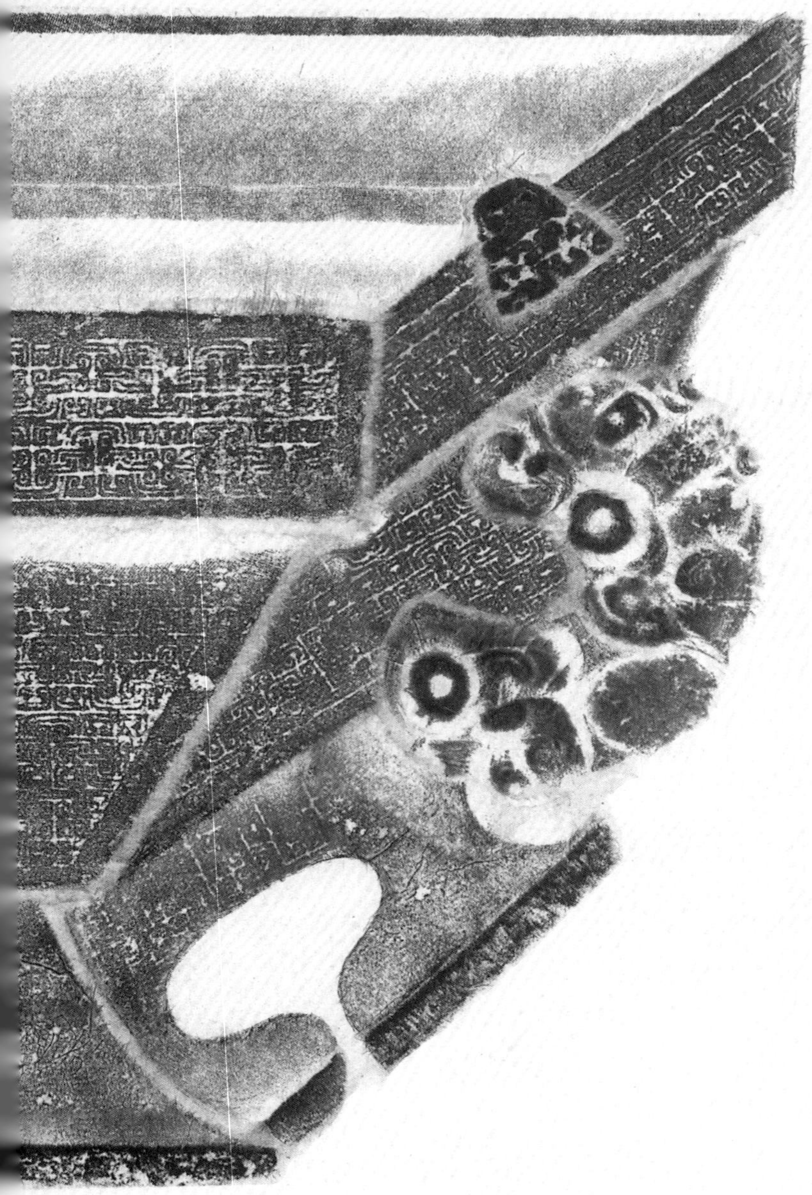

〇六〇

鄦子妝簠

春秋

00995.2.16

全形拓最大縱橫16×34.3釐米

該器現藏：上海博物館

銘文字數：三一（又重文二）

《集成》著録編號：四六一六

釋文

唯正月初吉，丁亥，
鄦(許)子妝擇其吉
金，用鑄其𠥍(簠)，用
媵孟姜秦嬴。其
子=孫=，永保用之。

附録

鄦(許)子壯簠

三十一字。

子苾爲余購之閣帖軒。

參見《簠齋金文題識》頁二七至二八

〇六一

陳侯因資敦

00995．2．13

戰國晚期

全形拓最大縱橫16．9×23．7釐米

銘文字數：七九（又重文二）

《集成》著録編號：四六四九

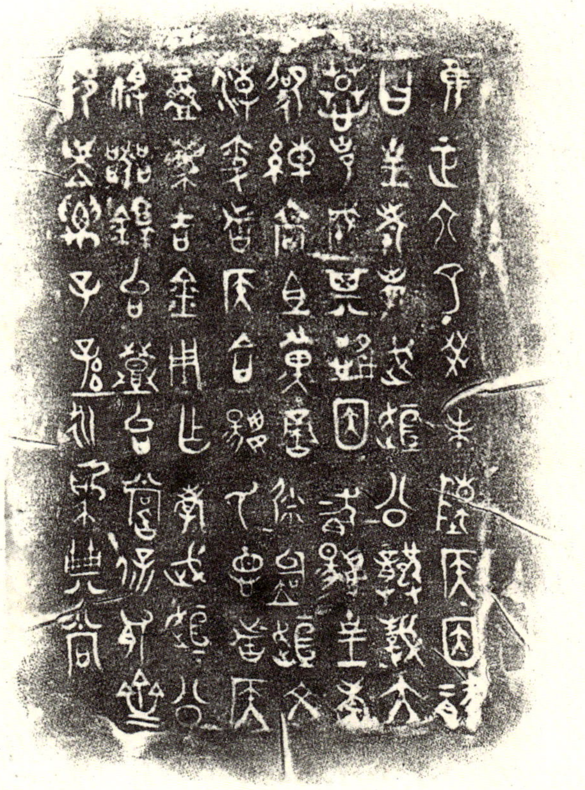

釋文

唯正六月癸未，塦（陳）侯因資

曰：皇考孝武趄（桓）公恭戴，大

謨克成。其惟因資䍐皇考，

卲（紹）緟（踵）高祖黃帝，屖（纂）銅（嗣）桓、文，

朝聞（問）諸侯，合（答）䍐（揚）厥德。諸侯

夤薦吉金，用作孝武桓公

祭器鐔（敦），以烝以嘗，保有齊

邦，世萬子孫，永爲典尚（常）。

附録

陳侯因資毁器

蓋失。

鐔即毁。形如半瓜，俗名西瓜鼎。三環爲足，二

環爲耳，異古毁矣。

資，史誤作齊，齊威王器也。

山左土物。

參見《簠齋金文題識》頁二六

蓋銘

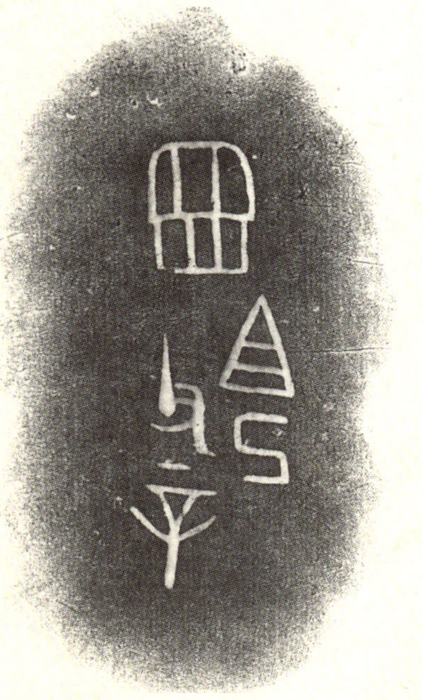

器銘

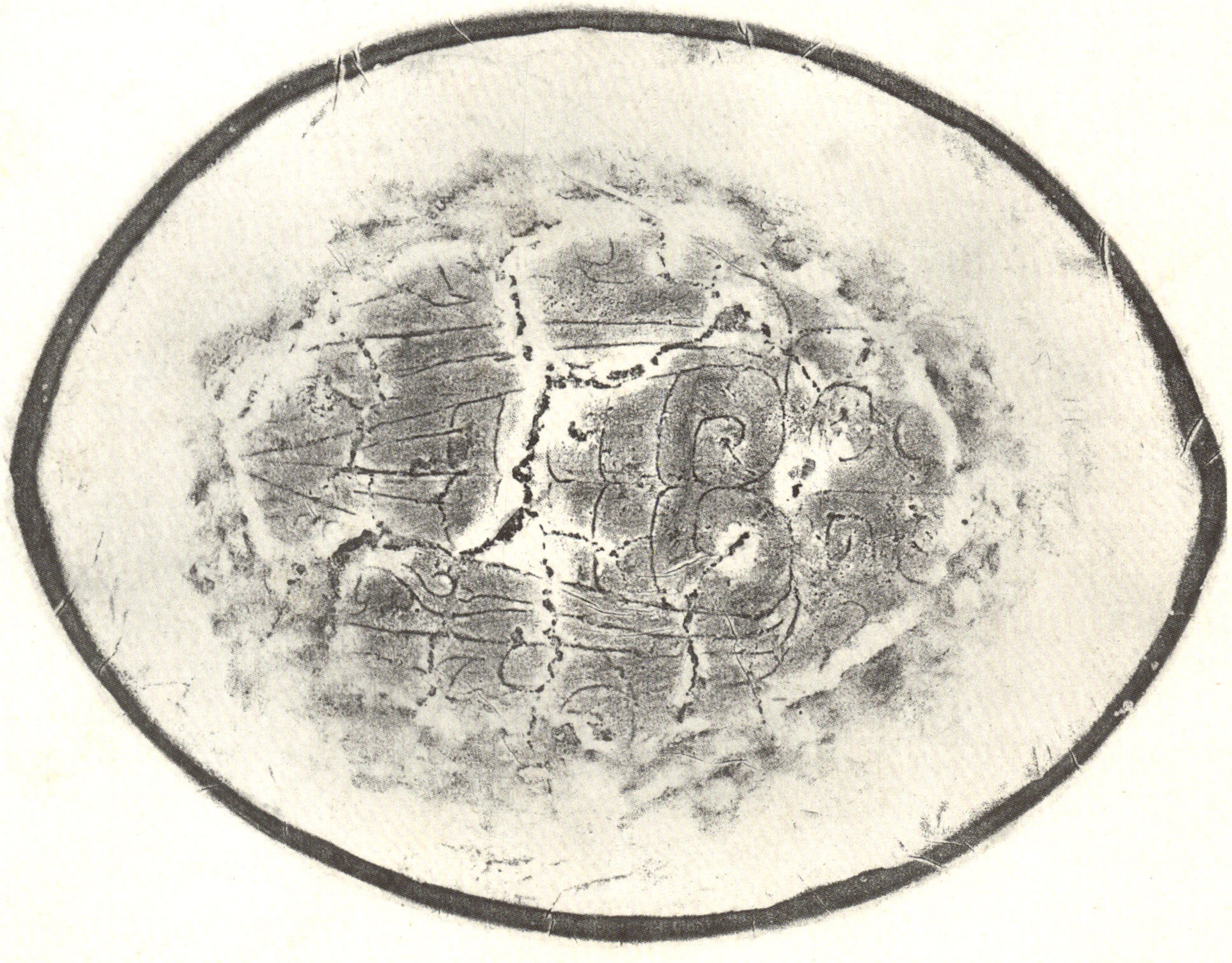

〇六二

且己父辛卣（之一）00995.3.06

商晚期

全形拓最大縱橫35.8×26釐米、蟬紋拓15.1×19釐米

該器現藏：中國國家博物館

銘文字數：五（蓋、器同銘，底有蟬文）

《集成》著録編號：五一四六

蓋釋文

□ 父辛 祖己

器釋文

□ 祖己 父辛

附録

□父辛祖己卣器、□父辛祖己卣蓋

□，皿毓文。

各五字。

器作虎文。虎文，威儀也。

周以前。

參見《簠齋金文題識》頁三五

蓋銘

器銘

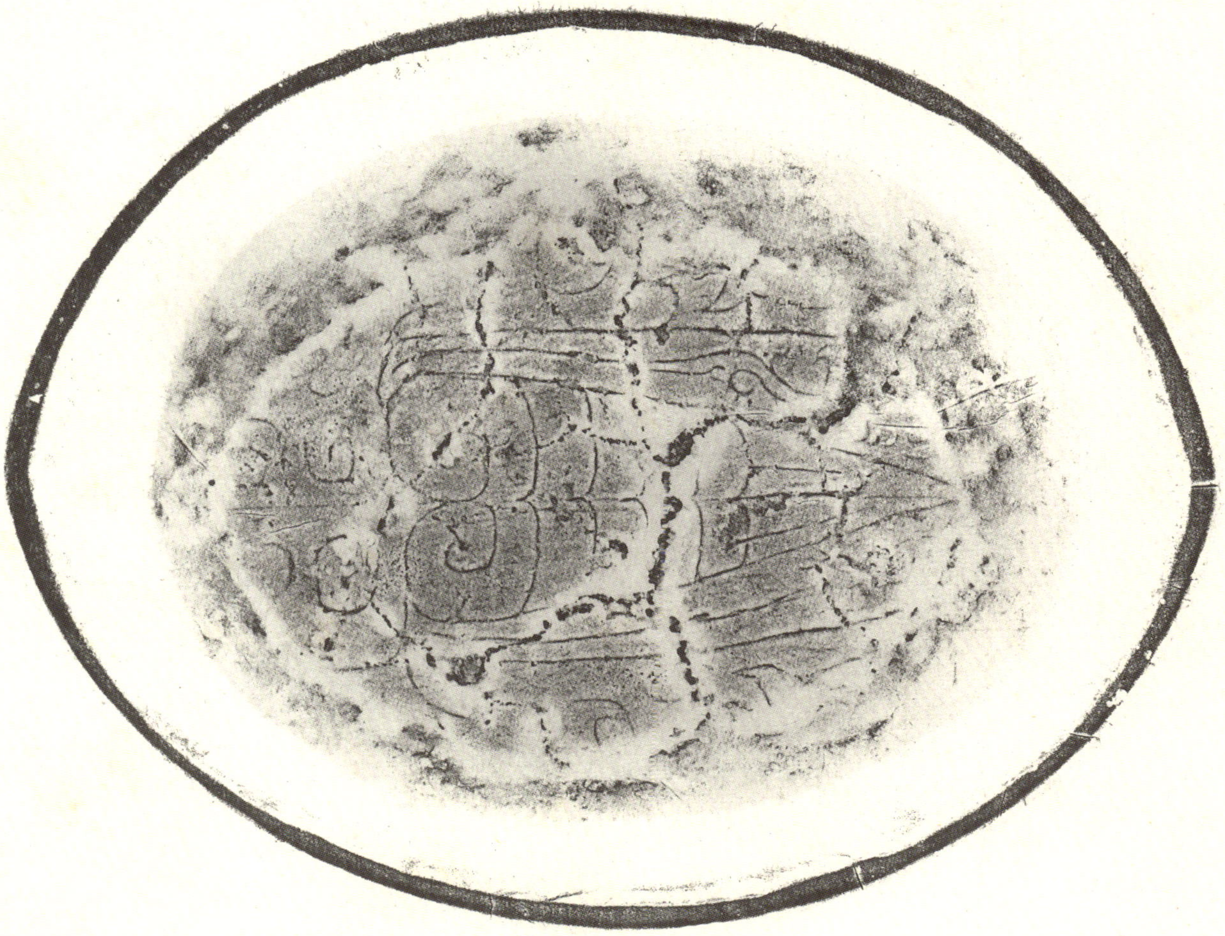

○六三

且己父辛卣（之二）0095.1.18

商晚期

全形拓最大縱横34×28釐米、

蟬紋拓14.8×18.7釐米

銘文字數：五（蓋、器同銘）

蓋釋文

父辛

祖己

器釋文

祖己

父辛

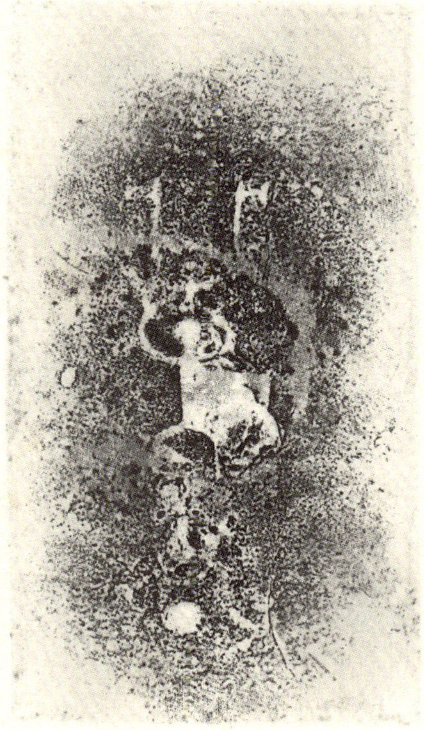

蓋銘

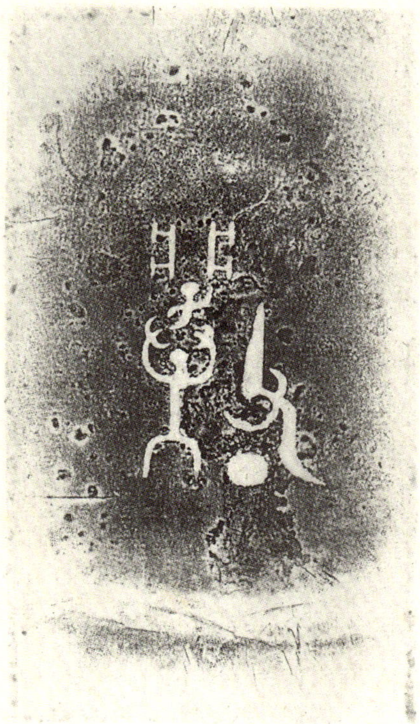

器銘

〇六四

[illegible]父丁卣

00995.1.19

商晚期

全形拓最大縱橫35.6×23.5釐米

該器現藏：上海博物館

銘文字數：三（蓋、器同銘）

《集成》著録編號：四九三八

釋文

[illegible] 父丁

附録

析子孫父丁卣器、析子孫父丁卣蓋各五字。周以前。

參見《簠齋金文題識》頁三六

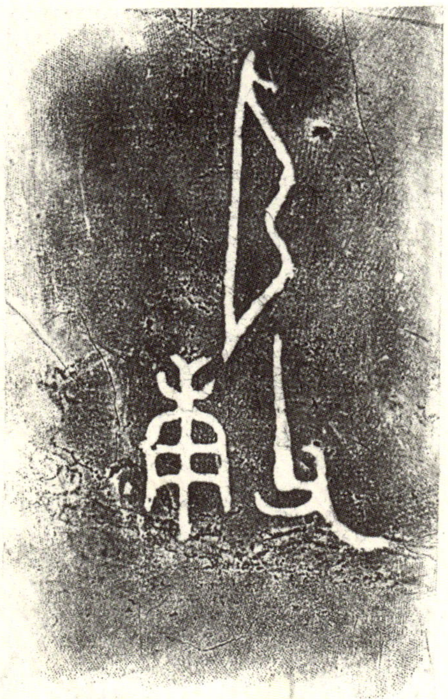
器銘

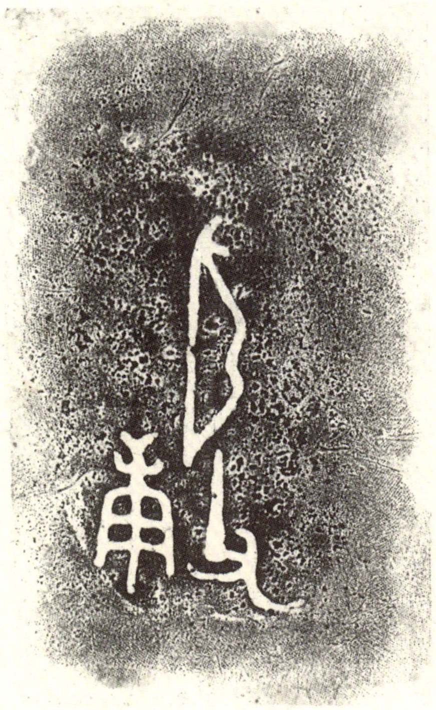
蓋銘

〇六五
弓父庚卣
00995.4.25
商晚期

全形拓最大縱橫36.5×18.9釐米
該器現藏：美國華盛頓賽克勒美術館
銘文字數：三（蓋、器同銘）
《集成》著録編號：四九六八

釋文
弓　父庚

〇六六

□仲卣

西周早期

00995.2.23

全形拓最大縱横17.5×16.6釐米

該器現藏：上海博物館

銘文字數：一二

《集成》著録編號：五三六九

釋文

□(瑟)仲⿰犬來作厥
文考寶尊
彝。日辛

附録

□(瑟)仲狂卣器
器小無提，失蓋。
阮誤作彝，且未剔晰。
十二字。
参見《簠齋金文題識》頁三四

蓋銘

器銘

〇六七

伯睘卣

00995.3.05

西周早期

全形拓最大縱横 40×29.8 釐米

該器現藏：美國華盛頓賽克勒美術館

銘文字數：蓋八、器九

《集成》著録編號：五三二七

蓋釋文

伯斂(睘)作厥室

寶尊彝。

器釋文

伯斂(睘)作厥室

寶尊彝。⋈

附録

伯睘卣器、伯睘卣蓋

器有觚。

八字。

器有五字，或以中⋈父𣪘蓋⋈非五字，以此紀數字推之仍是。或曰睘即瑗，伯玉器也。

潘伯寅有一文同而小，亦弱。

參見《簠齋金文題識》頁三四

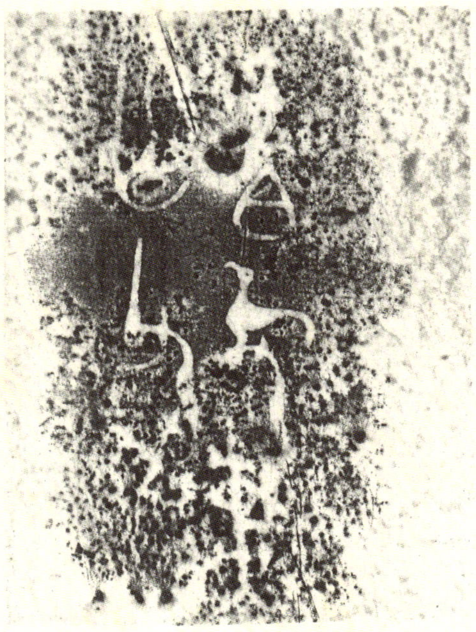

器銘

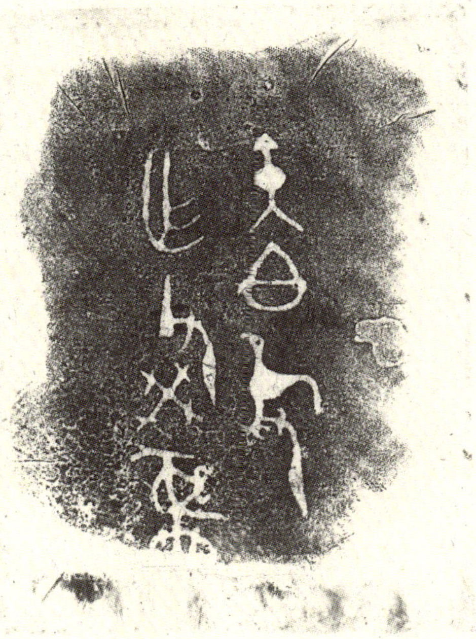

蓋銘

〇六八

矢伯隻作父癸卣

00995.2.22

西周早期

全形拓最大縱横31.6×26.3釐米

該器現藏：美國聖路易斯市美術博物館

銘文字數：七（蓋、器同銘）

《集成》著録編號：五二九一

釋文

矢伯隻

作父癸彝

附録

矢伯雞父卣器、矢伯雞父卣蓋

器蓋各七字。

見《山左金石志》，云出臨朐柳山寨。

手執雞，非父字。

參見《簠齋金文題識》頁三五

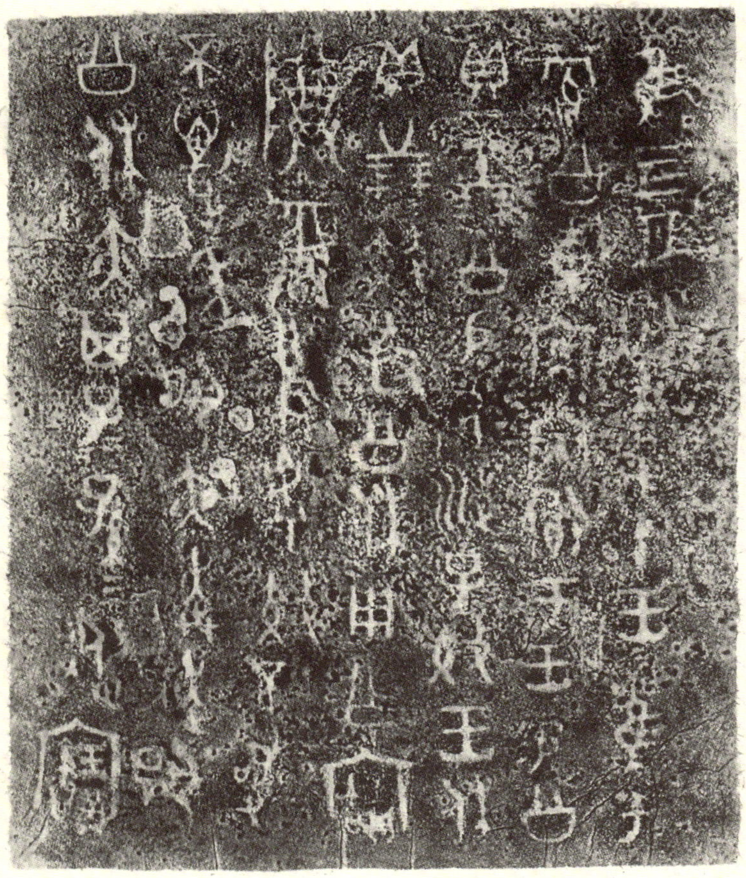

器銘

蓋銘

○六九

效卣

00995．4．24

西周中期

全形拓最大縱横26．7×23．1釐米

該器現藏：上海博物館

銘文字數：六五（蓋、器同銘，又重文三）

《集成》著録編號：五四三三

蓋釋文

唯三（四）月初吉，甲午，王雚（觀）于
嘗，公東宮內（納）鄉（饗）于王。王錫
公貝五十朋，公錫厥涉子效
王休貝廿朋。效對公休，用
作寶尊彝。嗚呼，效不
敢不萬年夙夜奔走，
揚公休，亦其子=孫=永寶。

器釋文

唯三（四）月初吉，甲午，王雚（觀）于
嘗，公東宮內（納）鄉（饗）于王。王錫公
貝五十朋，公錫厥涉子效王休
貝廿朋。效對公休，用作寶
尊彝。嗚呼，效不敢
不萬年夙夜奔走，揚
公休，亦其子=孫=永寶。

附録

效卣器、效卣蓋

卣小而花文甚精。

蓋缺提折處，今補。

器六十九字，蓋同，卣字之至多者。

器出雒陽市。

□子效，疑仍是從字異文。

參見《簠齋金文題識》頁三三

器銘

蓋銘

○七○ 亞此犧尊

0995.2.24

西周早期

全形拓最大縱橫23×23.3釐米

銘文字數：二（蓋、器同銘，蓋後配）

《集成》著録編號：五五六九

釋文

亞此

附録

亞中卜ψ犧尊器

不甚似牛形。

國學欽頌者，色澤至佳而無字。泲上所出，今歸官子行本昂者字多，見《濟寧金石志》。得之京師。

器蓋各三字，卜ψ當是二字，非此。

亞中卜ψ犧尊蓋，似仿補。

參見《簠齋金文題識》頁二九

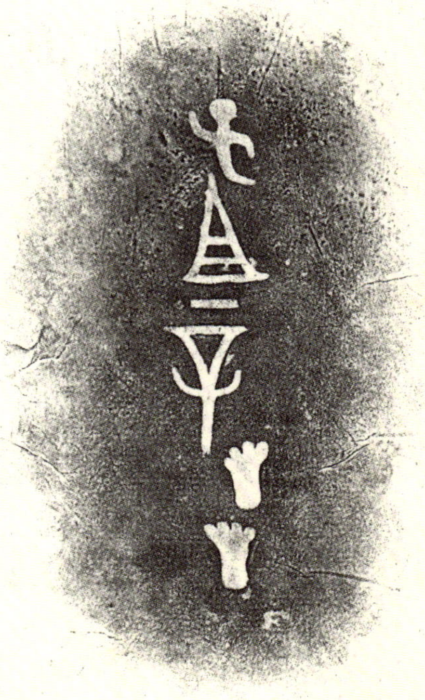

○七一

子祖辛步尊

00995.1.17

商晚期

全形拓最大縱横32.2×21.1釐米

該器現藏：美國聖路易斯市美術博物館

銘文字數：四

《集成》著録編號：五七一六

釋文

子　祖辛　步

附録

商子祖辛足跡形尊

四字。

足跡，祖武也。

古器足形皆神似，有四指、三指之異，而無五指者。

參見《簠齋金文題識》頁三二

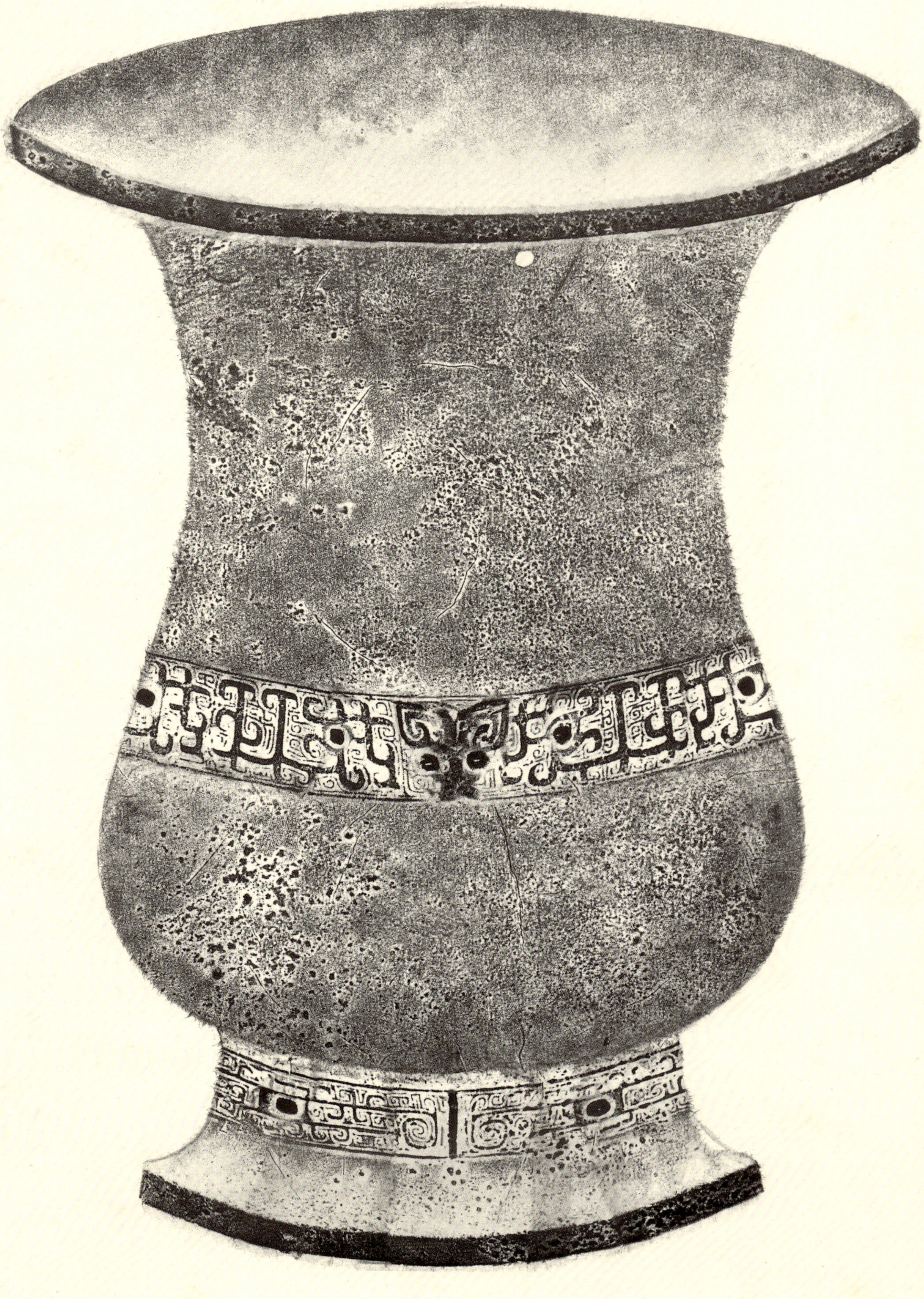

〇七二

遣尊

00995.3.03

西周早期

全形拓最大縱橫25×17.4釐米

該器現藏：美國華盛頓弗里爾美術陳列館

銘文字數：二七（又合文一）

《集成》著録編號：五九九二

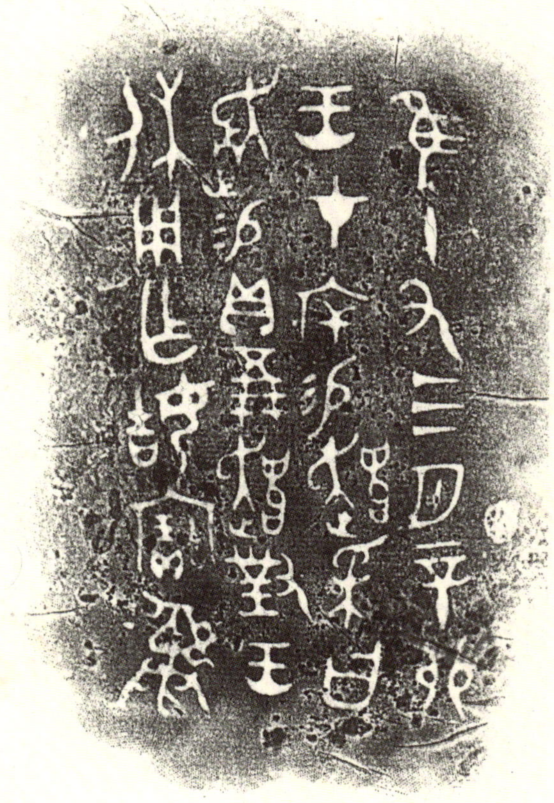

釋文

唯十又三月辛卯，
王在庈（館），錫趞（遣）采曰
趆，錫貝五朋。遣對王
休，用作姞寶彝。

附録

趞尊

二十八字。五朋合文。

庈即㮯，㮯即稾，稾□也。

參見《簠齋金文題識》頁三〇

○七三

傳作父戊尊 00995.2.25

西周早期

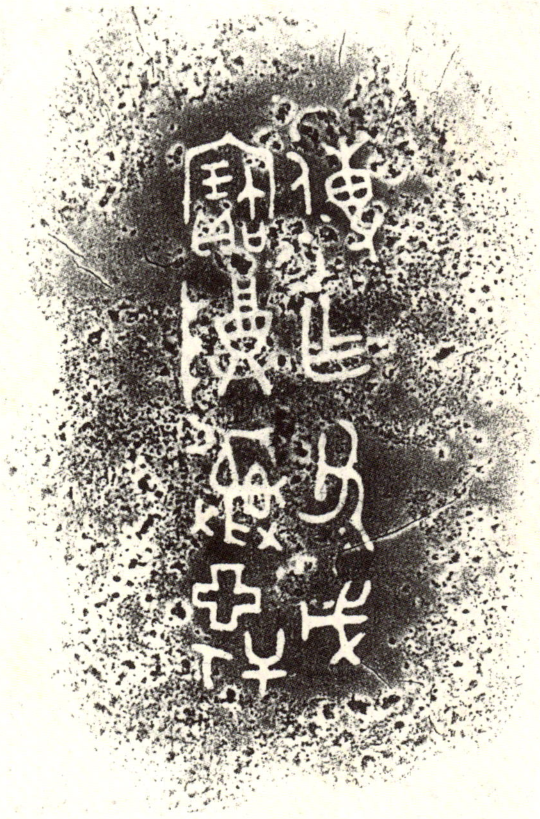

全形拓最大縱橫25.3×19.5釐米

銘文字數：九

《集成》著録編號：五九二五

釋文

傳作父戊

寶尊彝。亞牧

附録

傳尊

九字。

山左所得。

末乃刊字，丂則于，彼於此刊或即今於字。

參見《簠齋金文題識》頁三一

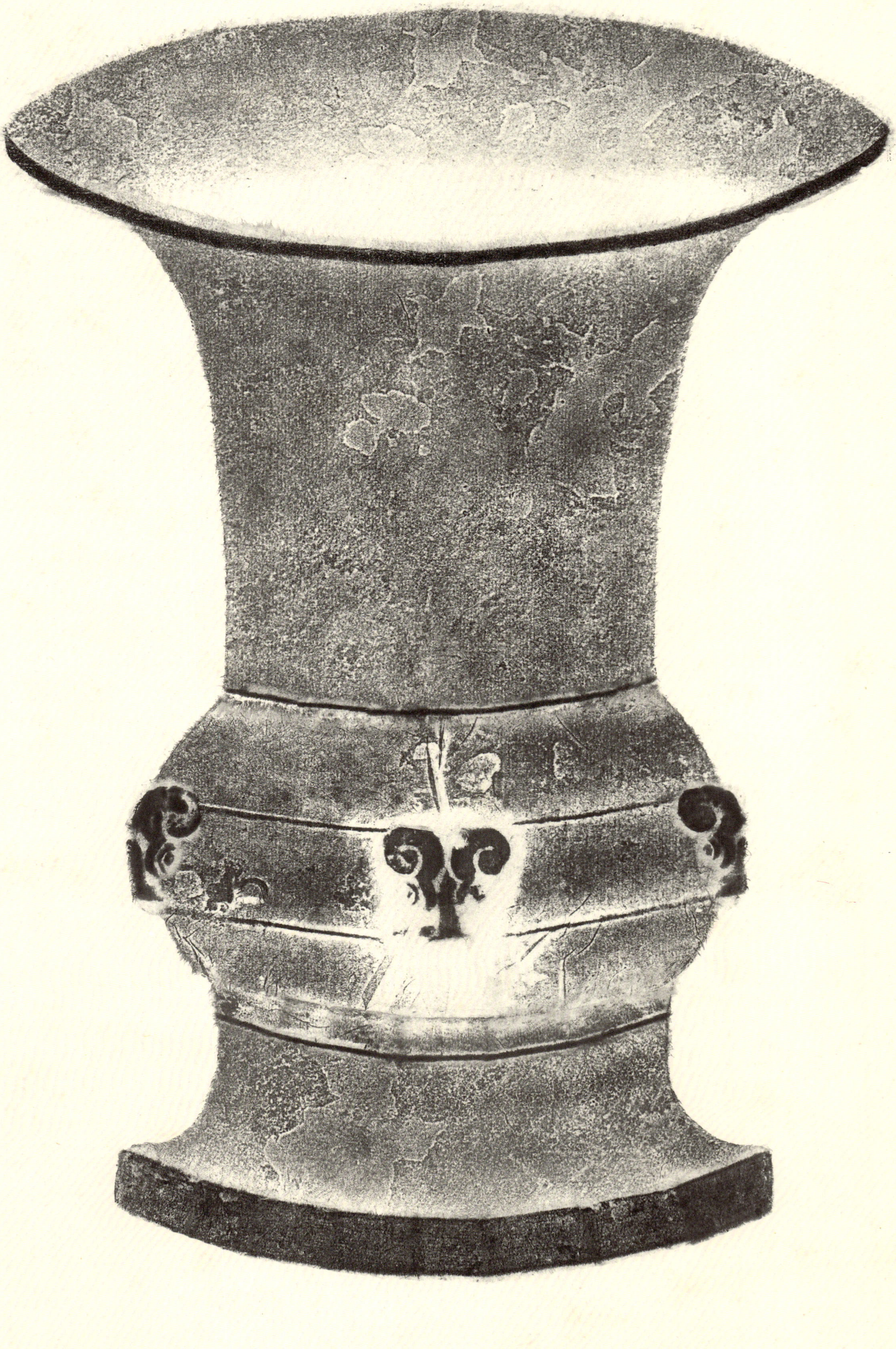

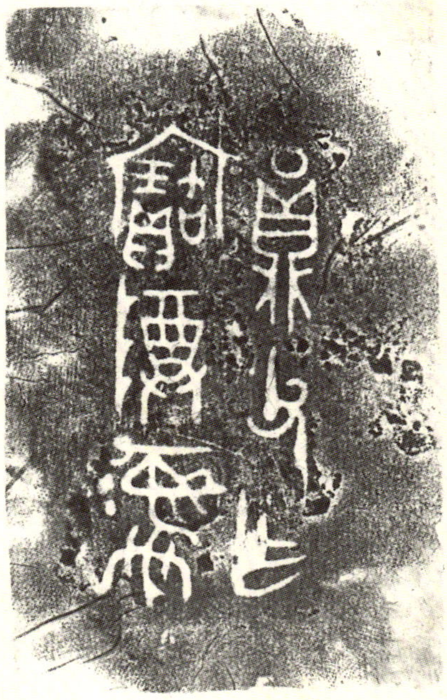

〇七四

員父尊

00995.2.26

西周早期

全形拓最大縱横27.8×18.6釐米

銘文字數：六

《集成》著録編號：五八六一

釋文

員父作

寶尊彝

附録

員父尊

六字。

員从鼎，見許書籀文。

參見《簠齋金文題識》頁三一至三二

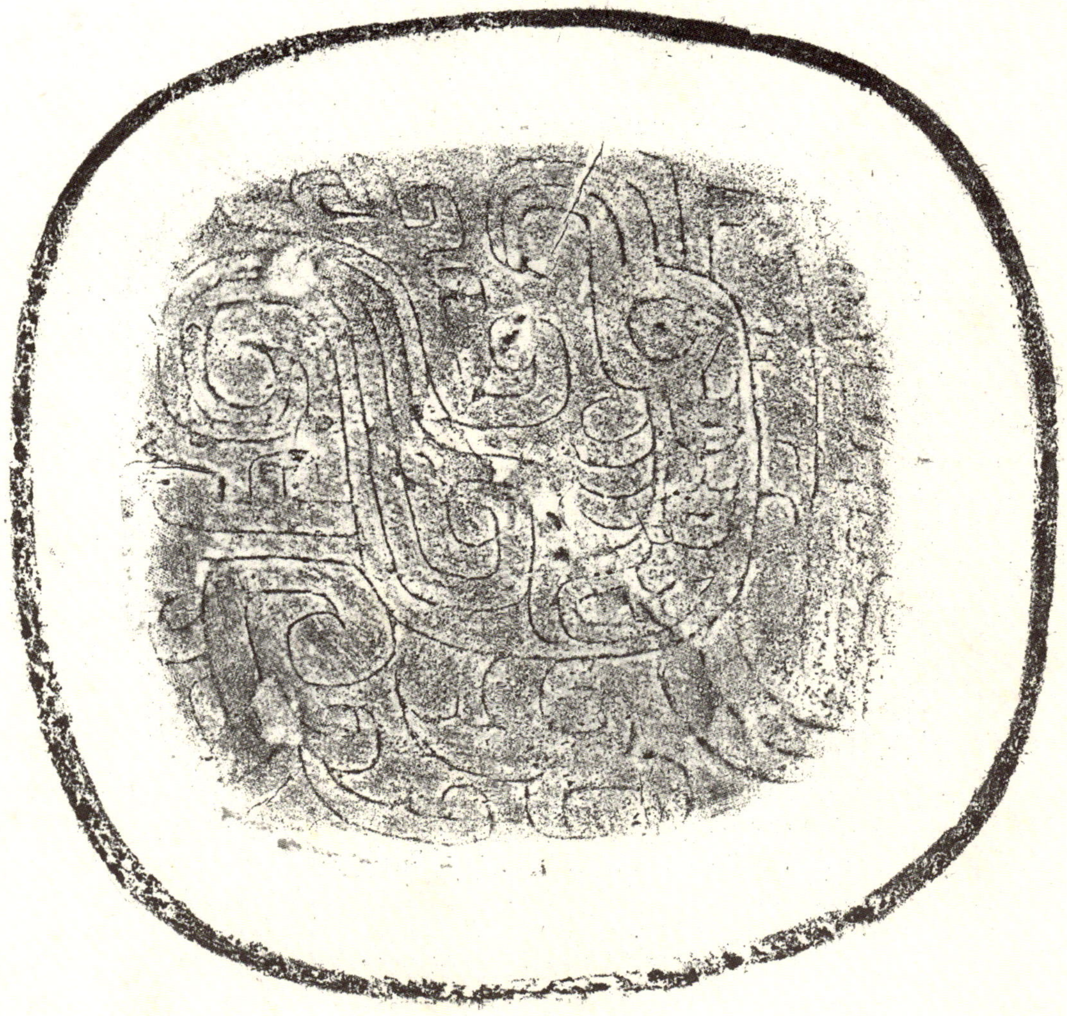

○七五

周免旁父丁尊

00995.1.16

西周中期

全形拓最大縱橫25.7×18.6釐米

該器現藏：日本東京出光美術館

銘文字數：九

《集成》著録編號：五九二二

釋文

田（周）免旁作

父丁宗寶彝

附録

田文旁尊

底有龍文。器近橢方。

九字。

田舊釋魯，余疑幂形。

參見《簠齋金文題識》頁三〇至三一

〇七六

中伯壺蓋

西周中期

00995.1.20

全形拓最大縱横18.5×16釐米

銘文字數：一七（又重文二）

《集成》著録編號：九六六七

釋文

中伯作亲（辛）
姬䜌（孌）人賸
壺，其萬年，
子=孫=永寶
用。

附録

中伯壺蓋

十九字。字有闌文。

關中寄。

其器在子苾閣學處，爲同官以銅高鐙易去。

參見《簠齋金文題識》頁三八至三九

○七七

襄安君扁壺

00995.2.45

戰國

全形拓最大縱橫31.3×27釐米

該器現藏：中國國家博物館

銘文字數：九（兩側有二字）

《集成》著録編號：九六○六

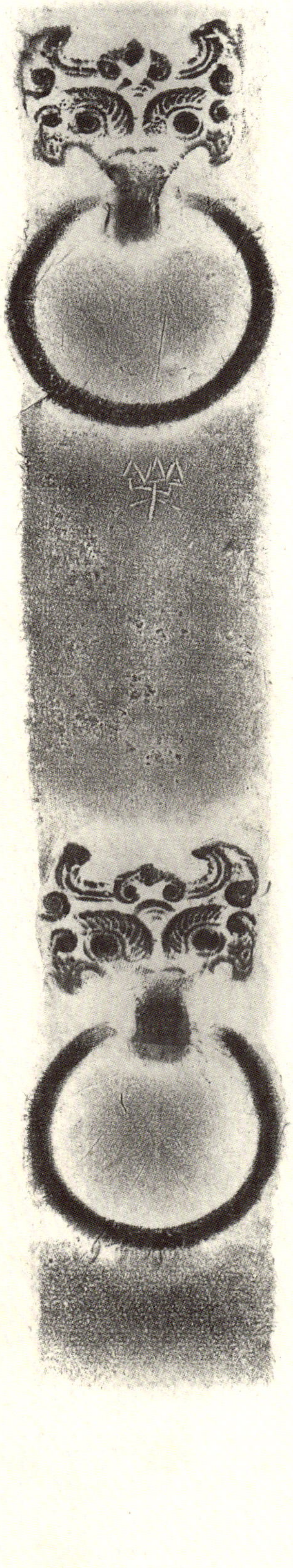

釋文

纕（襄）安君其鉼（瓶）弍寽（觳）

酉（酒）

窠

附録

紱宓君鉼

九字。文在足外及兩側，蓋無字。

周末。

兩側有酉樂字，酉即酒。

參見《簠齋金文題識》頁四○

蓋銘

器銘

〇七八

戈祁父丁盉

00995.3.15

商晚期

全形拓最大縱横32×24.7釐米

該器現藏：日本京都泉屋博古館

銘文字數：六（蓋、器同銘）

《集成》著録編號：九四〇四

釋文

戈 祁作

父丁彝

附録

商立瞿子執干形盉器、立瞿子執干形盉蓋

蓋與器有連環。

器蓋各六字，文古而美。

子執干，當是刊，或曰人名。

参見《簠齋金文題識》頁三七

〇七九

□父戊盉

00995.4.32

商晚期或西周早期

全形拓最大縱橫24.7×19.4釐米

銘文字數：三

《集成》著録編號：九三五六

釋文

□ 父戊

〇八〇

遂王盉 0095.4.33

西周中期

全形拓最大縱横24.3×32.3釐米

該器現藏：美國舊金山亞洲藝術博物館

銘文字數：六

《集成》著録編號：九四一一

釋文

𢿢（遂）王作

姬姊盉

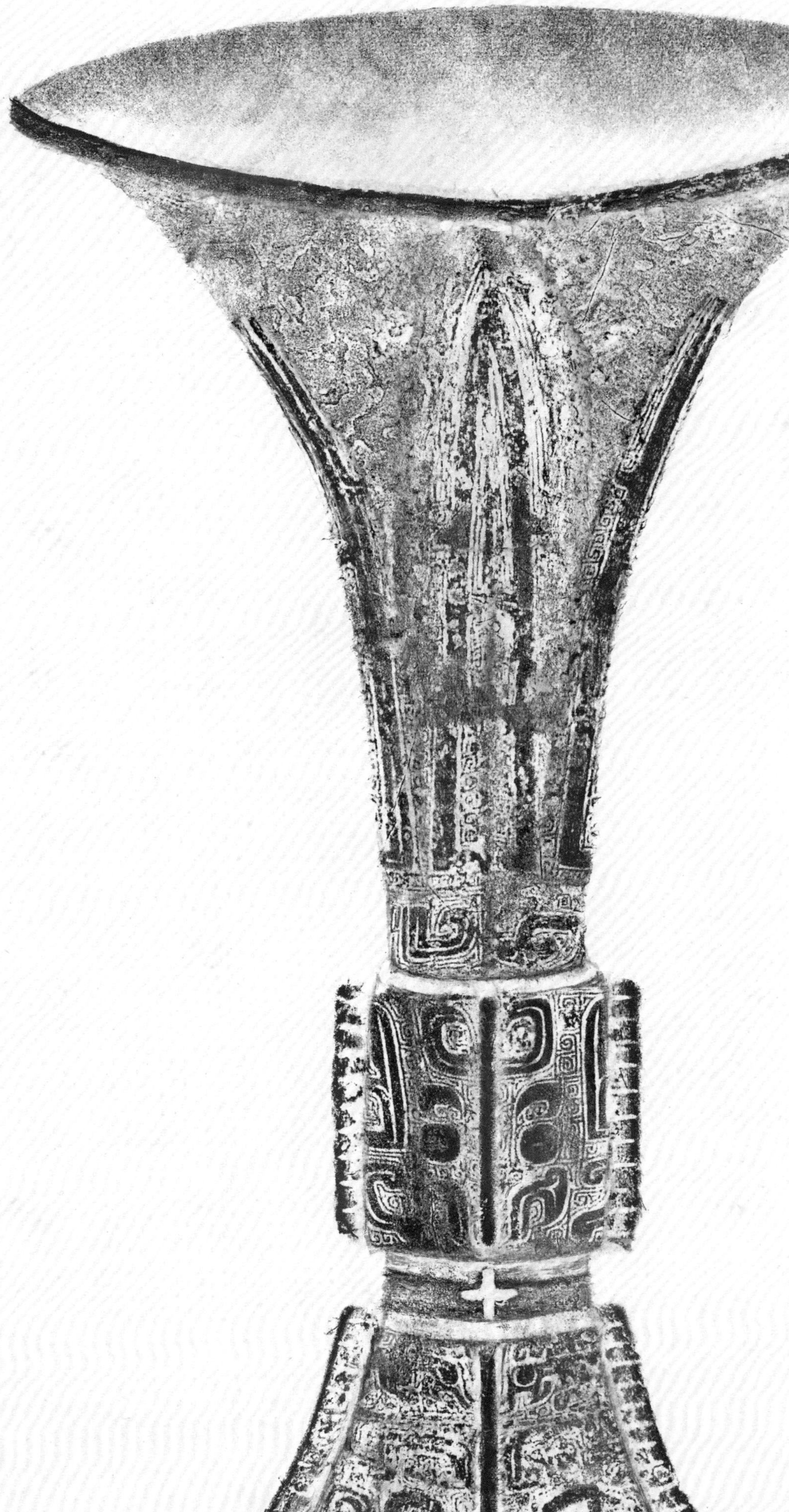

○八一

祖戊觚

00995.1.22

商晚期

全形拓最大縱橫32×16.1釐米

銘文字數：四

《集成》著録編號：七二一四

釋文

木戉

祖戊

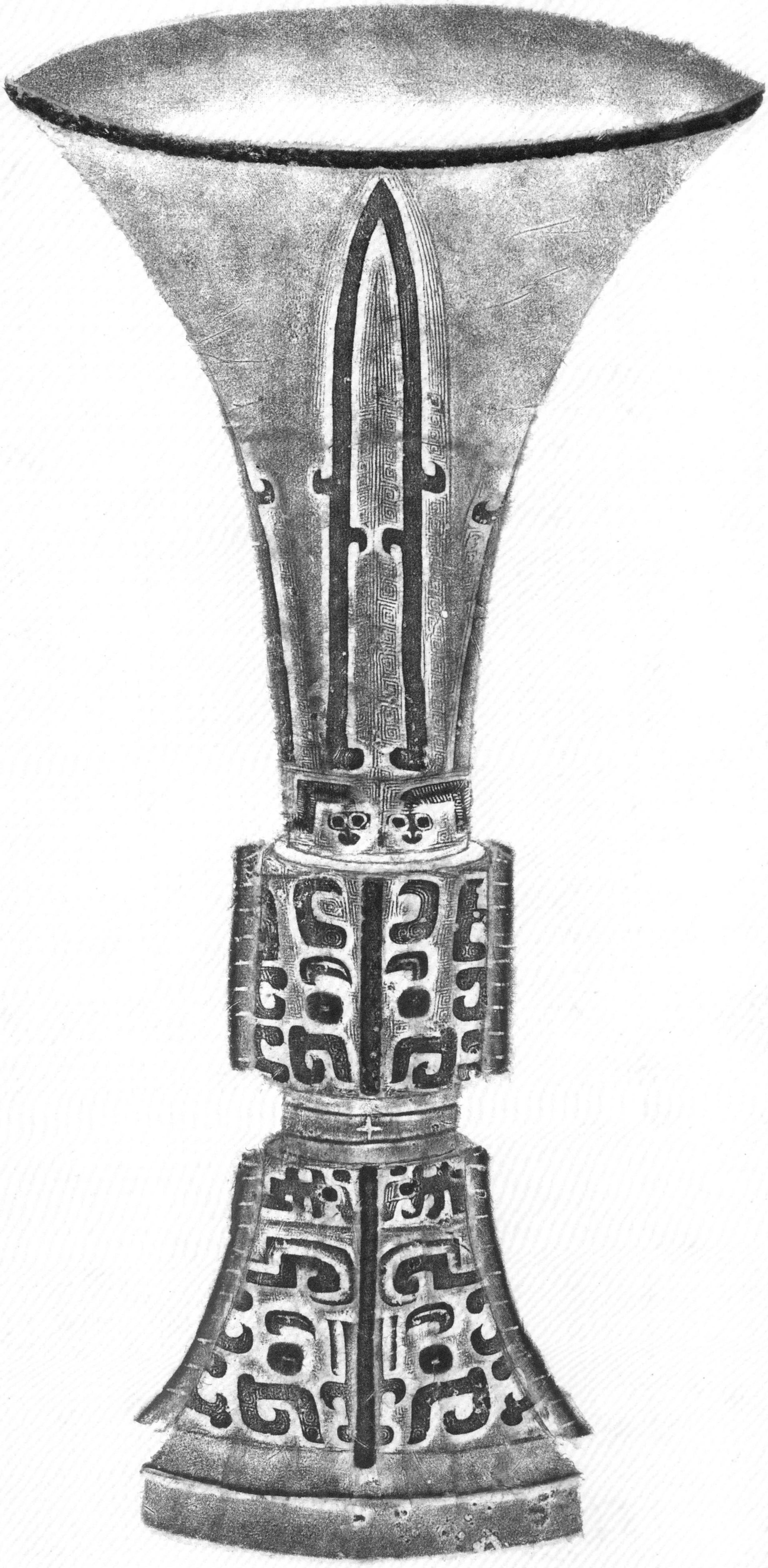

〇八二

天子聑觚

00995.3.12

西周早期

全形拓最大縱橫34×16釐米

銘文字數：七

《集成》著録編號：七二九六

釋文

天（王？）子聑作

父丁彝

附録

天子班觚

天字上蓋而有蝕。

七字。觚文之多而佳者。

道光乙未得之歷市。

班即頒，頒金也。

參見《簠齋金文題識》頁四一至四二

○八三

亞⿰皿殳父丁觚 00995.1.21

西周早期

全形拓最大縱橫30.6×13.9釐米

銘文字數：四

《集成》著録編號：七二三二

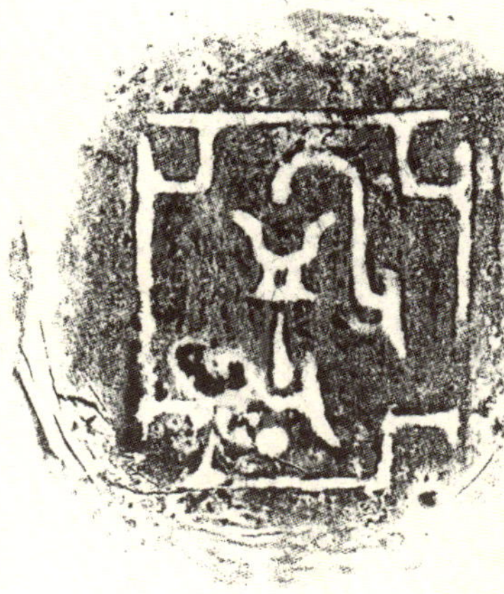

釋文

亞⿰皿殳（盉）父丁

附録

手薦血形父丁殘觚

四五字，文古。

山左土物。

啓毛取血當有得毛，以刀血則如此，所執者

即盤形。

參見《簠齋金文題識》頁四二

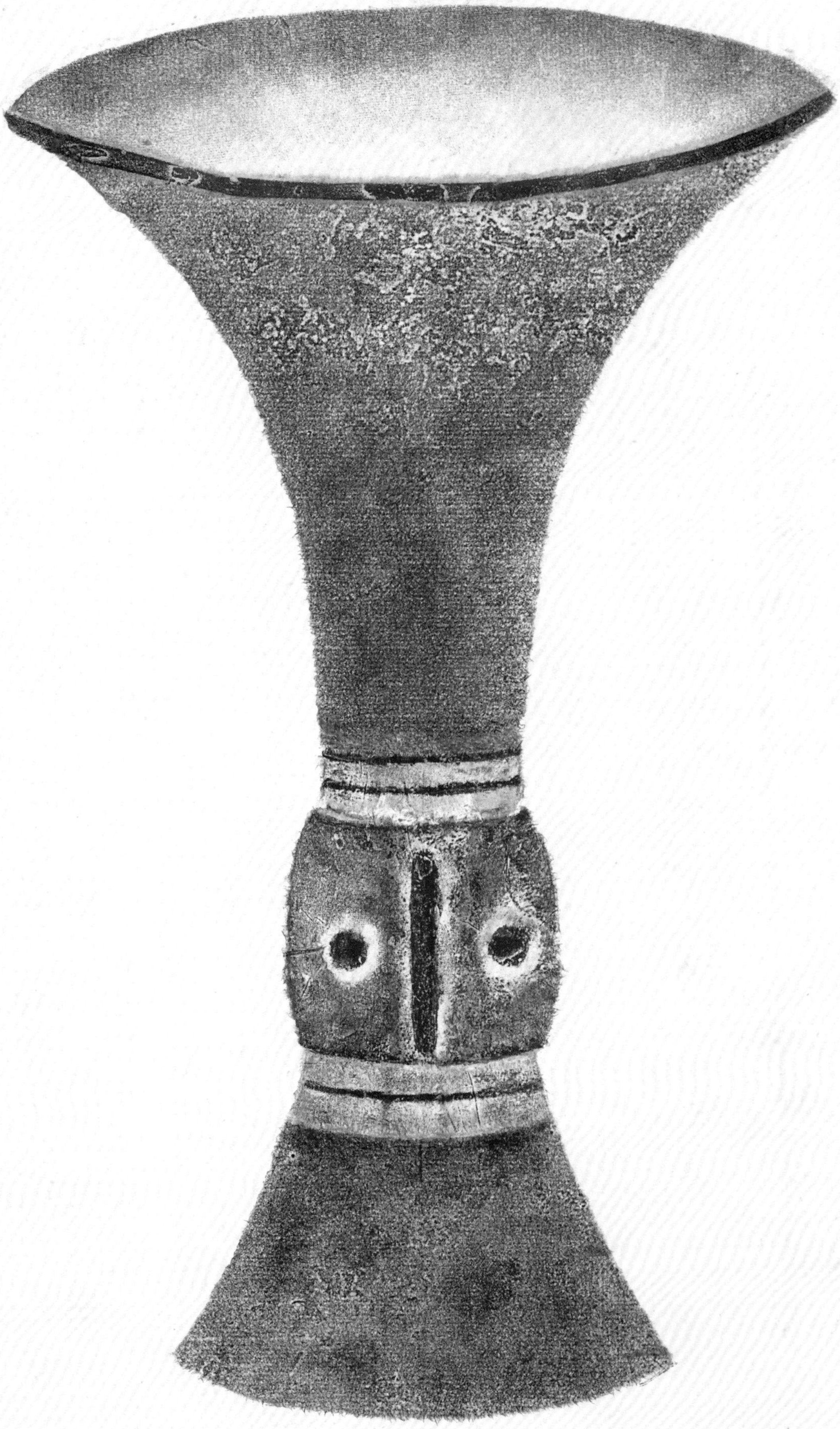

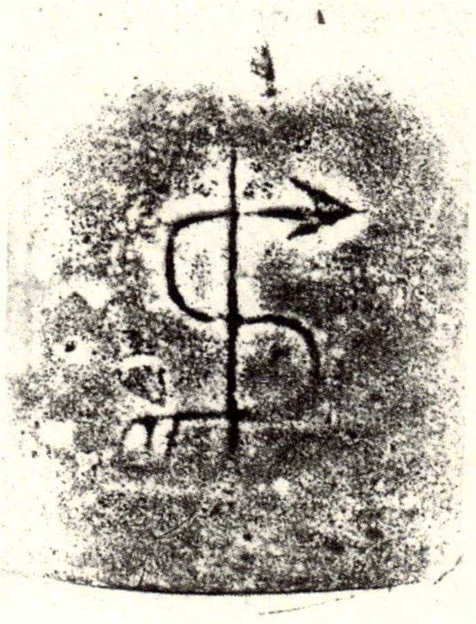

〇八四

叔觚

00995.3.13

西周早期

全形拓最大縱横24.4×13.8釐米

銘文字數：一

《集成》著録編號：六五七一

釋文

弔(叔)

附録

赤觚

一字。

陽識，古不多作，偶一爲之，以其不經久與。

參見《簠齋金文題識》頁四二至四三

〇八五

應公觶

00995.3.04

西周早期

全形拓最大縱橫20.7×13.7釐米

該器現藏：山東師範大學歷史系文物陳列室

銘文字數：六

《集成》著録編號：五八四一（誤作尊）

釋文

雁（應）公作

寶尊彝

附録

應公尊

制小。

六字。

應，武之穆。子苾（吳式芬）有應公二字觶，

有柄。

參見《簠齋金文題識》頁三一

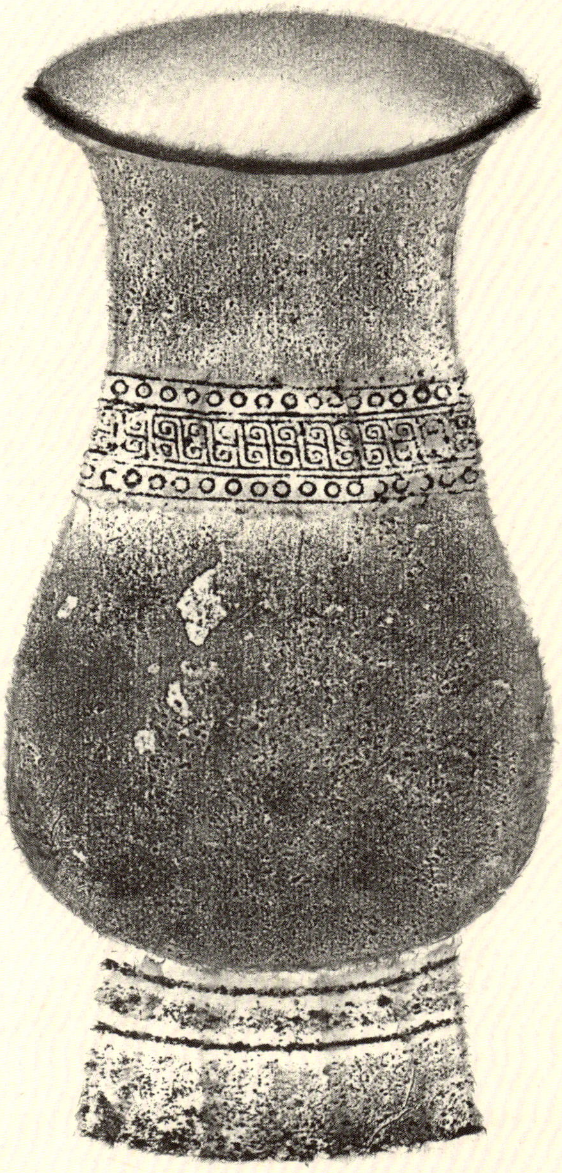

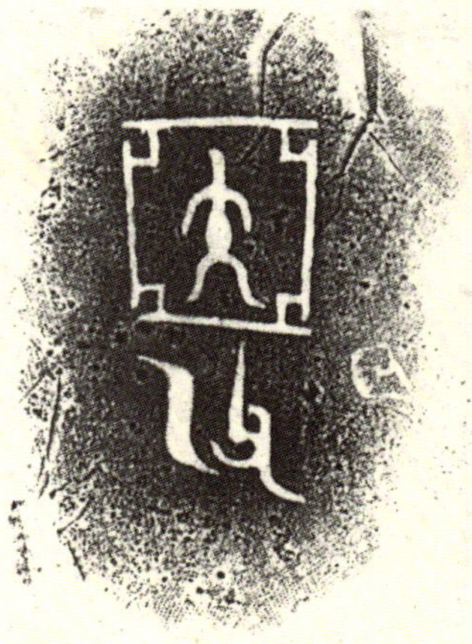

○八六

亞大父乙觶

00995.3.11

商晚期

全形拓最大縱橫15.8×7.2釐米

銘文字數：四

《集成》著録編號：六三七六

釋文

亞大 父乙

附録

亞中子形父乙觶

四字。

參見《簠齋金文題識》頁四六

〇八七

祖己觶

00995.1.28

商晚期

全形拓最大縱橫 13×9.2 釐米

銘文字數：四

《集成》著録編號：六三七〇

釋文

□□ 祖己

附録

周垣重屋祖己觶

四字。

周以前。

山左土物。

參見《簠齋金文題識》頁四四

〇八八

入祖丙觶

商晚期

00995.1.27

全形拓最大縱橫17×8.5釐米

銘文字數：三

《集成》著録編號：六二〇二

釋文

入祖丙

附録

舉祖丙觶

三字。

入，上手下器，洗而揚觶之象。

參見《簠齋金文題識》頁四七

○八九

⿰冊林作母甲觶

00995.2.30

西周早期

全形拓最大縱橫14.7×7.8釐米

該器現藏：上海博物館

銘文字數：六

《集成》著録編號：六五○二

釋文

⿰冊林　作母甲
尊彝

附録

母甲觶
七字。觶文之至精者。
觶未見古字。
周以前。
參見《簠齋金文題識》頁四三

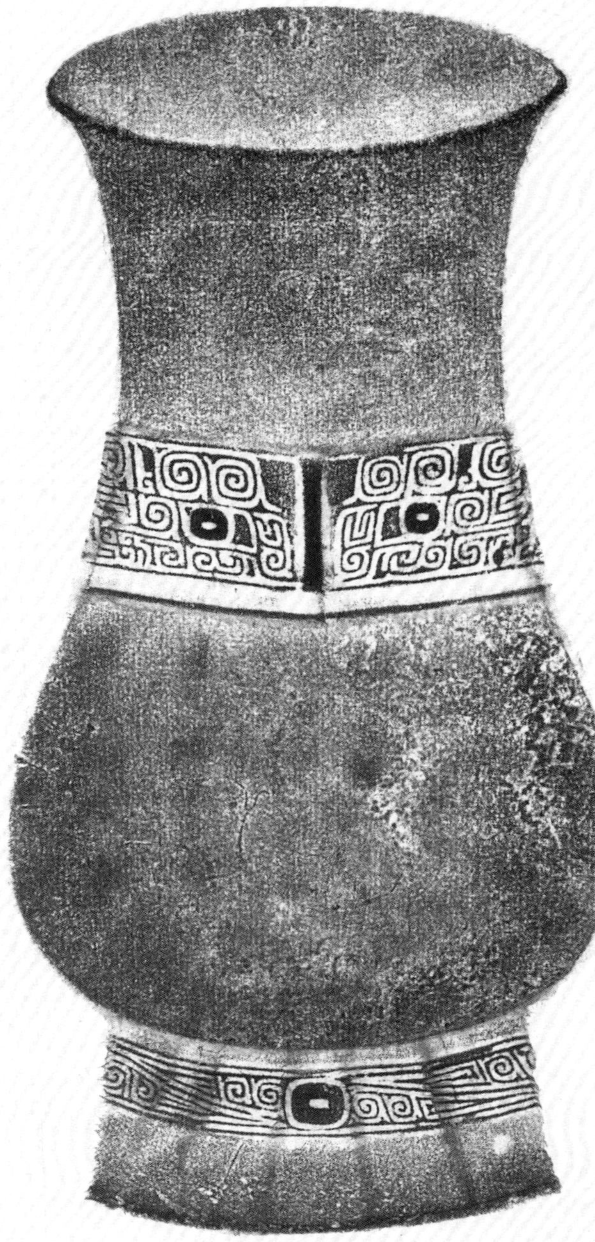

○九○

丰作父乙觶

00995.2.33

西周早期

全形拓最大縱横16.8×8釐米

銘文字數：六

《集成》著録編號：六四六七

釋文

丰（丰）作父乙

尊彝

○九一

𩵦作父丁觶

00995.1.26

西周早期

全形拓最大縱横18 6×7.5釐米

該器現藏：上海博物館

銘文字數：五

《集成》著録編號：六四四七

釋文

𩵦作父丁 □

附録

子魚父丁觶

六字。

□仍是舉，同□。舉，有舉鼎、舉舟之别。

參見《簠齋金文題識》頁四五

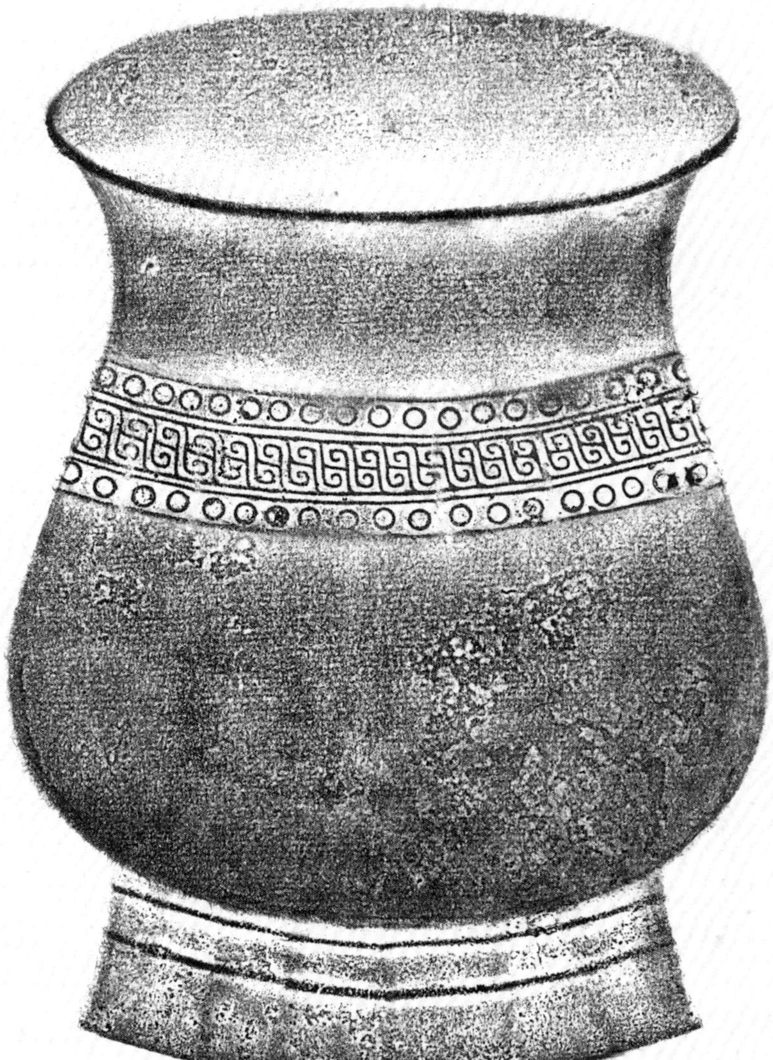

○九二

父丁告田觶 00995.2.31

西周早期

全形拓最大縱横14.8×10釐米

該器現藏：上海博物館

銘文字數：四

《集成》著録編號：六三九一

釋文

父丁

告田

附録

父丁告田觶

四字。

器大而字展拓。

参見《簠齋金文題識》頁四四

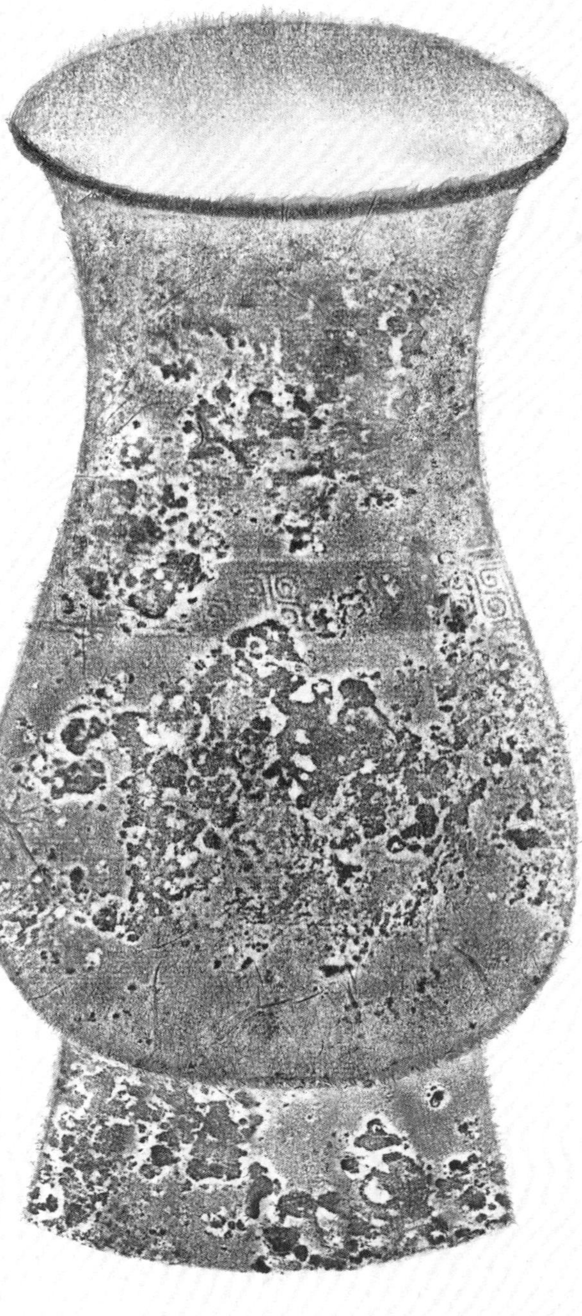

○九三

𦘩父辛觶

00995.2.32

西周早期

全形拓最大縱橫17.1×8釐米

銘文字數：三

《集成》著録編號：六三二○

釋文

𦘩（贐）父辛

附録

聿貝父辛觶

四字。

或曰𦘩，即贐。

得之濰市。

參見《簠齋金文題識》頁四五

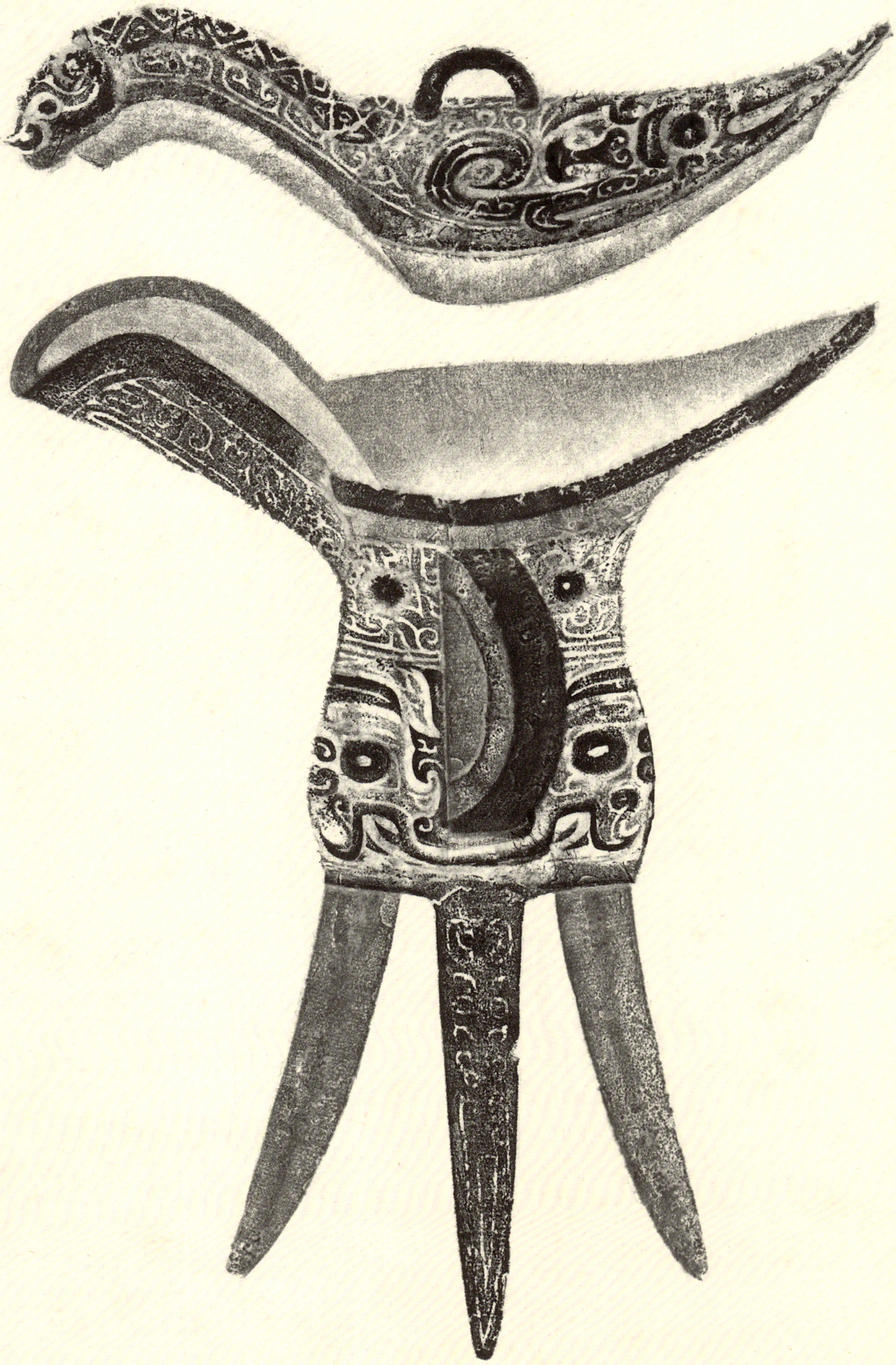

〇九四

婦門豩爵

商晚期

00995.2.34

全形拓最大縱横5.7×16.5（蓋）、20.9×16釐米（器）

該器現藏：美國弗里爾美術陳列館

銘文字數：一〇（蓋、器同銘）

《集成》著録編號：九〇九二

蓋銘

器銘

釋文

婦門豩作

文姑日癸

尊彝　䖵

附録

門豩觥器、門豩觥蓋

器如爵而無柱，腹下平。蓋作兕形，文同。

制與阮氏藏周子㸑兕觥同。

文十二字。

得之章邱焦氏。

參見《簠齋金文題識》頁四九至五〇

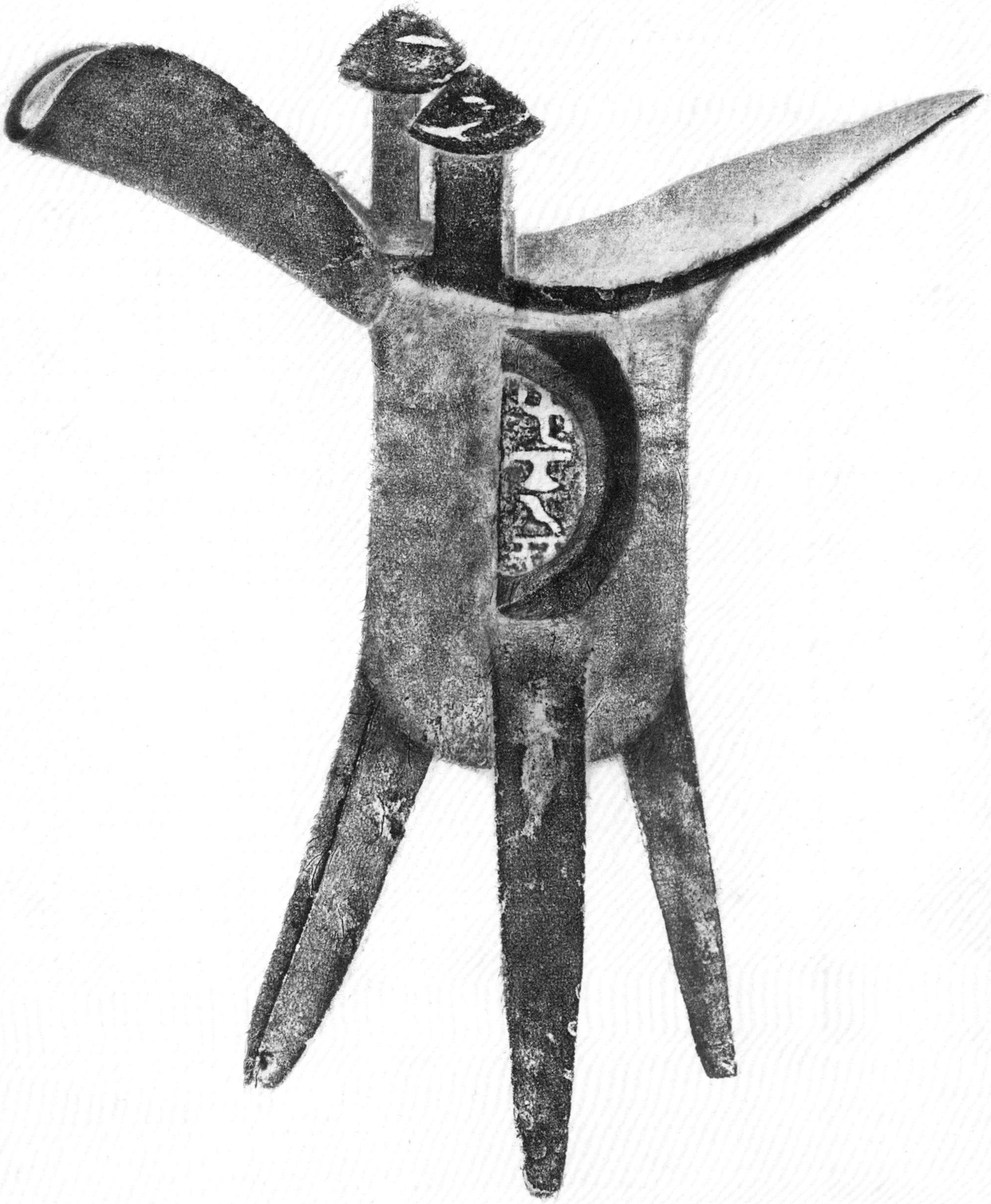

○九五

子工乙酉爵

00995.5.12

商晚期

全形拓最大縱橫21.2×16.7釐米

銘文字數：四

《集成》著録編號：八九八七

釋文

子工乙酉

附録

子壬乙辛爵

四字。

壬或是丁。辛，與聿父辛辛字同。

參見《簠齋金文題識》頁五三

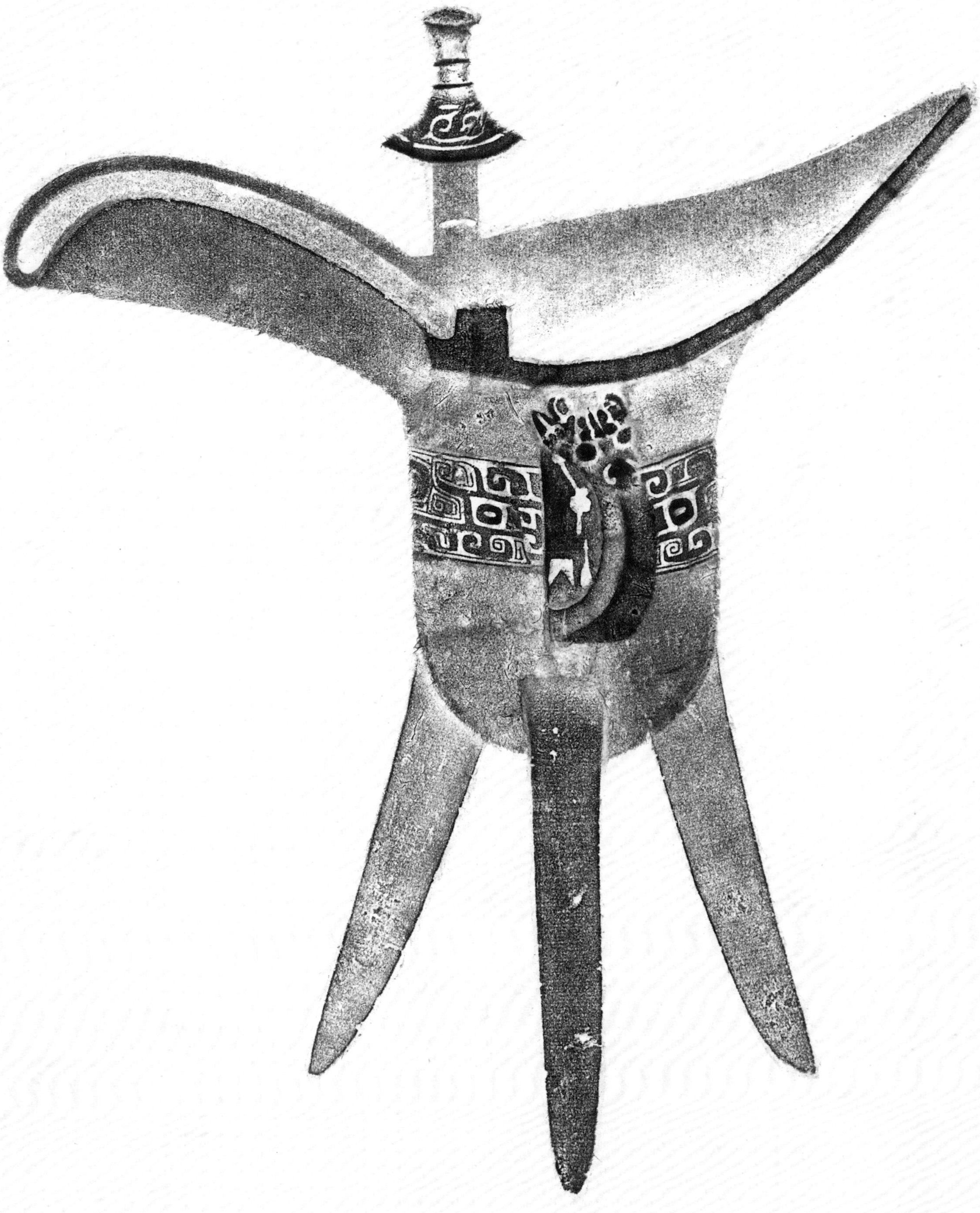

○九六

西單父丙爵

00995.2.39

商晚期

全形拓最大縱橫23.8×18.7釐米

銘文字數：四

《集成》著録編號：八八八四

釋文

西單　父丙

附録

簟父丙爵

三字。

簟，宋人舊説，未定，當是旂形，以象參伐，則弓韣形也，所以銘武功也。

參見《簠齋金文題識》頁五七

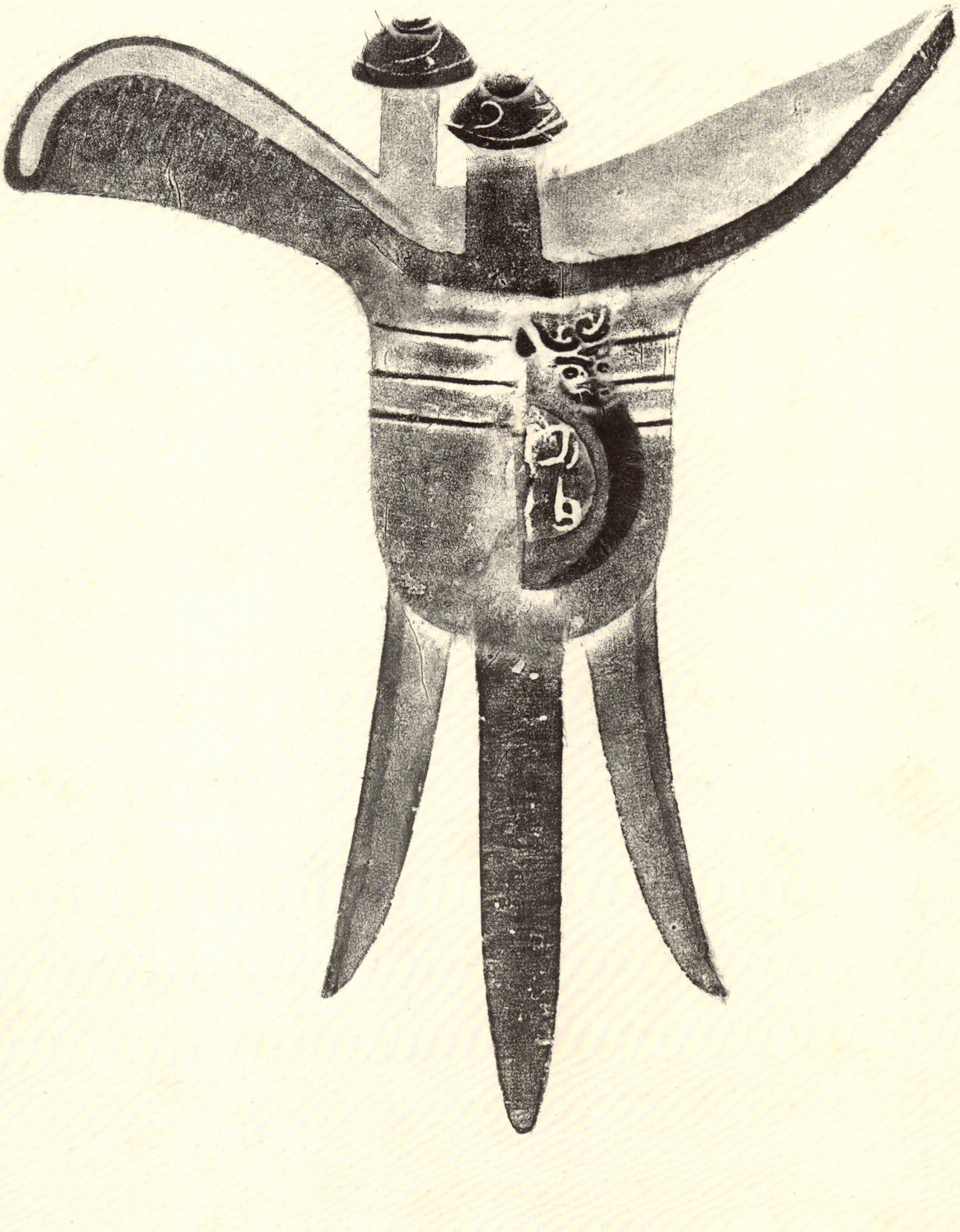

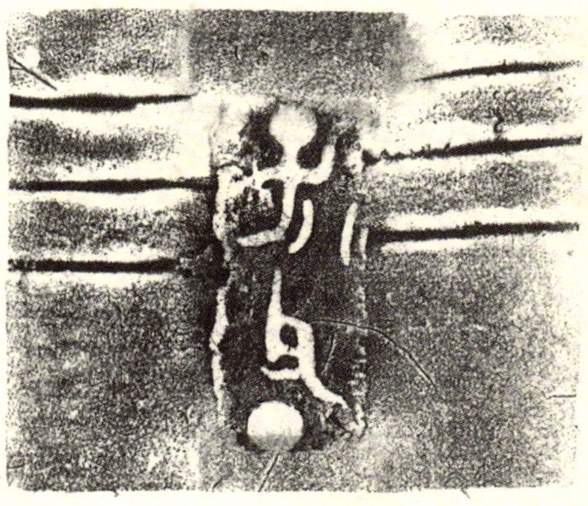

〇九七

子八父丁爵

商晚期

00995.2.41

全形拓最大縱横22×17.8釐米

銘文字數：四

《集成》著録編號：八四四三

釋文

子八　父丁

附録

子八（別）父丁爵

四字。

八即別。

參見《簠齋金文題識》頁五八

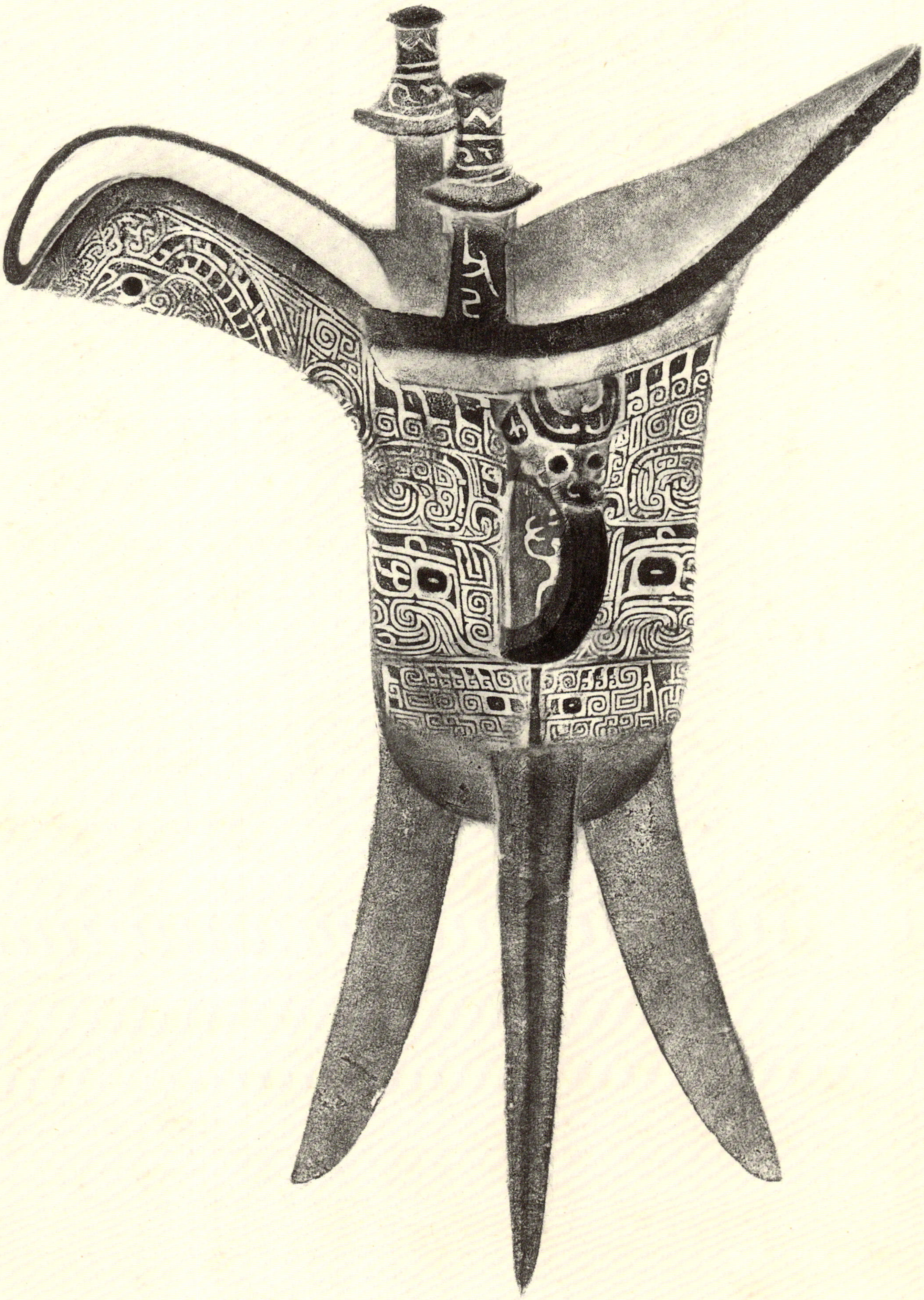

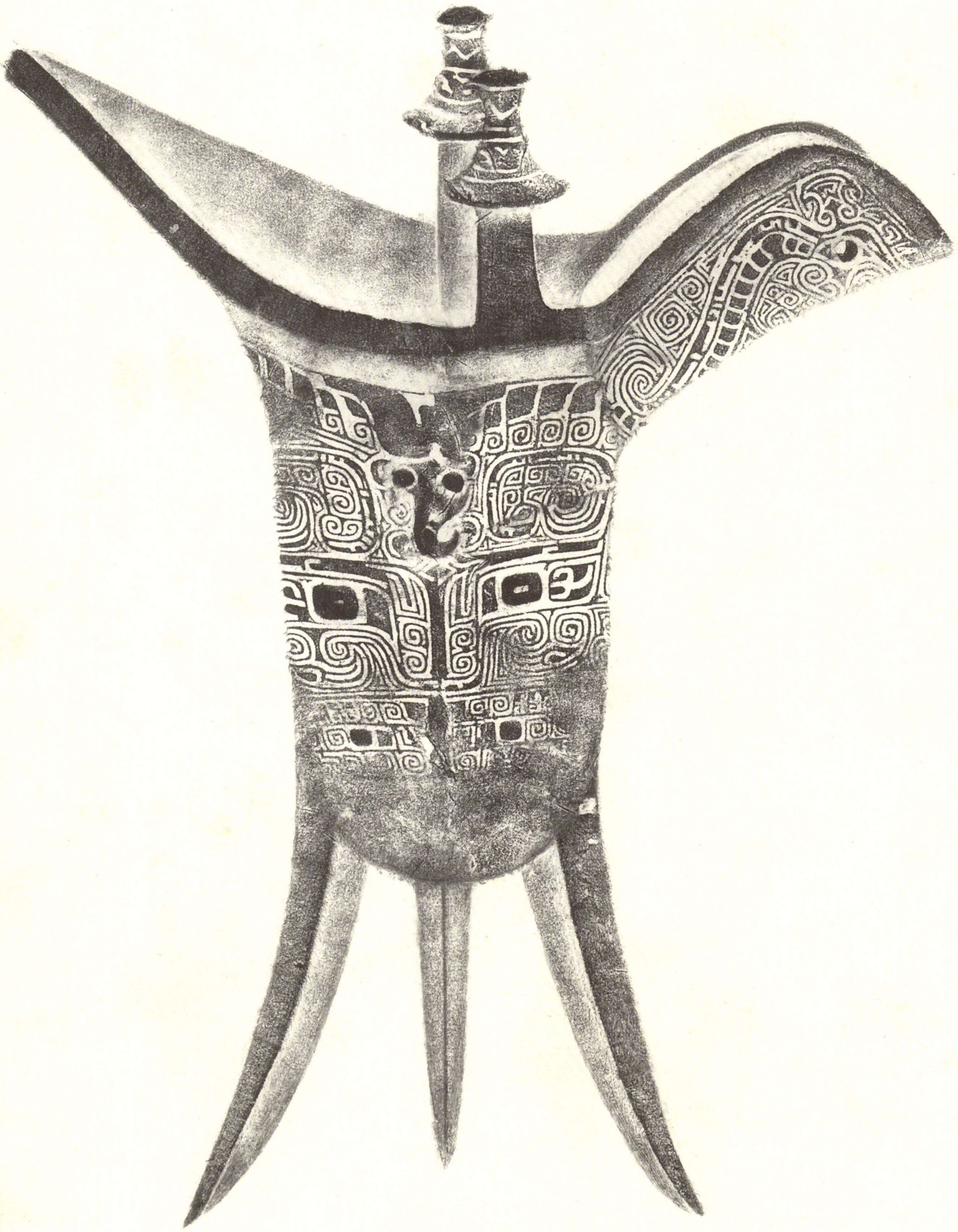

○九八

冀父己爵

00995.5.03

商晚期

全形拓最大縱横25.6×17.5釐米

（有字面）、23.1×17.3釐米

銘文字數：三

《集成》著録編號：八五三九

釋文

冀 父己

附録

父己析子孫爵

五字。

參見《簠齋金文題識》頁五二

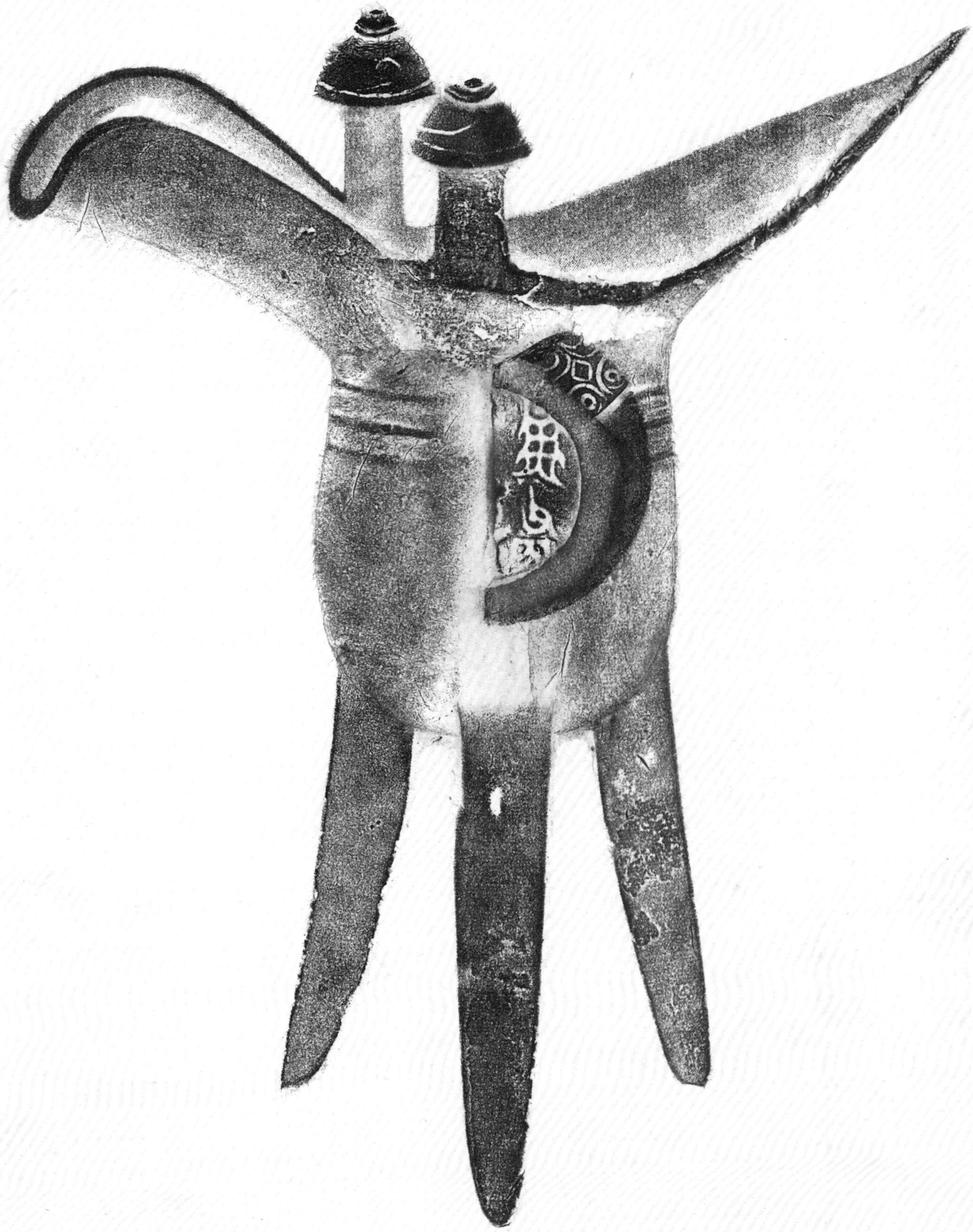

○九九

魚父丙爵

00995.2.40

商晚期

全形拓最大縱横22.8×17.2釐米

銘文字數：三

《集成》著録編號：八四三七

釋文

魚 父丙

附録

魚父丙爵

三字。

參見《簠齋金文題識》頁五七

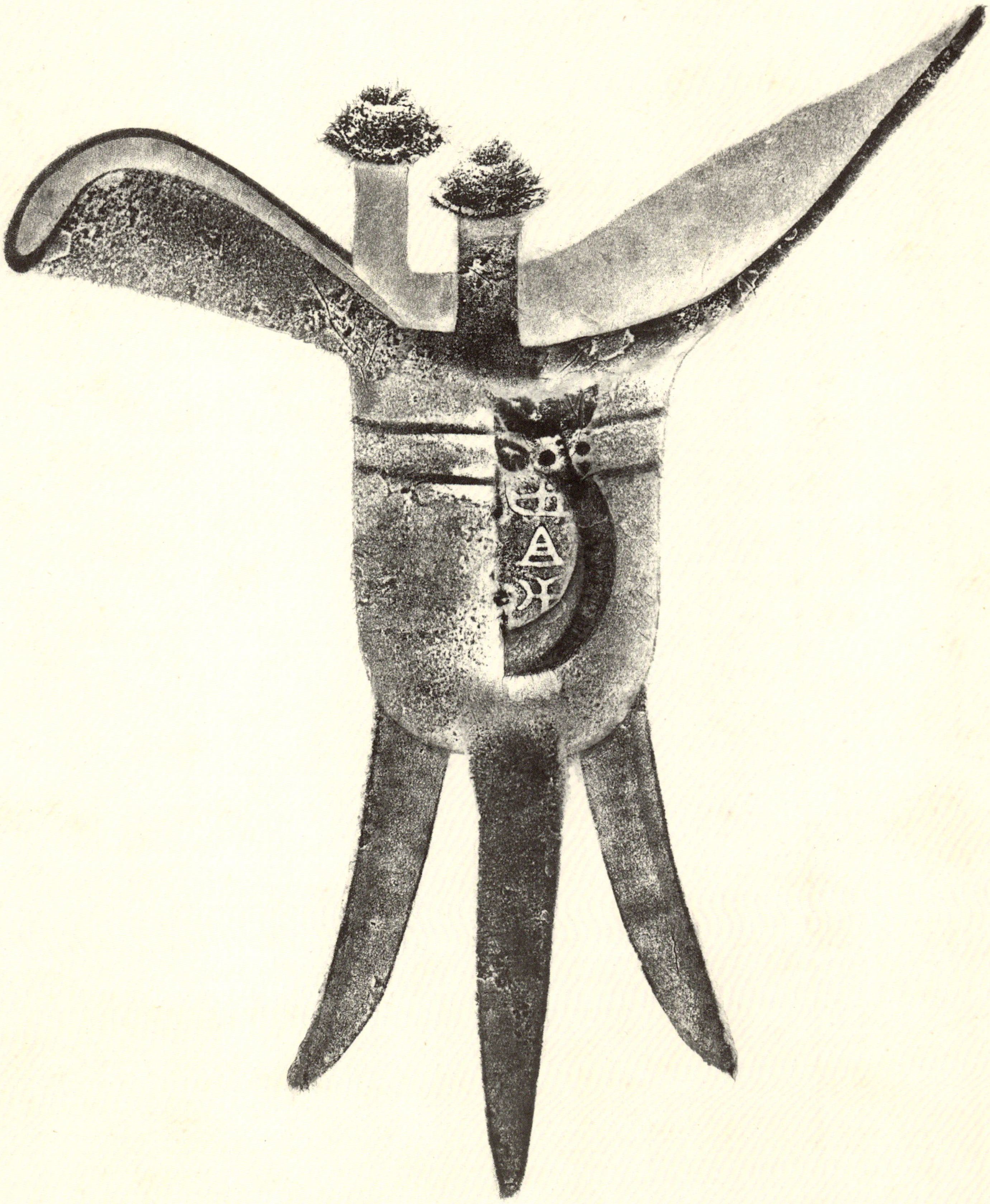

一〇〇

□祖庚爵

00995.2.38

商晚期

全形拓最大縱橫22.6×18釐米

該器現藏：上海博物館

銘文字數：三

《集成》著録編號：八三四一

釋文

□祖庚

附録

□祖庚爵

三字。

□或釋畁。

參見《簠齋金文題識》頁五三至五四

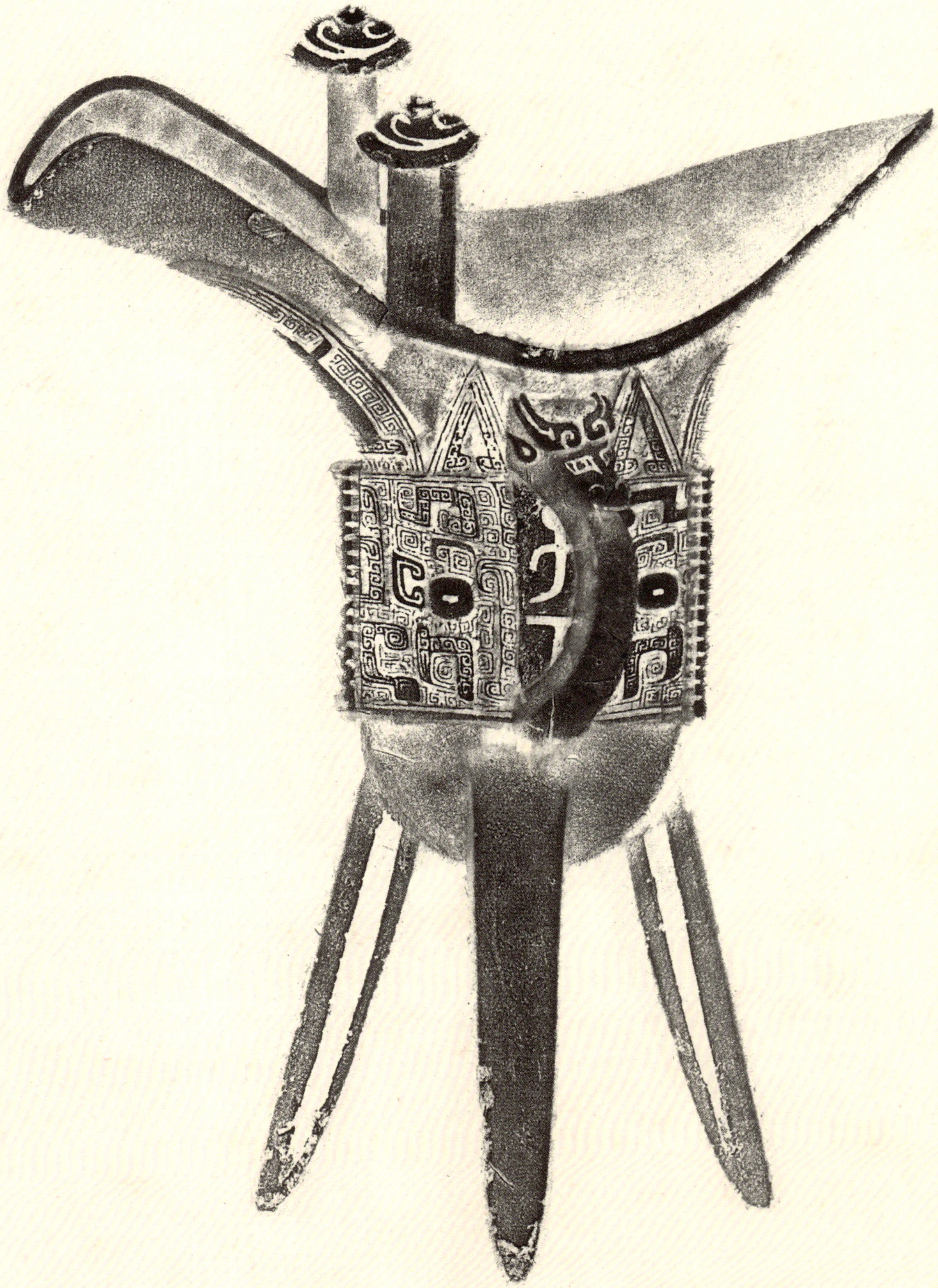

一〇一

子丁爵 00995.2.37

商晚期

全形拓最大縱横22.4×15.6釐米

銘文字數：二

《集成》著録編號：八一一二

釋文

子丁

附録

子丁爵

有觚。

二字。

參見《簠齋金文題識》頁五四

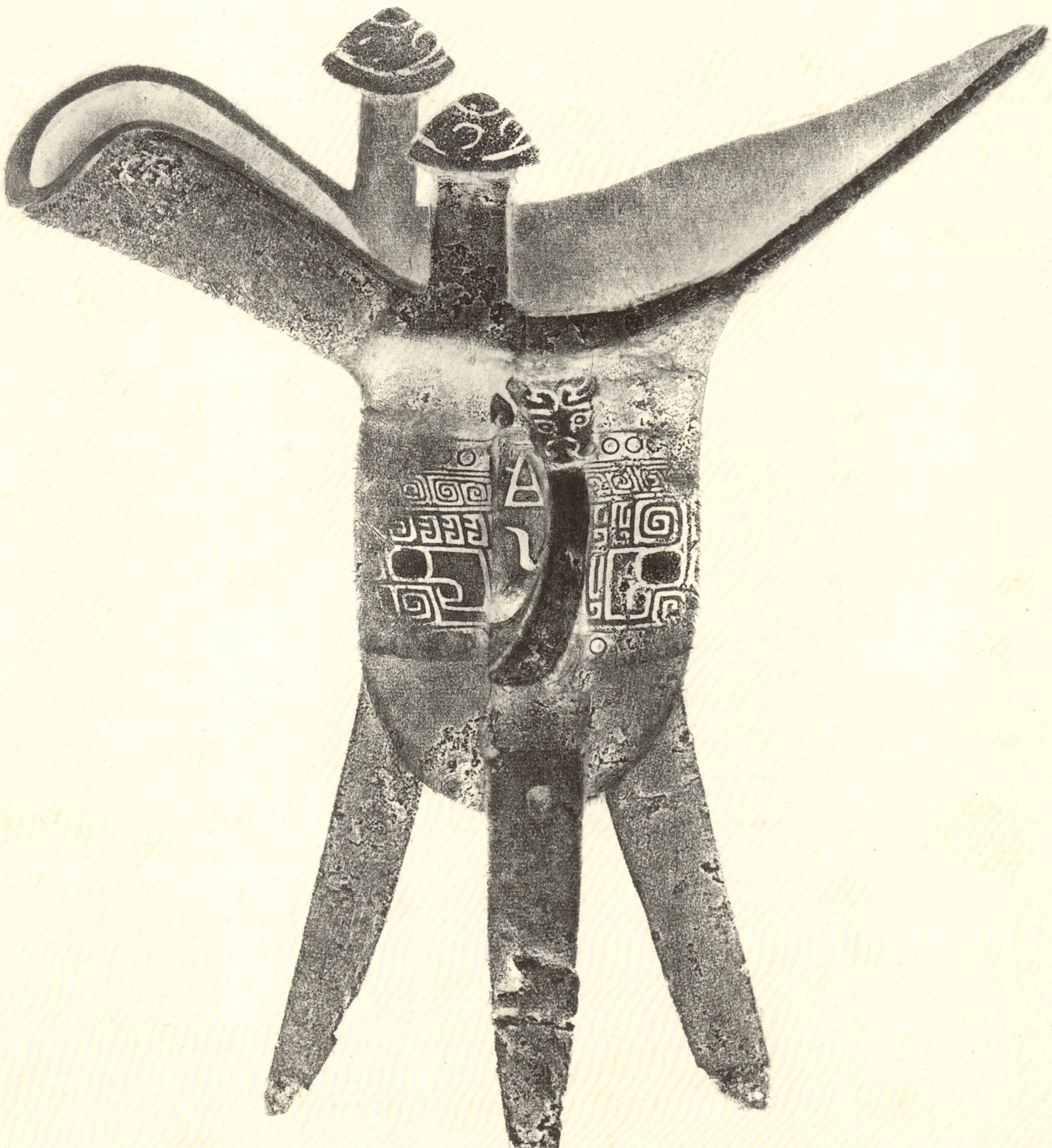

一〇二

祖乙爵 00995.5.13

商晚期

全形拓最大縱横22.6×18.4釐米

銘文字數：二

《集成》著録編號：七八四七

釋文

祖乙

附録

祖乙爵

二字。

參見《簠齋金文題識》頁五四

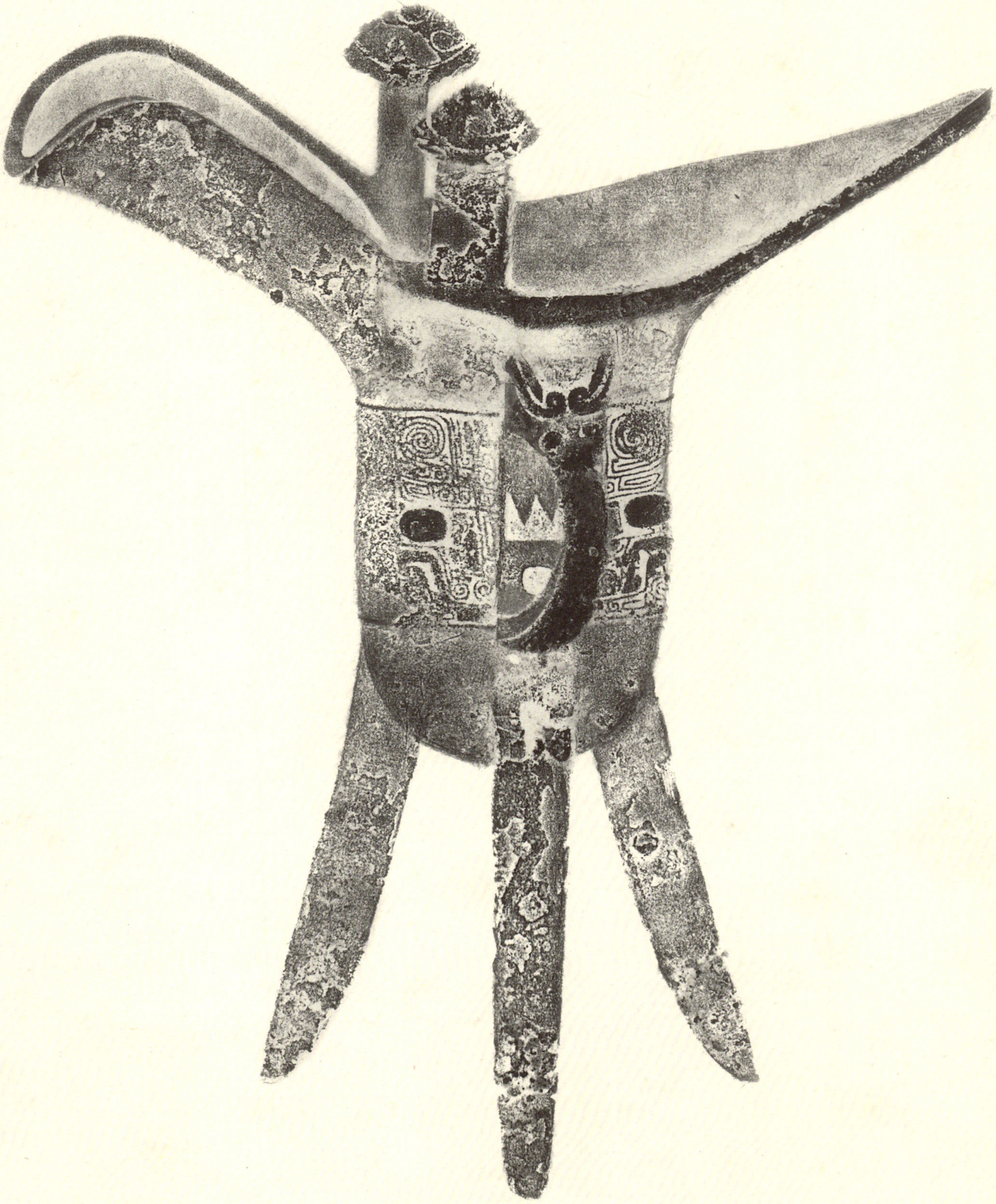

一〇三

山丁爵

00995.5.10

商晚期

全形拓最大縱橫21.9×17.4釐米

銘文字數：二

《集成》著錄編號：八〇一七

釋文

山丁

附録

山丁爵

二字。

參見《簠齋金文題識》頁五四

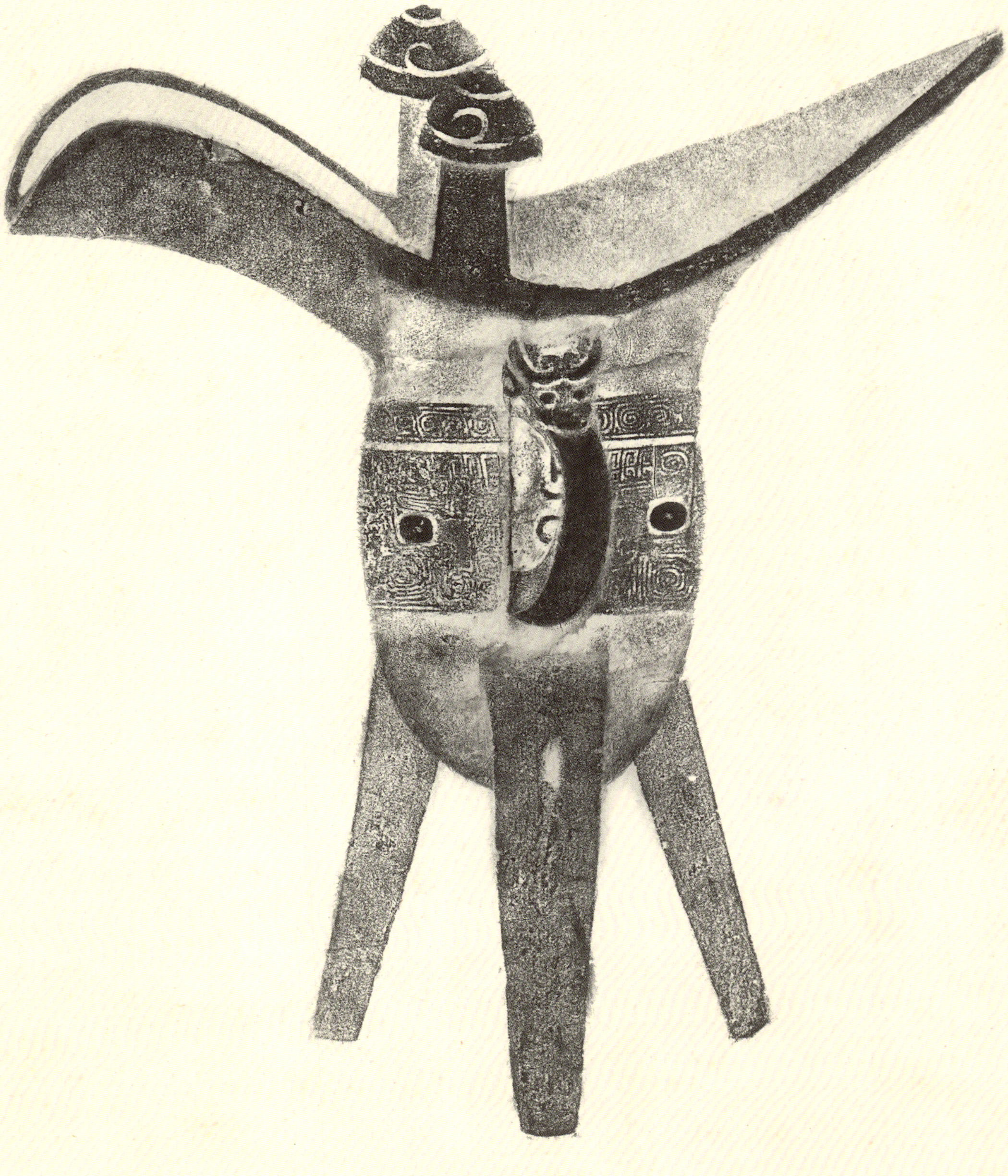

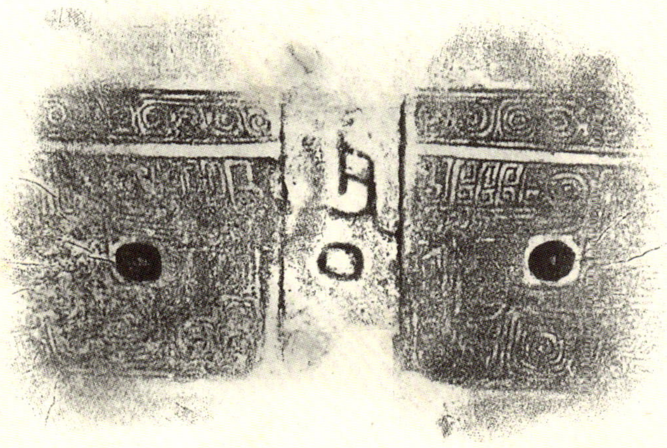

一〇四

父丁爵

00995．5．16

商晚期

全形拓最大縱橫20.7×17.6釐米

銘文字數：二（陽文）

《集成》著録編號：七九〇二

釋文

父丁

附録

父丁爵

二字。

陽識。

參見《簠齋金文題識》頁五八

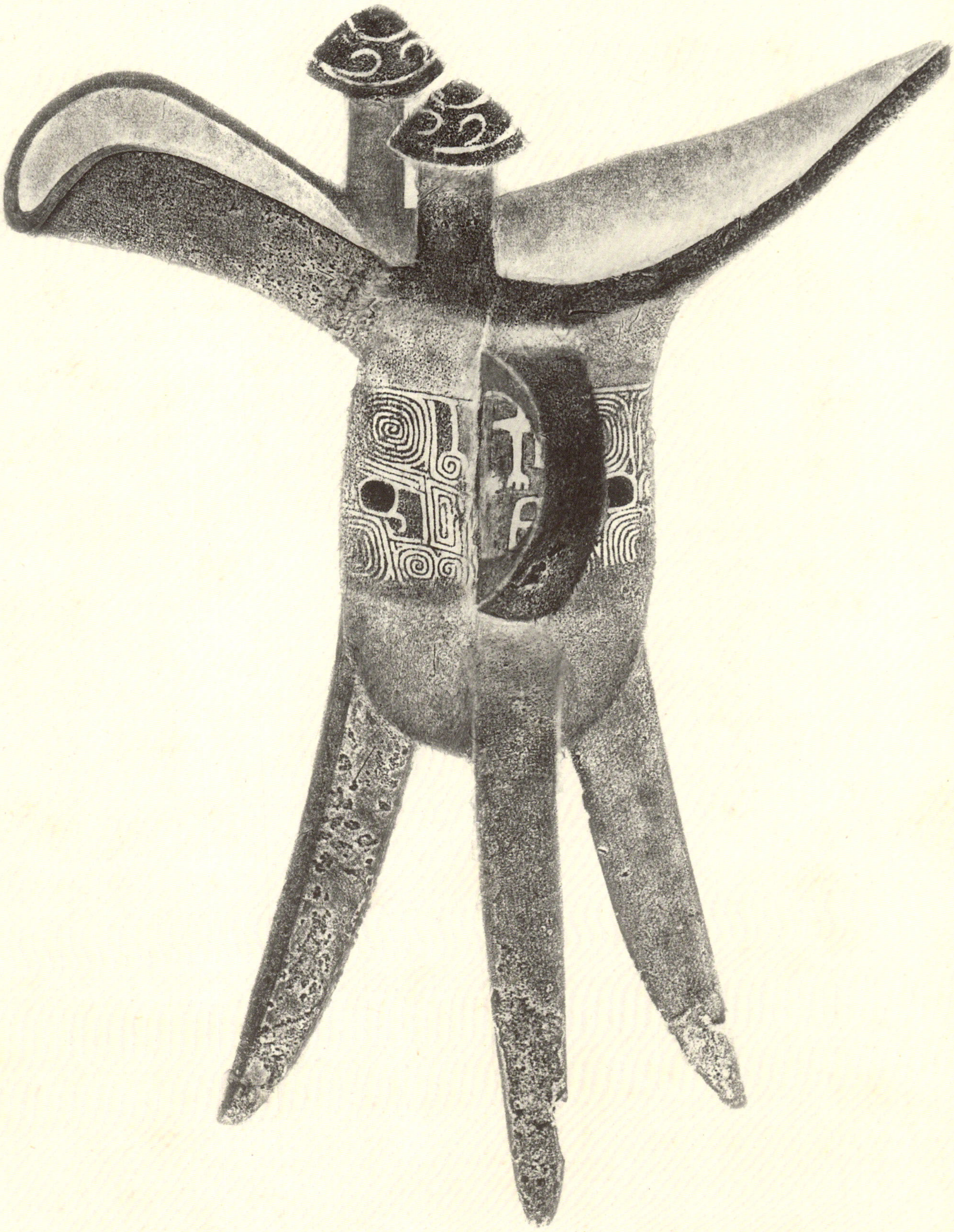

一〇五

戈□爵

商晚期

00995.5.11

全形拓最大縱橫22.5×16.7釐米

銘文字數：二

《集成》著録編號：八二三九

釋文

戈□

附録

立瞿中□爵

三字。

□非中，中作中，□當是總角形。

參見《簠齋金文題識》頁五三

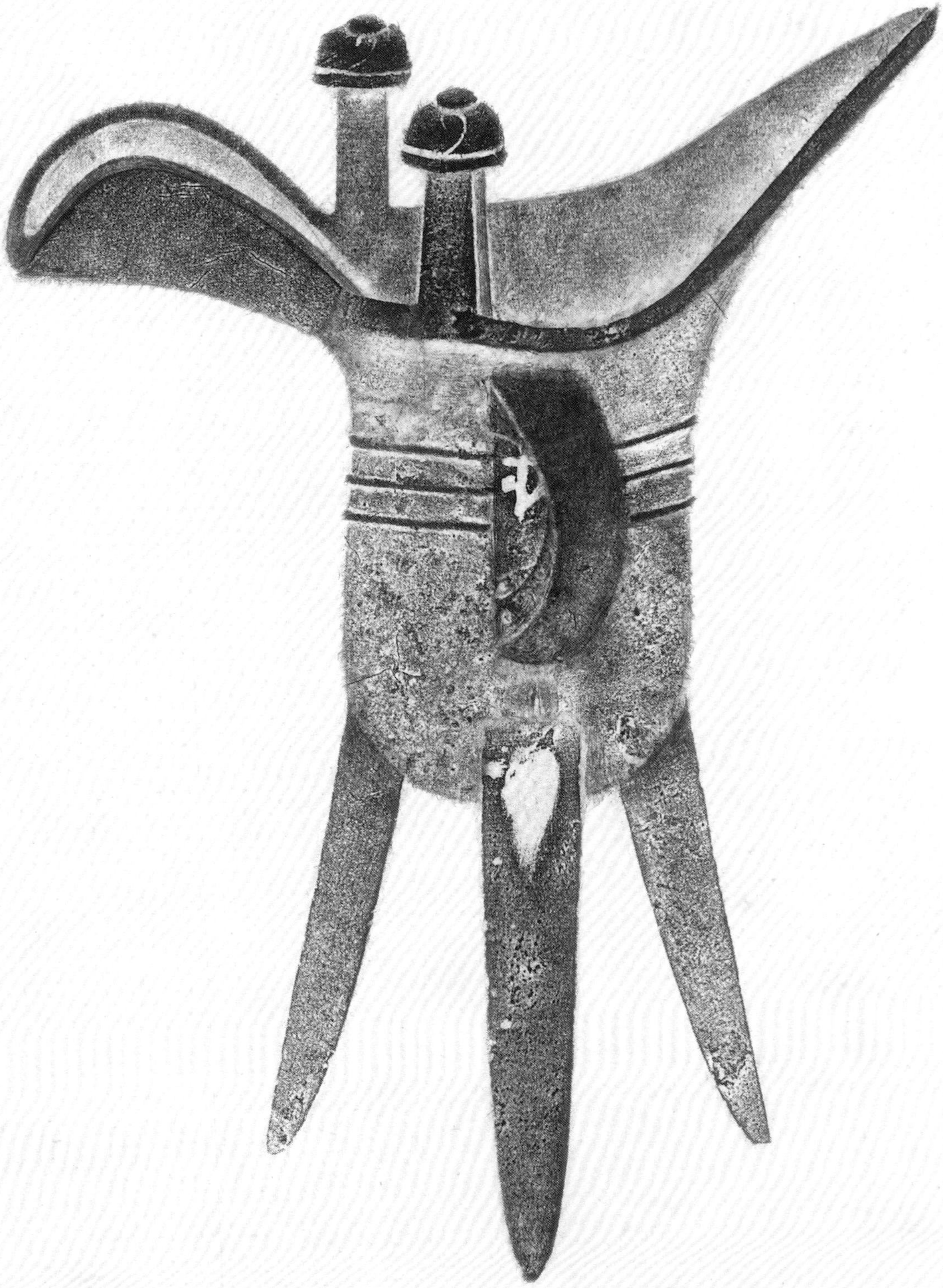

一〇六

□爵 00995.5.18

商晚期

全形拓最大縱横20.2×14.2釐米

銘文字數：一

《集成》著録編號：七六六一

釋文

□

附録

舉爵

一字。

參見《簠齋金文題識》頁六二

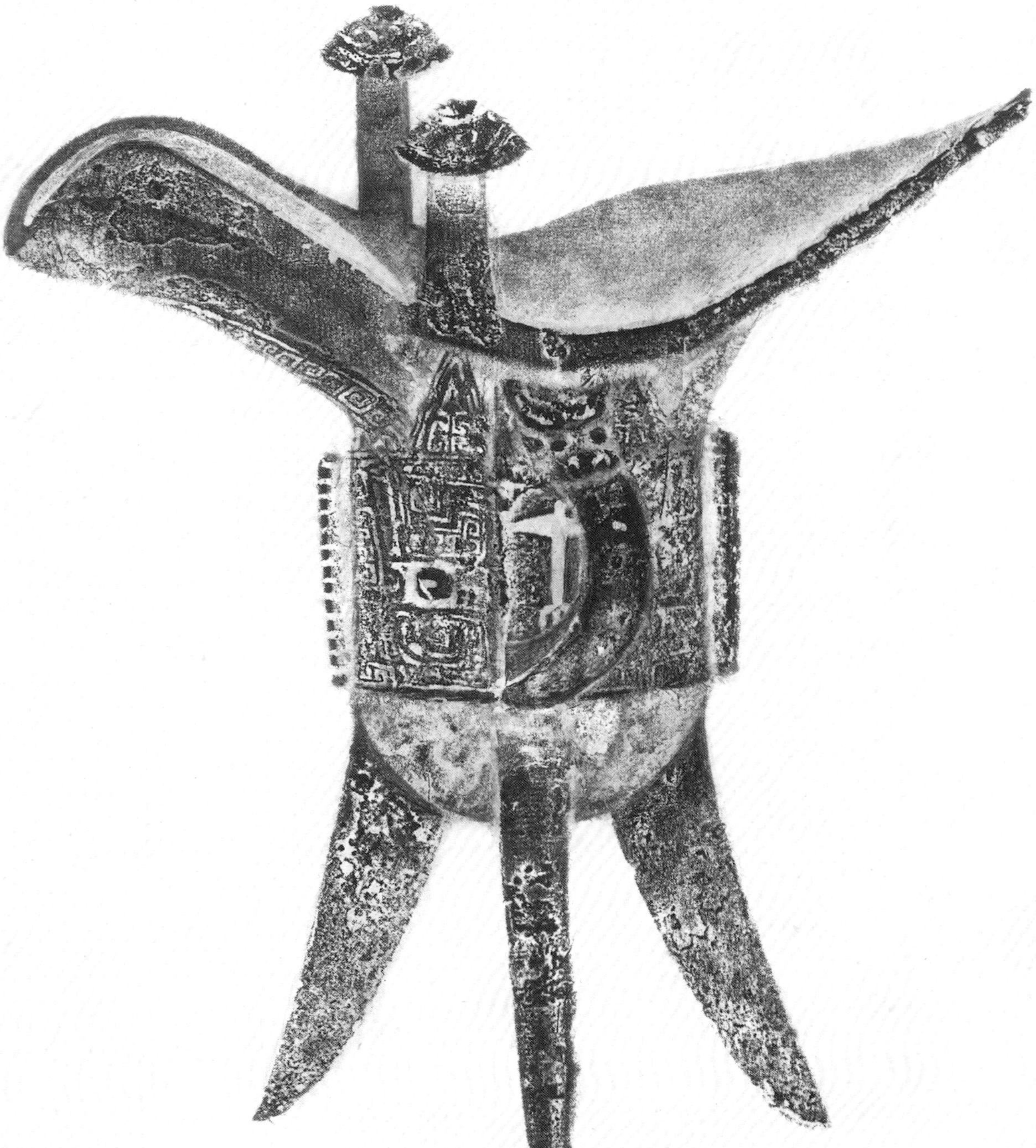

一〇七

戈爵

0995.5.08

商晚期

全形拓最大縱橫19.8×15.7釐米

銘文字數：一

釋文

戈

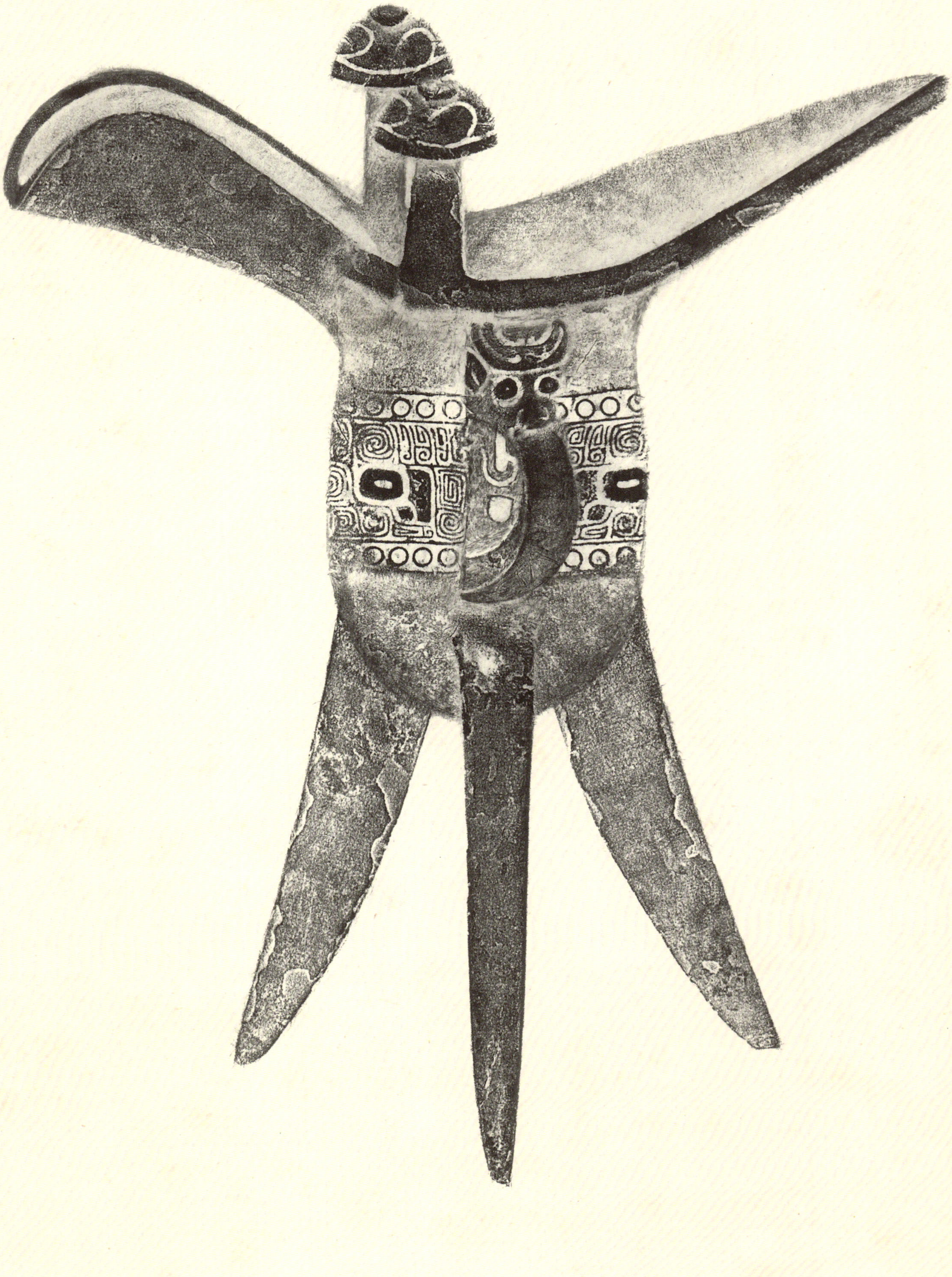

一〇八

父丁爵

00995.5.15

商晚期或西周早期

全形拓最大縱橫24.2×18.5釐米

銘文字數：二

《集成》著録編號：七九〇四

釋文

父丁

附録

父□(丁)爵

二字。

參見《簠齋金文題識》頁五八

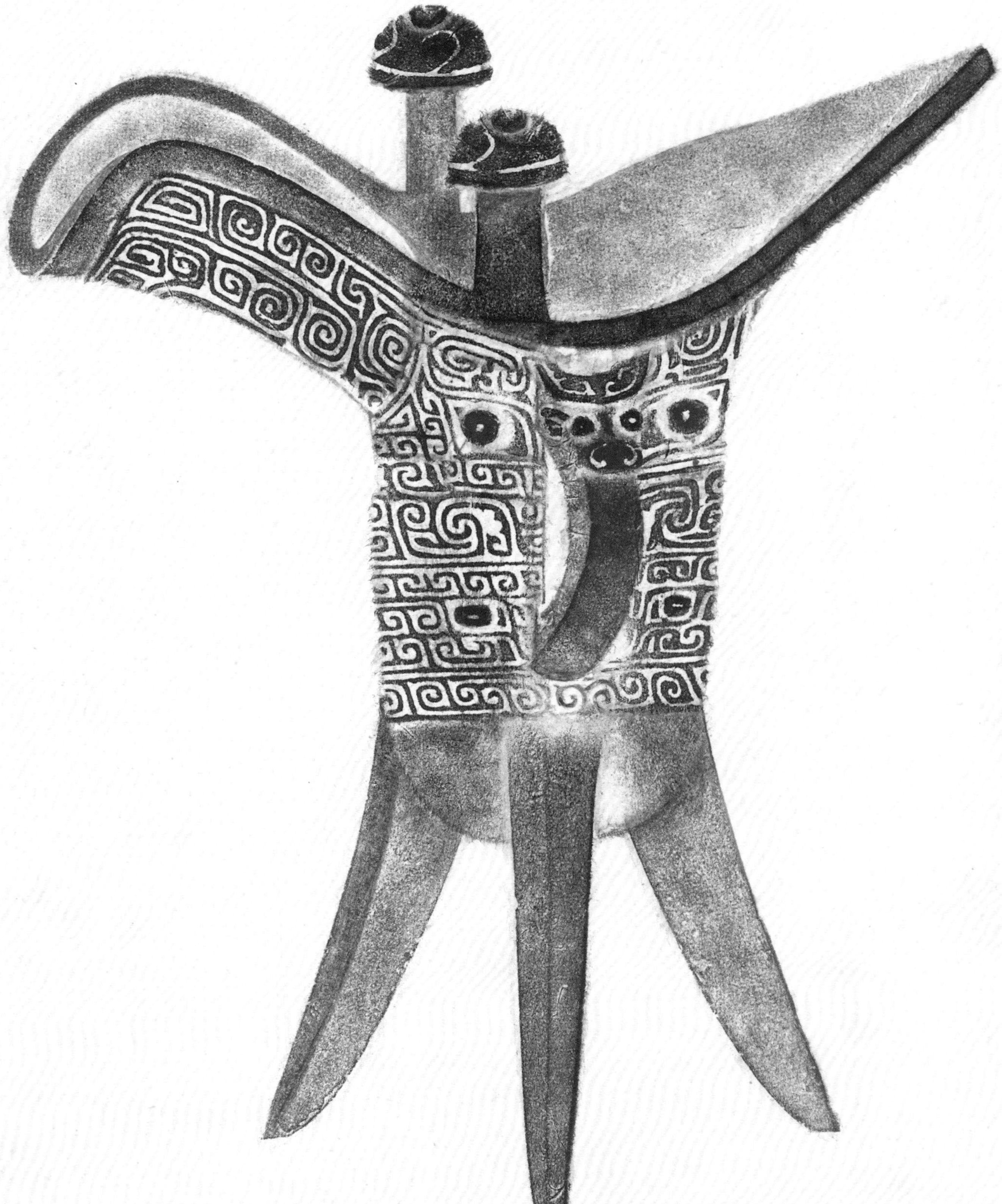

一〇九

盉爵

00995.3.07

西周早期

全形拓最大縱橫 22.6×17 釐米

該器現藏：香港御雅居

銘文字數：二一

《集成》著録編號：九一〇四

釋文

唯王初𠦪于
成周，王令盉
寧鄧伯。賓
貝，用作父寶尊彝。

附録

盉爵

四行二十一字，文在腹内。

傳世之爵，文莫多於此，爵之至佳者。

隹王初𠦪於成周王令（命）盉寧鄧伯賓貝用作父寶尊彝（二字在賓下）。

《説文》鄧，曼姓之國。《春秋》桓二年，蔡侯鄭伯會於鄧。昭十三年傳盟於鄧。杜云潁川西南召陵縣有鄧城。

盉當即南公之孫作鼎者，成王時人。南公《書》誤作南宫。

此文曰父，鼎文曰乃祖南公，惜未曰父某耳。

參見《簠齋金文題識》頁五〇

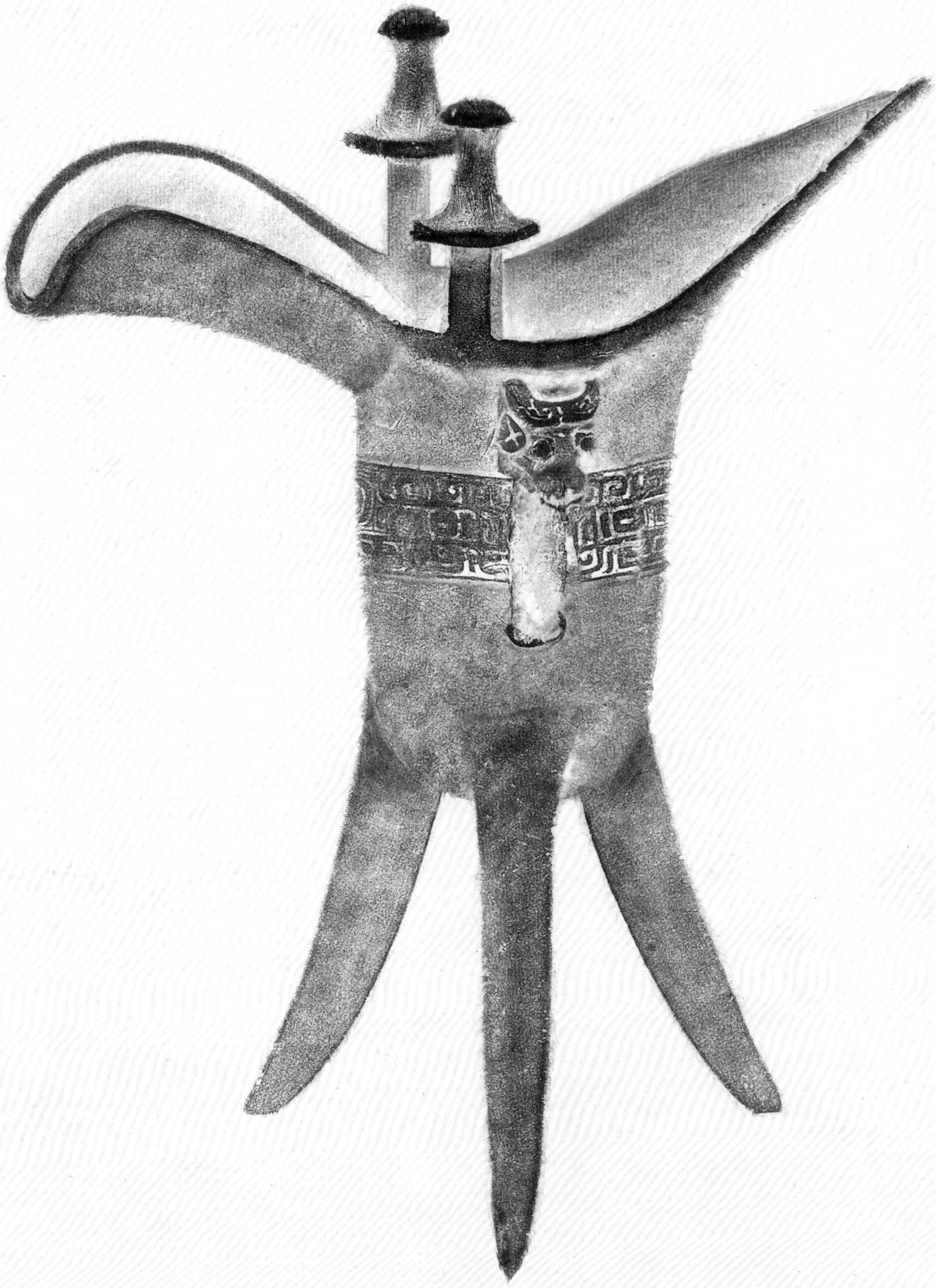

一一〇

䎽爵

00995.3.08

西周早期

全形拓最大縱横25.5×17.7釐米

該器現藏：故宫博物院

銘文字數：五

《集成》著録編號：九〇三二

釋文

䎽(聞)作寶尊彝

附録

鹿爵

五字。文在腹内。

參見《簠齋金文題識》頁五一

一一一

癸旻爵

00995.5.05

西周早期

全形拓最大縱横22×16.9釐米

銘文字數：五

《集成》著録編號：九〇三四

釋文

癸旻作考戊

附録

癸罢爵

五字，在柱外至鋬。

參見《簠齋金文題識》頁五一

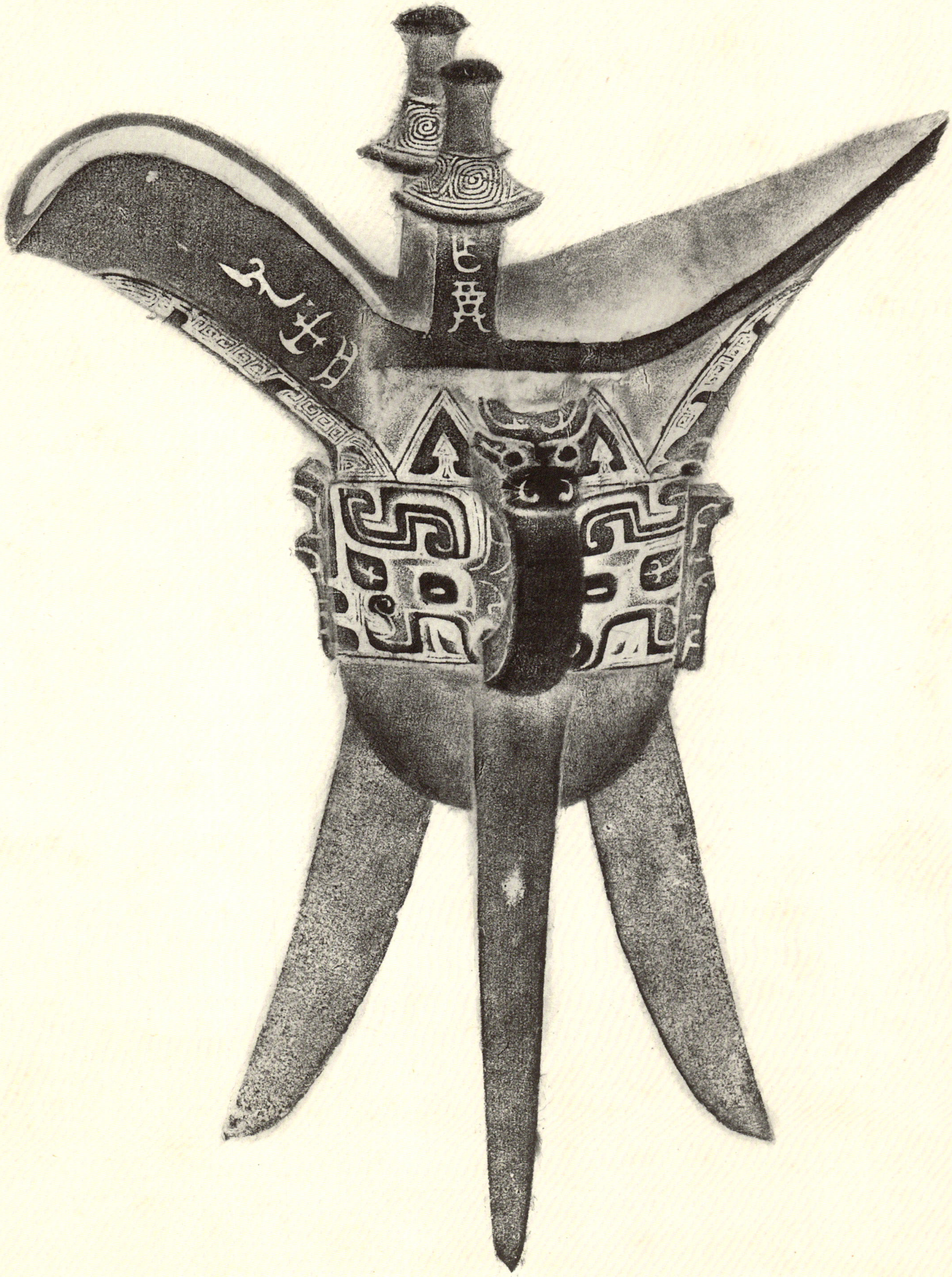

一一二

父戊舟爵（之一）00995.5.07

西周早期

全形拓最大縱橫25×17.9釐米

該器現藏：故宮博物院

銘文字數：五

《集成》著録編號：九〇一二

釋文

作尊

父戊　舟

附録

父戊舟爵

五字。

乍尊在柱，父戊舟在流之頤。

參見《簠齋金文題識》頁五二

父戊舟爵（之二）00995.5.06

西周早期

全形拓最大縱橫24.8×17.9釐米

該器現藏：故宮博物院

銘文字數：五

《集成》著録編號：九〇一三

釋文

作尊

父戊 舟

附録

父戊舟爵（其二）

五字。

字反。

參見《簠齋金文題識》頁五二

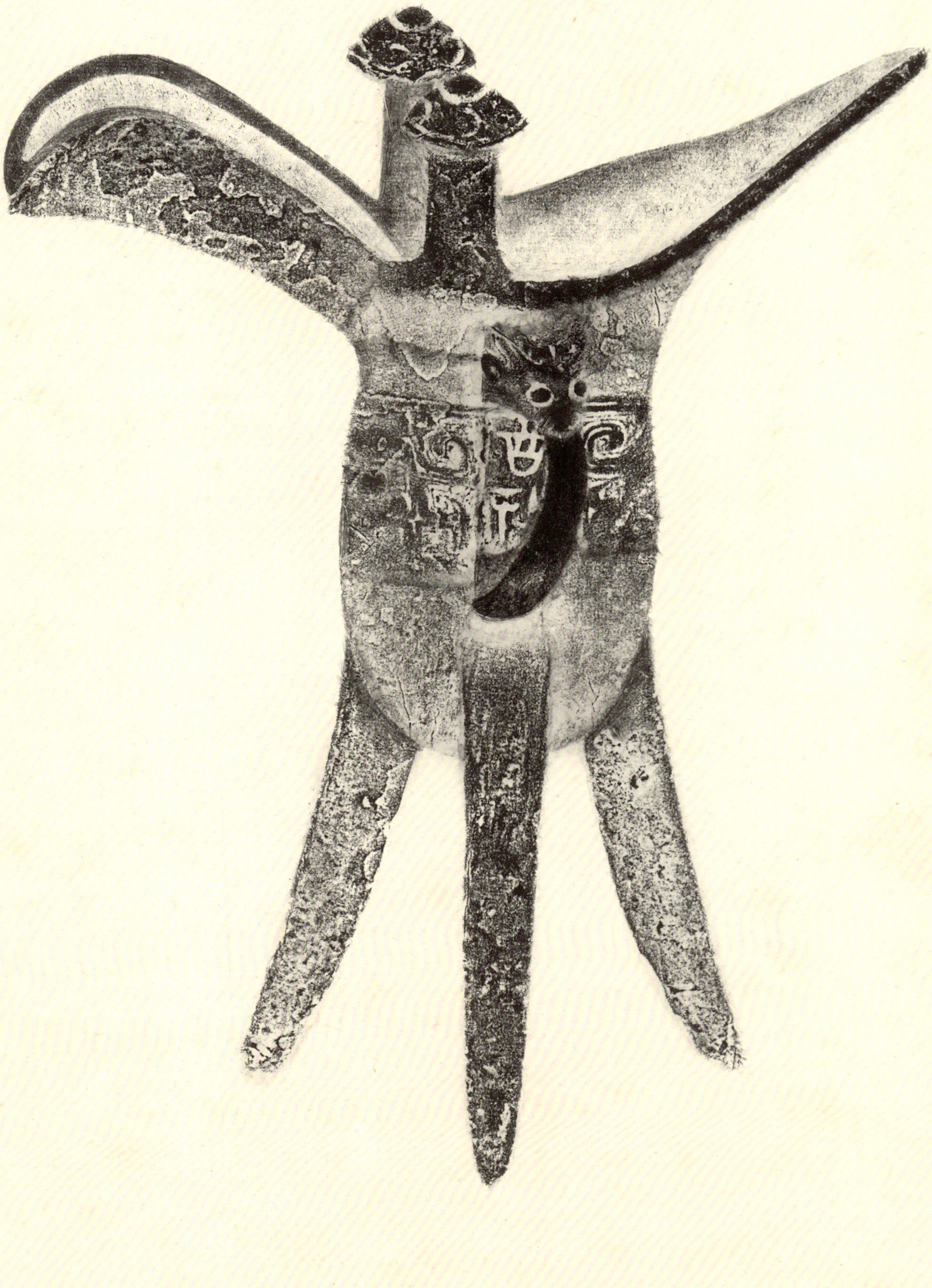

一一四

酉父辛爵

西周早期

00995.5.17

全形拓最大縱橫22×16.5釐米

銘文字數：三

《集成》著録編號：八六二三

釋文

酉　父辛

附録

酉（酒）父辛爵

三字。

酉即酒。

参見《簠齋金文題識》頁五九

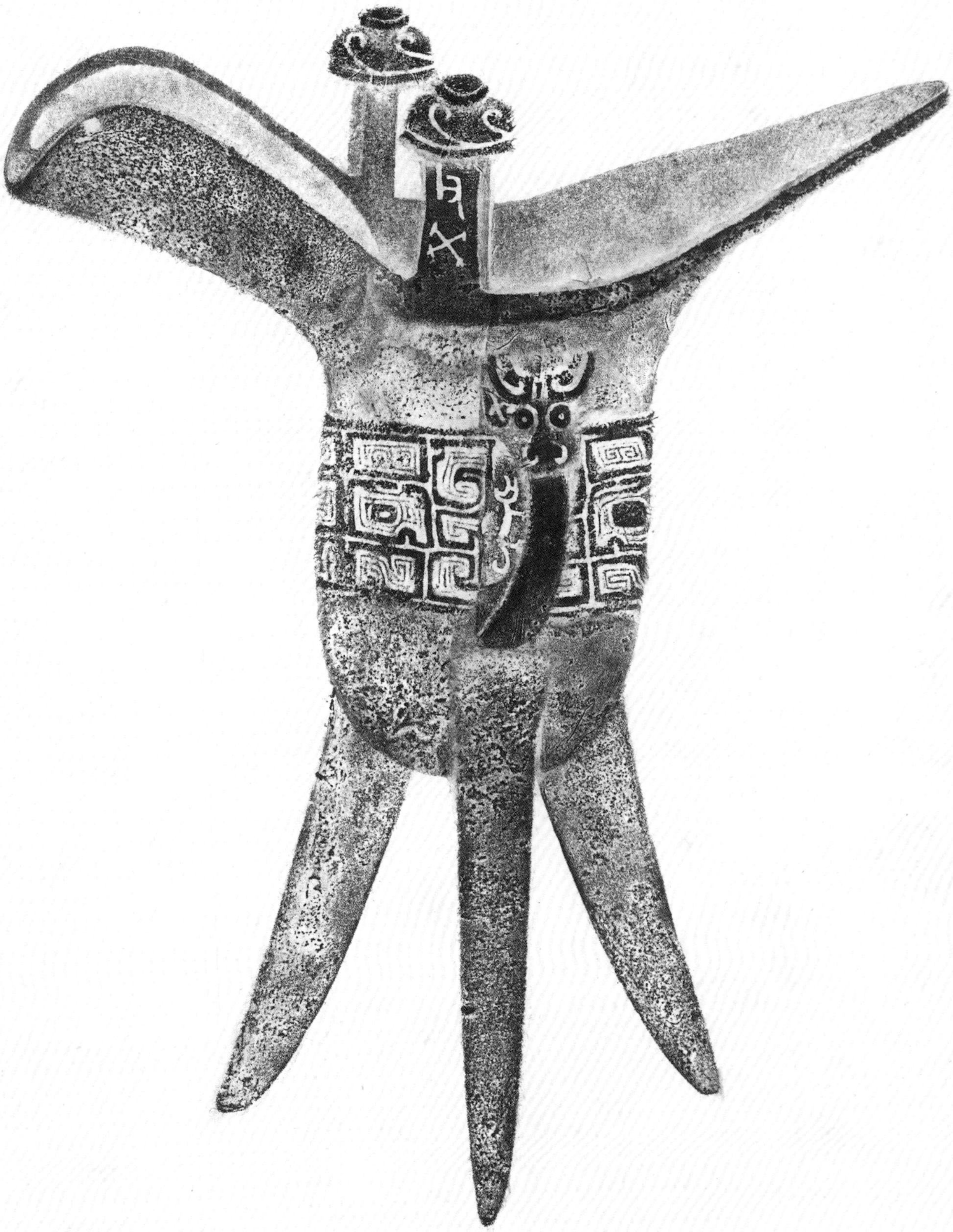

一一五

獸父癸爵

00995.5.04

西周早期

全形拓最大縱橫21.9×16.2釐米

該器現藏：故宮博物院

銘文字數：三

《集成》著録編號：八六九二

釋文

獸

父癸

附録

二龍夆中父癸爵

三字。

參見《簠齋金文題識》頁五一

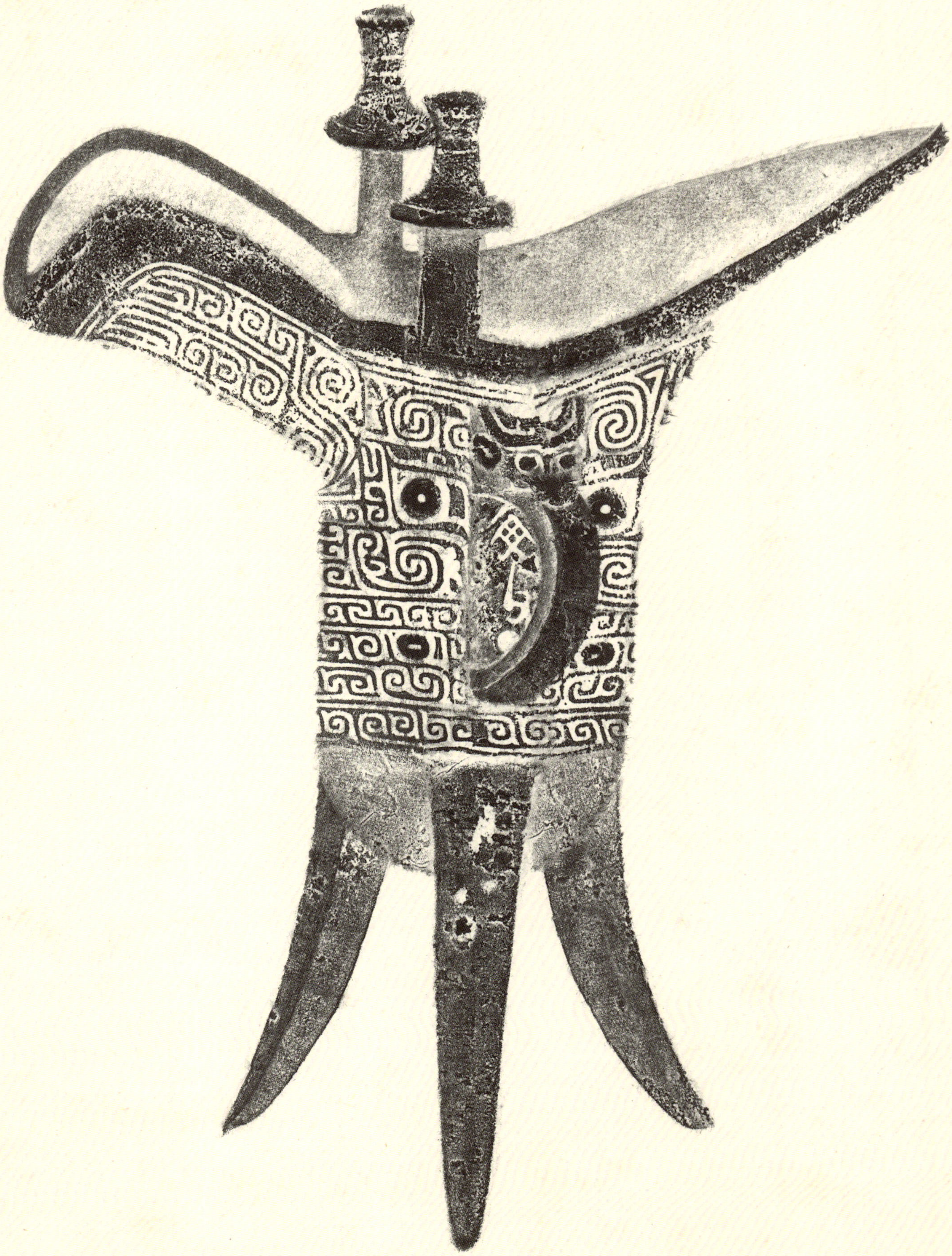

一一六

文父丁爵

00995.3.09

西周早期

全形拓最大縱橫24.4×17.7釐米

銘文字數：三

《集成》著録編號：八五〇七

釋文

文 父丁

附録

文父丁爵

三字。

文字與文父乙卯毁字同。

參見《簠齋金文題識》頁五七

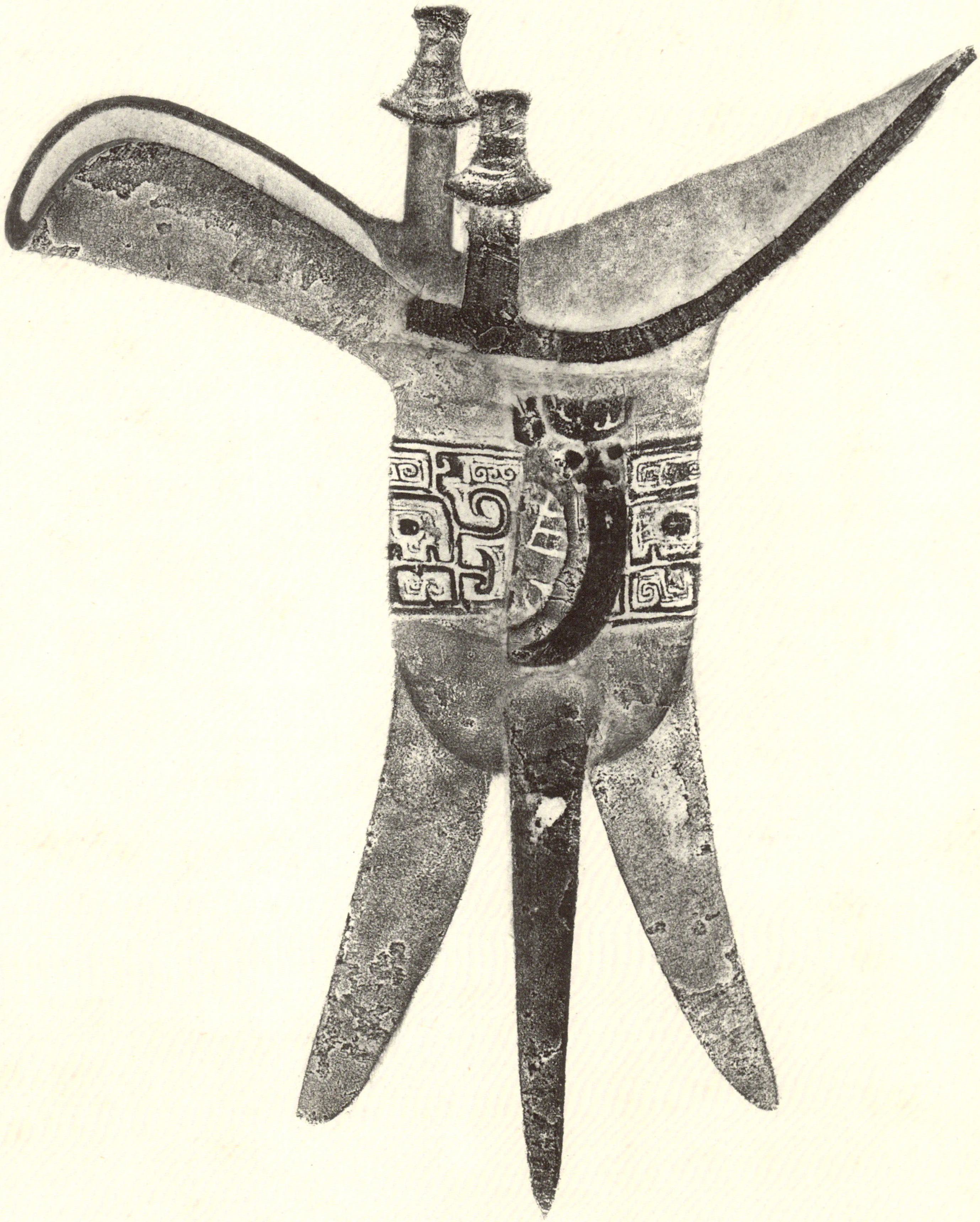

一一七

祖辛爵

00995.5.14

西周早期

全形拓最大縱橫23.3×18.1釐米

該器現藏：故宮博物院

銘文字數：二

《集成》著録編號：七八六六

釋文

祖辛

附録

祖辛爵

二字。

參見《簠齋金文題識》頁五四

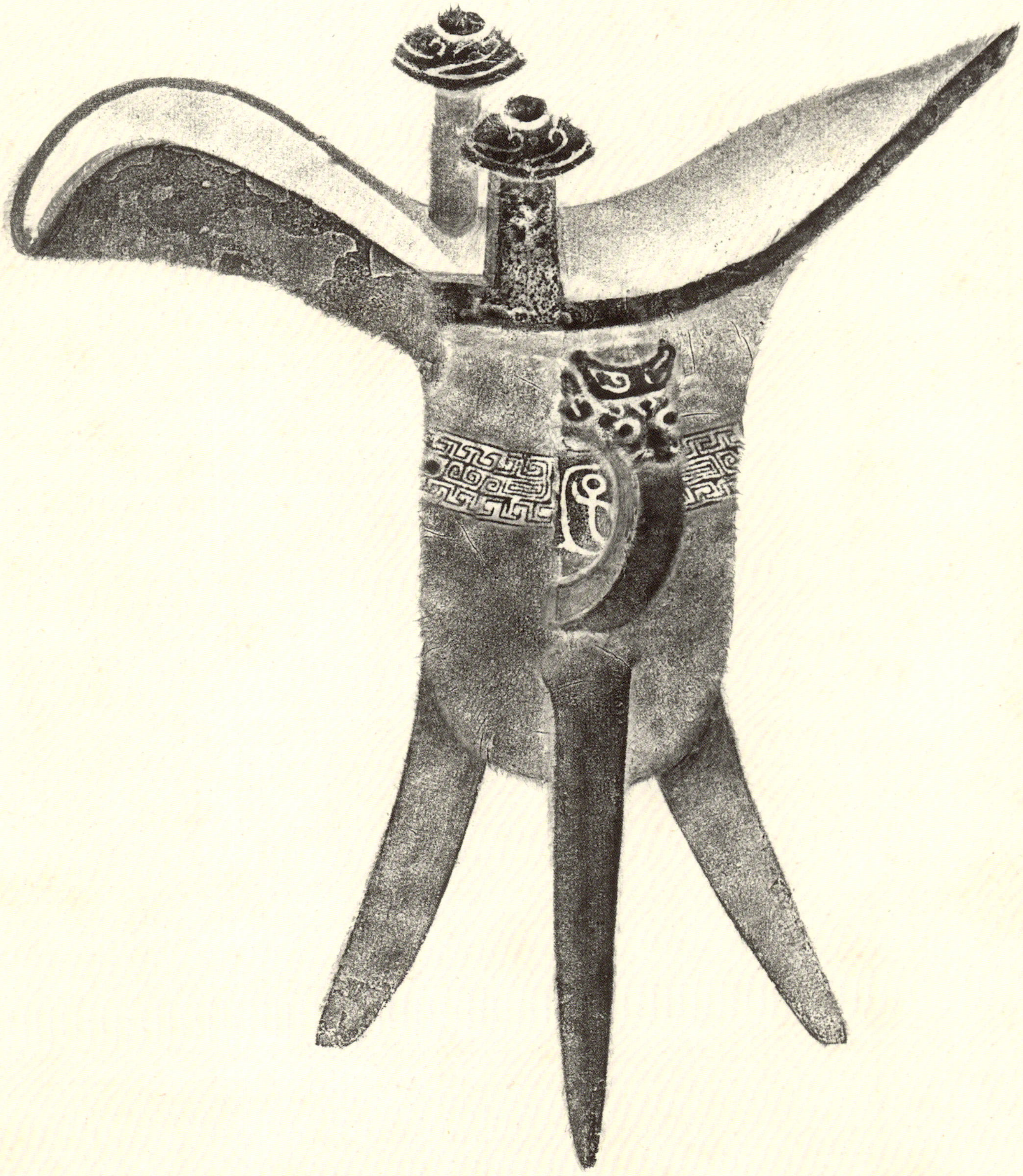

一一八

囝爵

00995.3.10

西周早期

全形拓最大縱横20.7×17.3釐米

該器現藏：故宮博物院

銘文字數：一

《集成》著録編號：七三二一

釋文

囝

附録

子爵

一字。

参見《簠齋金文題識》頁六三

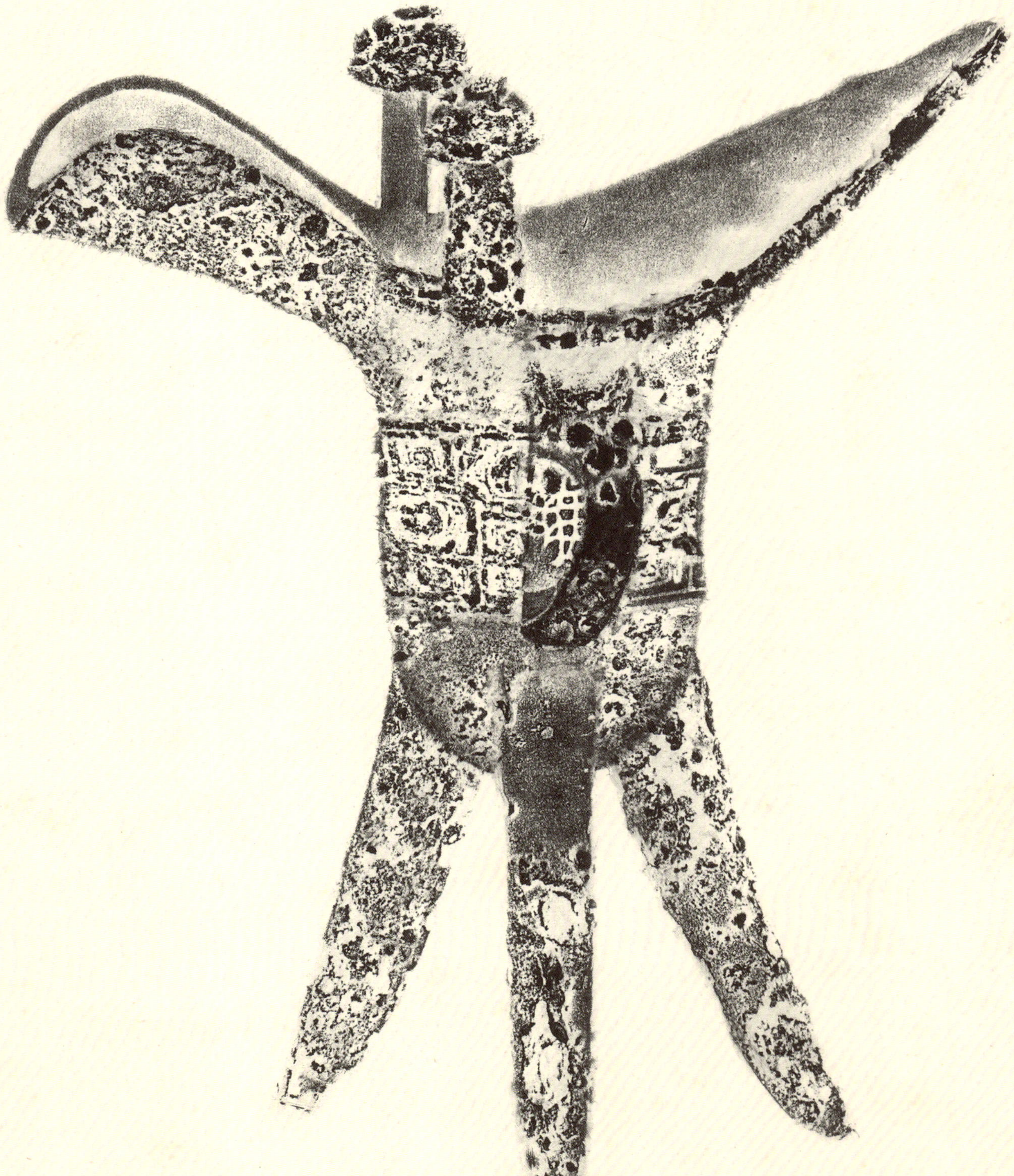

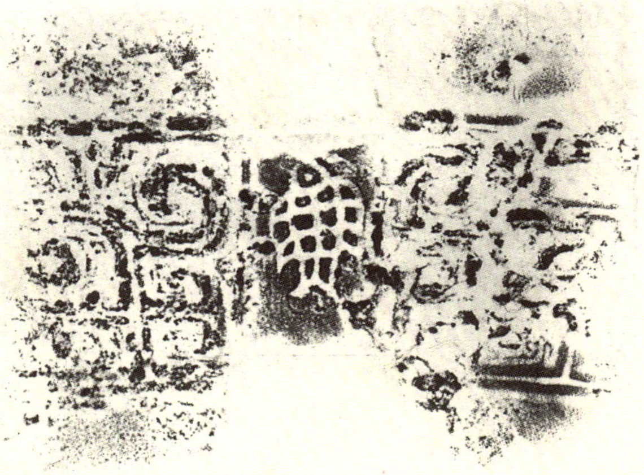

一一九

魚爵

00995.5.09

西周早期

全形拓最大縱橫22.3×16.8釐米

該器現藏：日本京都泉屋博古館

銘文字數：一

《集成》著錄編號：七五四三

釋文

魚

附録

魚爵

一字。

魚，取飲之樂如魚之在水也。

參見《簠齋金文題識》頁六二

一二〇

龍爵（之一）00995.2.35

西周早期

全形拓最大縱橫19.8×16釐米

銘文字數：一

《集成》著録編號：七五三四

釋文

龍

附録

饕餮爵

一字。向右。

柱上齊字形與器文同。古甚。

參見《簠齋金文題識》頁六一

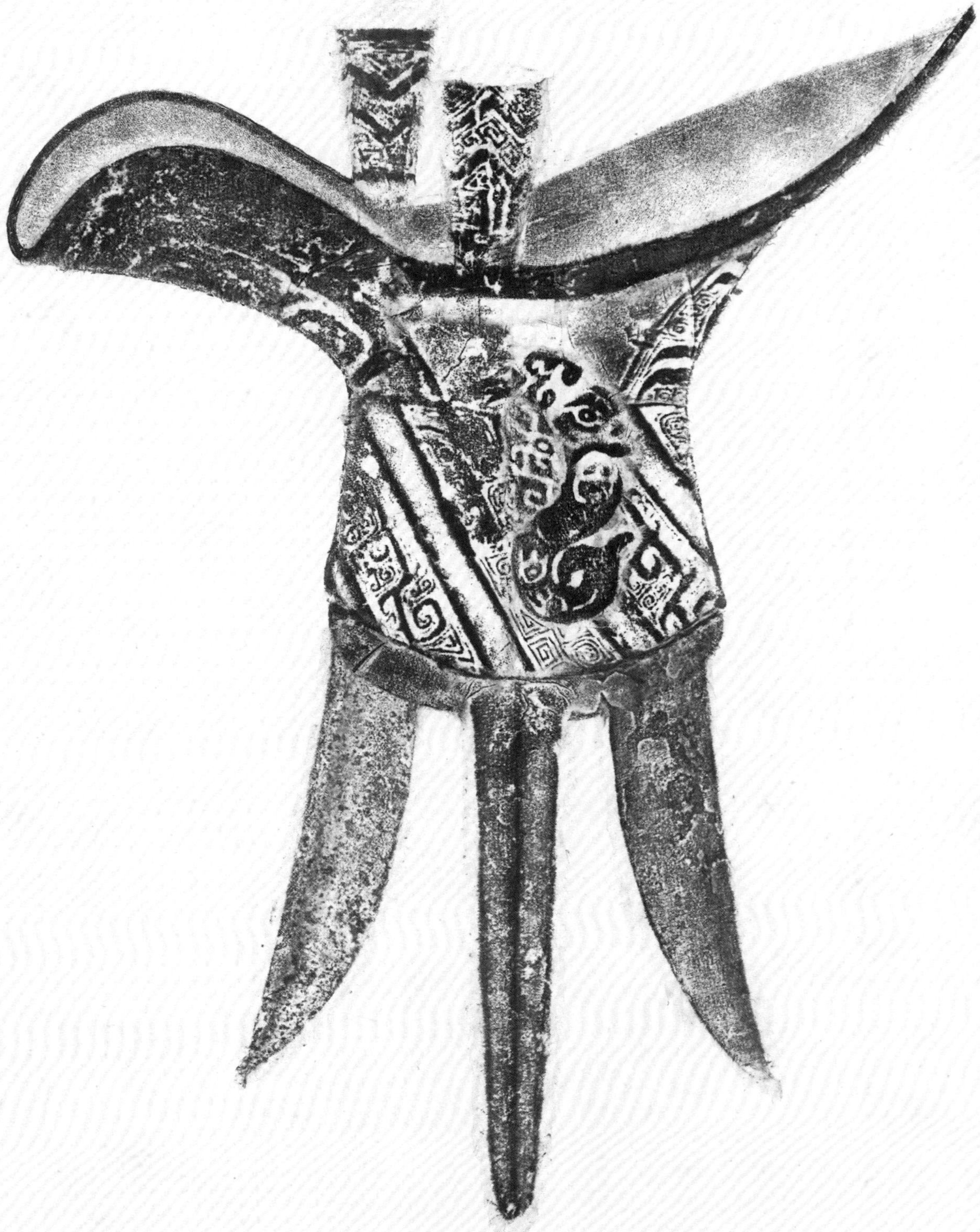

一二二

龍爵（之二）00995.2.36

西周早期

全形拓最大縱橫20.4×15.4釐米

該器現藏：上海博物館

銘文字數：一

《集成》著録編號：七五三三

釋文

龍

附録

饕餮爵（其二）

一字，向左。

參見《簠齋金文題識》頁六一

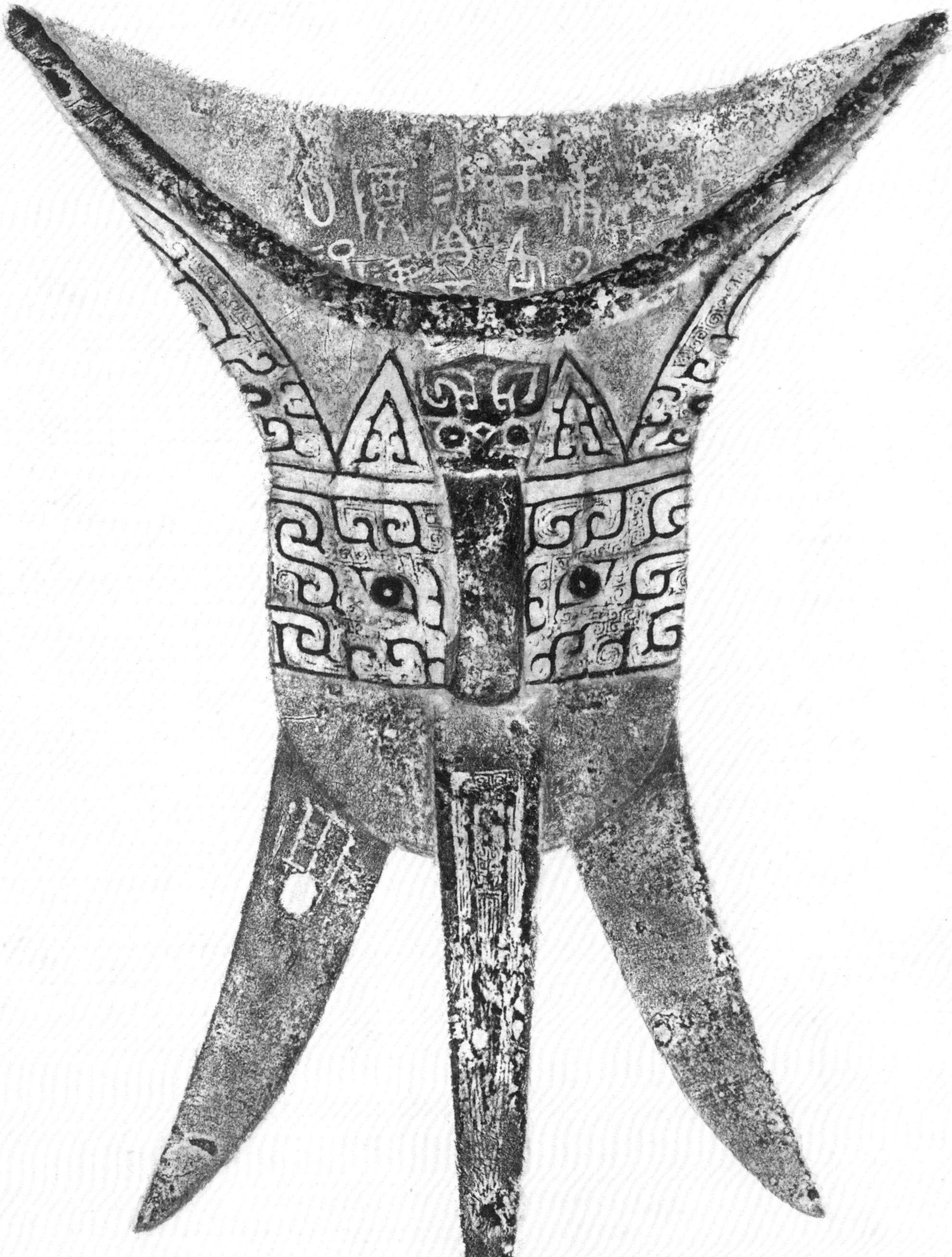

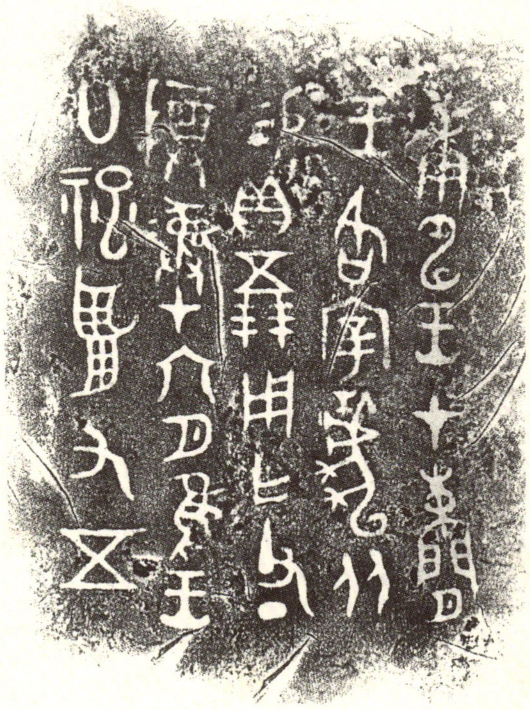

一二二

宰椃角

00995.5.01

商晚期

全形拓最大縱橫24.5×16.4釐米

該器現藏：日本京都泉屋博古館

銘文字數：三一（又合文一）

《集成》著録編號：九一〇五

器内釋文

庚申，王在闌，
王各（格），宰椃從，
錫貝五朋，用作父丁
尊彝。在六月，唯王
廿祀，翌又五。

鋬内釋文

庸冊

附録

宰椃角
器内三十五字，鋬内二字。
揚州阮文達公舊藏，見《揅經室詩》。
椃即敔。
參見《簠齋金文題識》頁四八

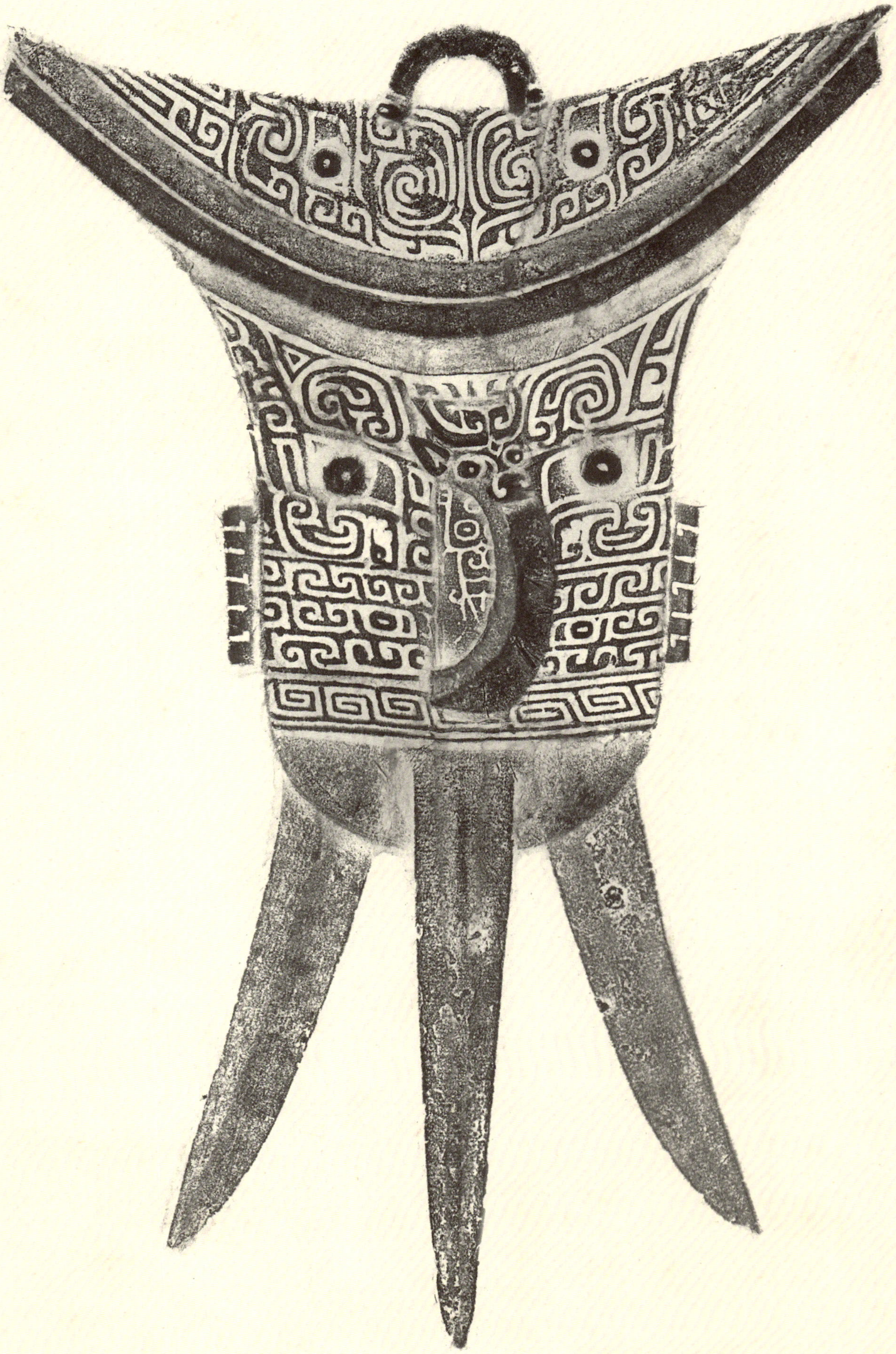

器銘

蓋銘

一二三

葡亞作父癸角

00995.4.37

商晚期

全形拓最大縱橫25×15.8釐米

該器現藏：美國華盛頓弗里爾美術陳列館

銘文字數：一六（蓋、器同銘）

《集成》著録編號：九一〇二

釋文

丙申，王錫葡（箙）亞嚣（唬）奚貝，在臭，用作父癸彝。

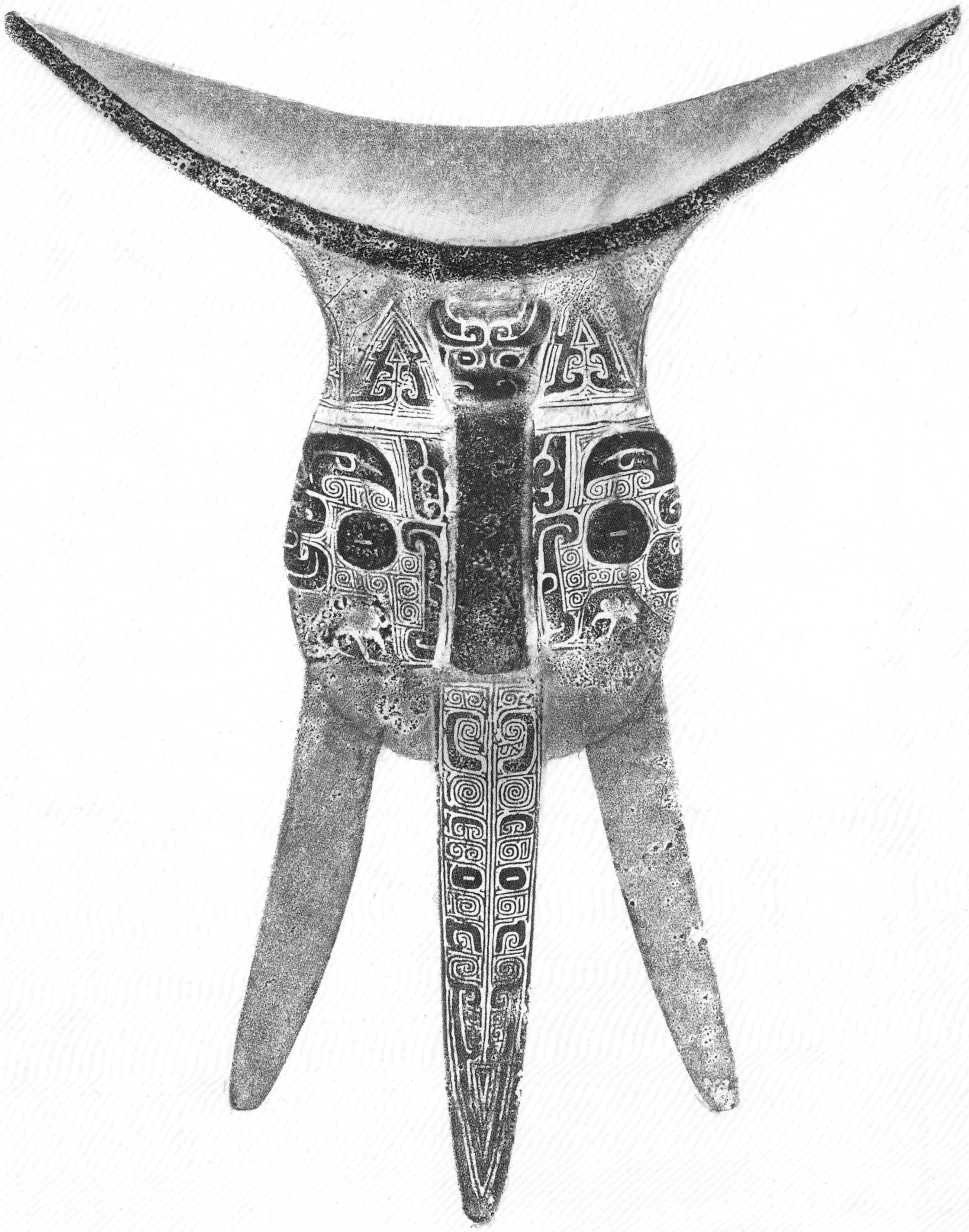

一二四

□父乙爻角

00995.5.02

商晚期

全形拓最大縱横26.4×19.7釐米

銘文字數：四

《集成》著録編號：八八五七

釋文

□

父乙　爻

附録

父乙爻角

五字。

字古，是商。

□字肘有一丨，肘有懸筆，猶後世之橐筆。

二手奉中，史之義也。

參見《簠齋金文題識》頁四八至四九

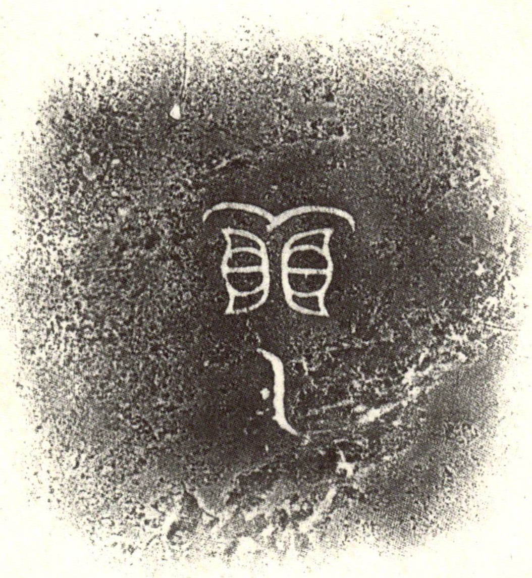

一二五

□乙斝

00995.2.28

商晚期

全形拓最大縱橫32.9×20.3釐米

該器現藏：上海博物館

銘文字數：二

《集成》著録編號：九一八五

釋文

□乙

附録

□乙斝

器如爵而圜，無流角，足似爵。尖足。

二字。

字作眉目形。

周以前。

參見《簠齋金文題識》頁四一

一二六

宁狽父丁斝

00995.2.29

西周早期

全形拓最大縱横33.2×23釐米

該器現藏：故宫博物院

銘文字數：六

《集成》著録編號：九二四二

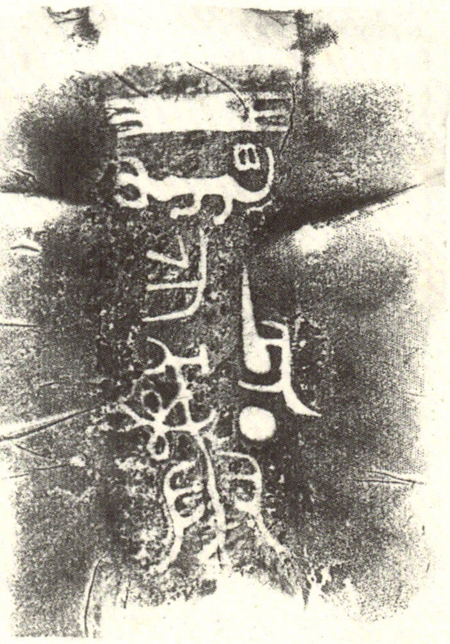

釋文

宁狽 作父丁彝

附録

玨（形）虎父丁斝

款足如鬲鼎，有兩柱及鋬。文在鋬内。六字。

斝未見古字。

斝似非飲器，疑尊卣之屬，或即大斗之名，上吅即兩柱形，下从斗，言其所容與。

參見《簠齋金文題識》頁四〇至四一

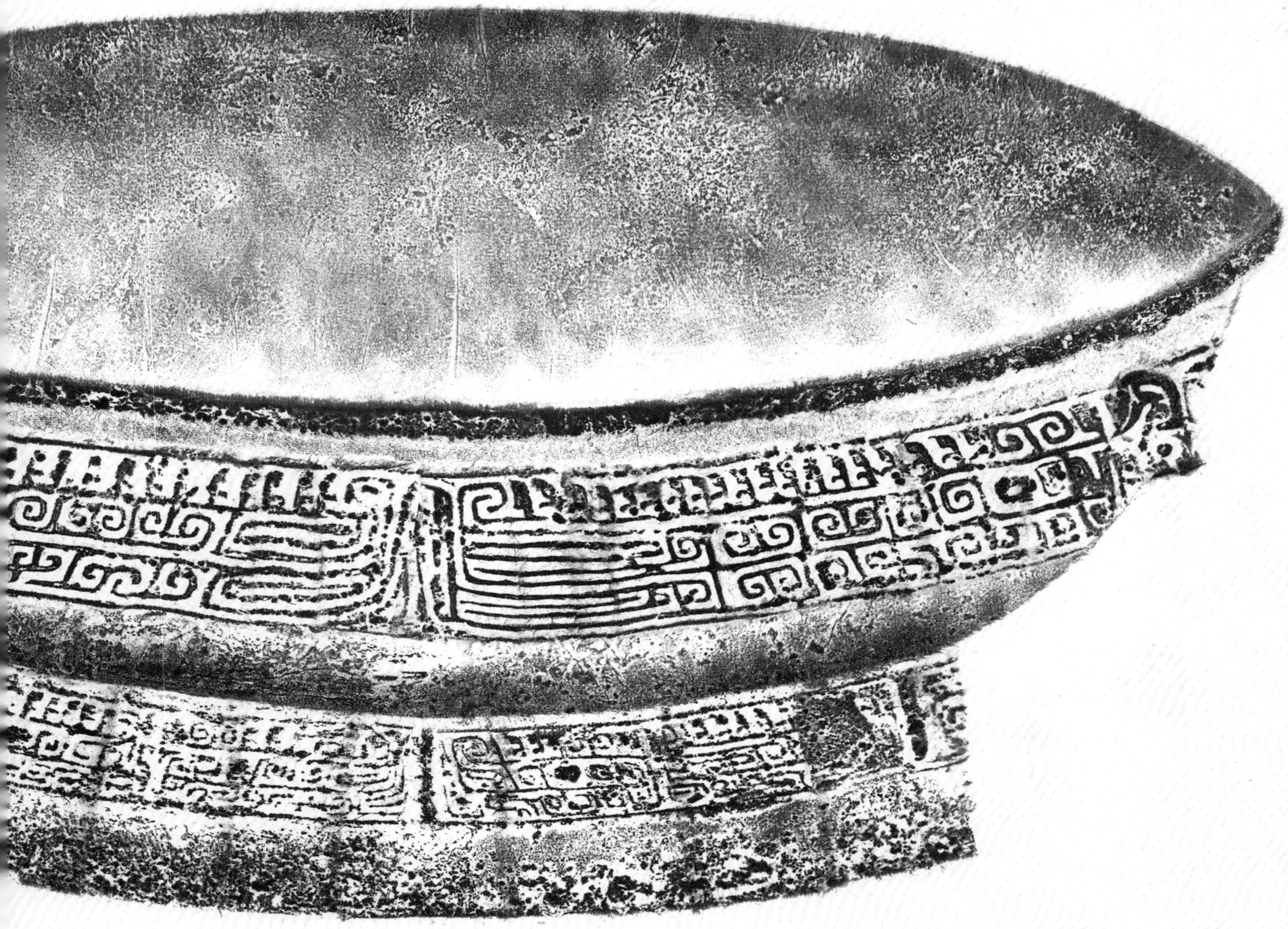

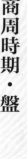

一二七

⿰豸田父盤

00995.2.17

西周早期

全形拓最大縱横 18 × 32.3 釐米

該器現藏：美國波士頓美術博物館

銘文字數：六

《集成》著録編號：一〇〇六八

釋文

⿰豸田父作寶尊彝

附録

緌父盤

六字。

參見《簠齋金文題識》頁六五

一二八

陶子盤

00995.1.08

西周中期

全形拓最大縱横16.6×28.2釐米

該器現藏：上海博物館

銘文字數：一四

《集成》著録編號：一〇一〇五

釋文

陶子或(國)錫匋(陶)
姛金一鈞，用作
寶尊彝。

附録

陵子盤

十四字。

□當是作者名，陵子之臣也。第三字□似國。

參見《簠齋金文題識》頁六四至六五

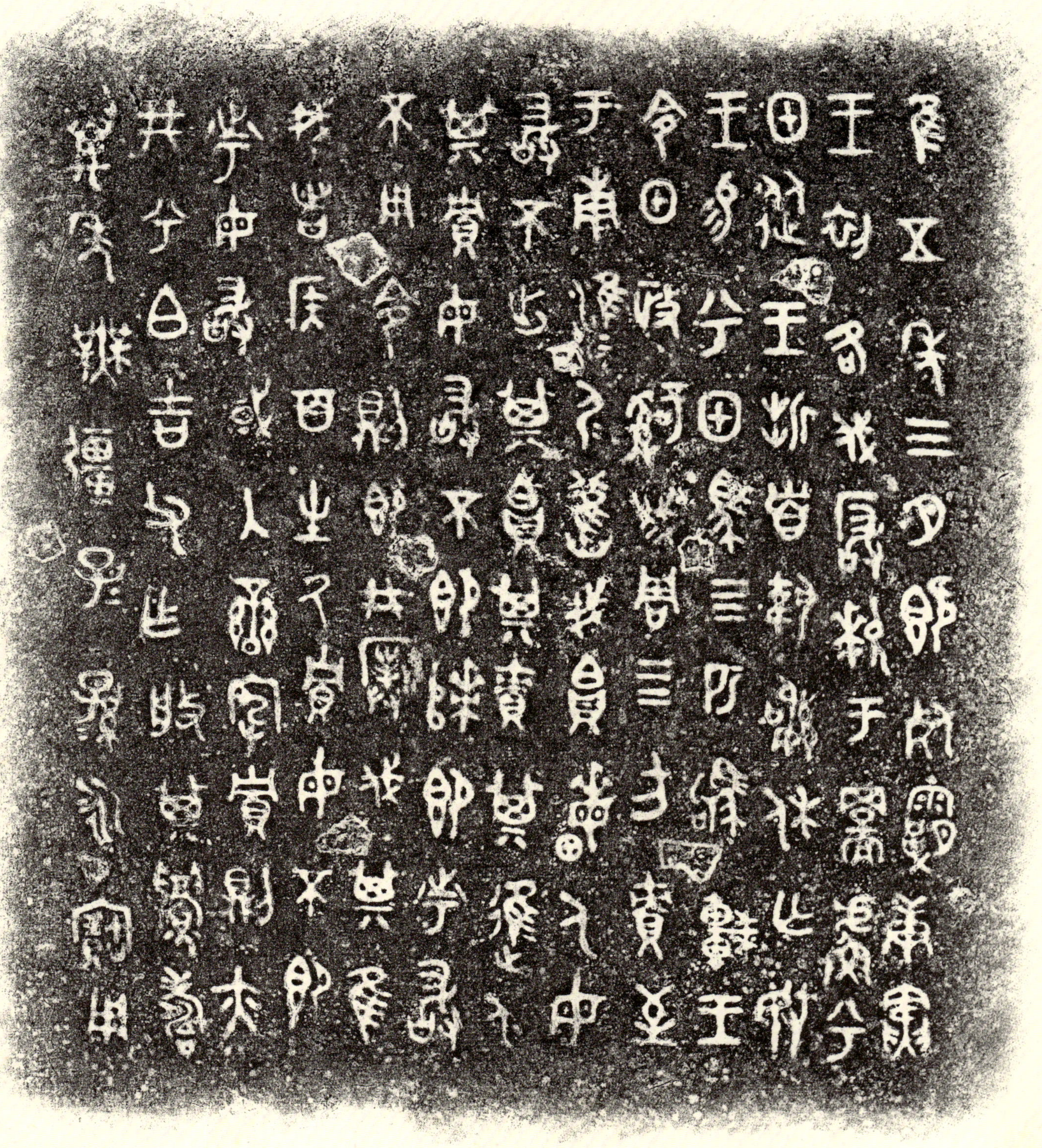

一二九

兮甲盤

00995.1.07

西周晚期

全形拓最大縱横13.2×46.8釐米

銘文字數：一二九（又重文四）

《集成》著録編號：一〇一七四

釋文

唯五年三月既死霸，庚寅，
王初各（格）伐玁狁（狁）于𨸏（彭）𠪚（衙）。兮
甲從王，折首執訊，休，亡敃。
王錫兮甲馬四匹、駒車，王
令甲政𤔲（司）成周四方責（積），至
于南淮夷。淮夷舊（久）我貟（帛）畮（賄）人，毋
敢不出其帛、其積、其進人，
其賈毋敢不即𠂫（次）即市。敢
不用令（命），則即刑撲伐。其唯
我諸侯百姓，厥賈毋不即
市，毋敢或入䜌（闌）宄賈，則亦
刑。兮伯吉父作盤，其眉壽
萬年無疆，子=孫=永寶用。

附録

兮田盤
下半已缺。
一百三十三字。
字類石鼓，宣王時物也。魯誓事文。
出保陽官庫，見元陸友之《研北襍志》。
參見《簠齋金文題識》頁六三

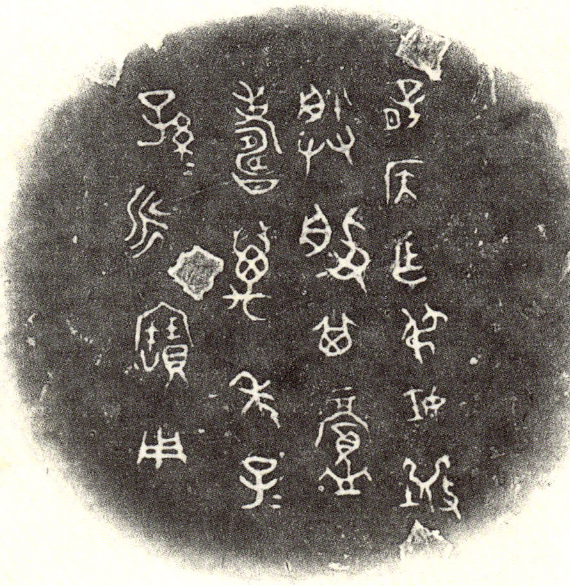

一三〇

薛侯盤 00995.4.26

西周晚期

全形拓最大縱橫24.8×42.7釐米

該器現藏：美國華盛頓賽克勒美術館

銘文字數：一八（又重文二）

《集成》著録編號：一〇一三三

釋文

脺（薛）侯作叔妊𡚸（襄）
媵盤。其眉
壽萬年，子=
孫=永寶用。

一三二

取膚盤

00995.3.18

西周晚期

全形拓最大縱橫18.2×48.5釐米

銘文字數：一七（又重文二）

《集成》著録編號：一〇一二六

釋文

取膚上子商鑄盤，

用媵之麗妃，

子=孫=永寶用。

附録

商臤膚盤

十九字。

臤疑即賢。吳清卿云古取字，即郰古文省。

周以前。

膚疑古膚、盧字省，盧見吉金者不同此。

子上之二當膚之重文，[illegible]，奇字。

參見《簠齋金文題識》頁六四

一三二

取膚匜

0995.3.16

西周晚期

全形拓最大縱橫28.2×42.4釐米

該器現藏：故宫博物院

銘文字數：一七（又重文一）

《集成》著録編號：一〇二五三

釋文

取膚上子商鑄

匜，用媵之麗奻，

子孫=永寶用。

附録

商臤虍（虜）匜

十九字。

虍，盤作虜。

[illegible]當是國名，真古奇字。

參見《簠齋金文題識》頁六五

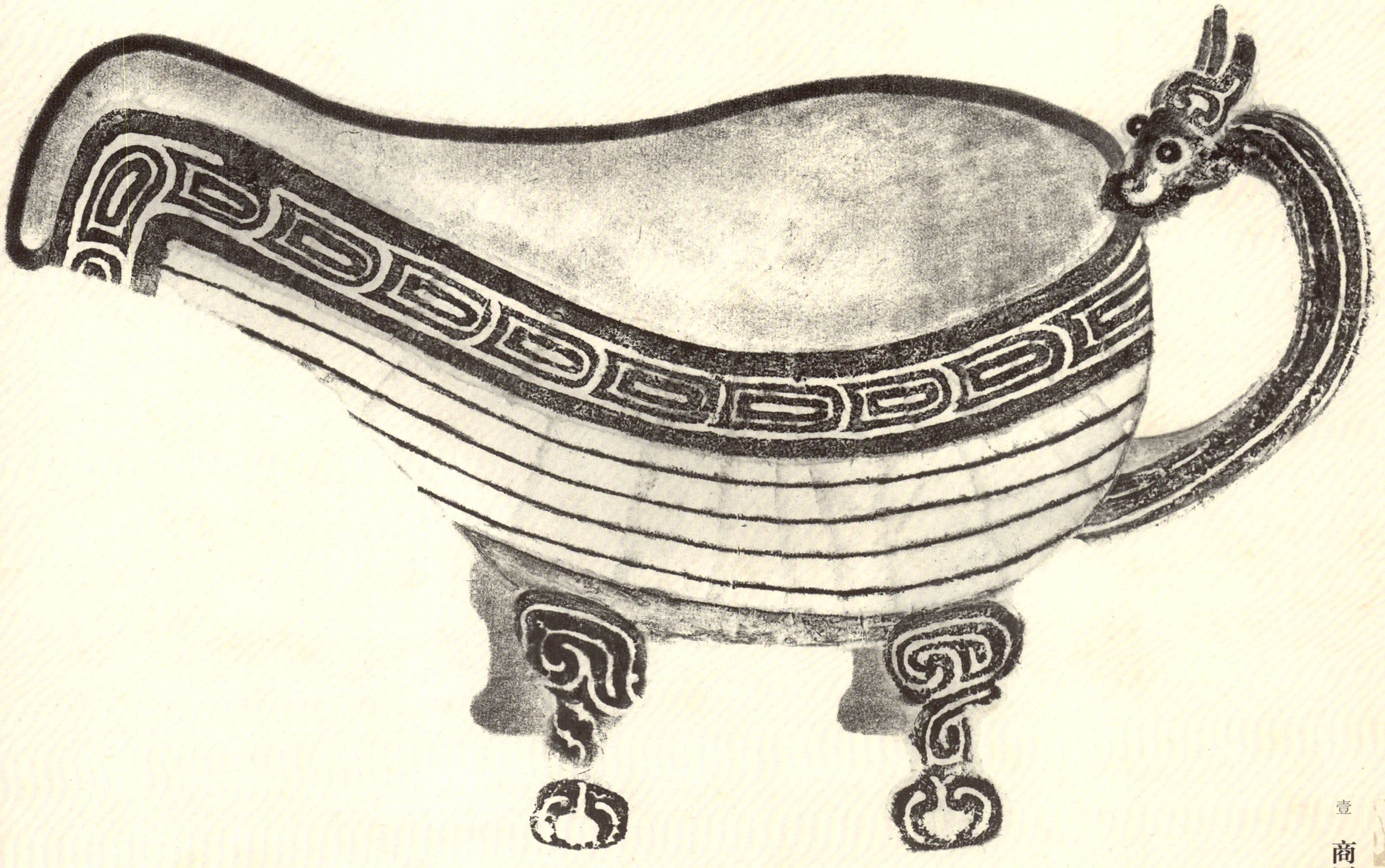

一三三

圅皇父匜

00995.3.17

西周晚期

全形拓最大縱横17.7×27釐米

該器現藏：上海博物館

銘文字數：一三（又重文一）

《集成》著録編號：一〇二二五

釋文

圅皇父作

周娟（妘）匜，其子

孫=永寶用。

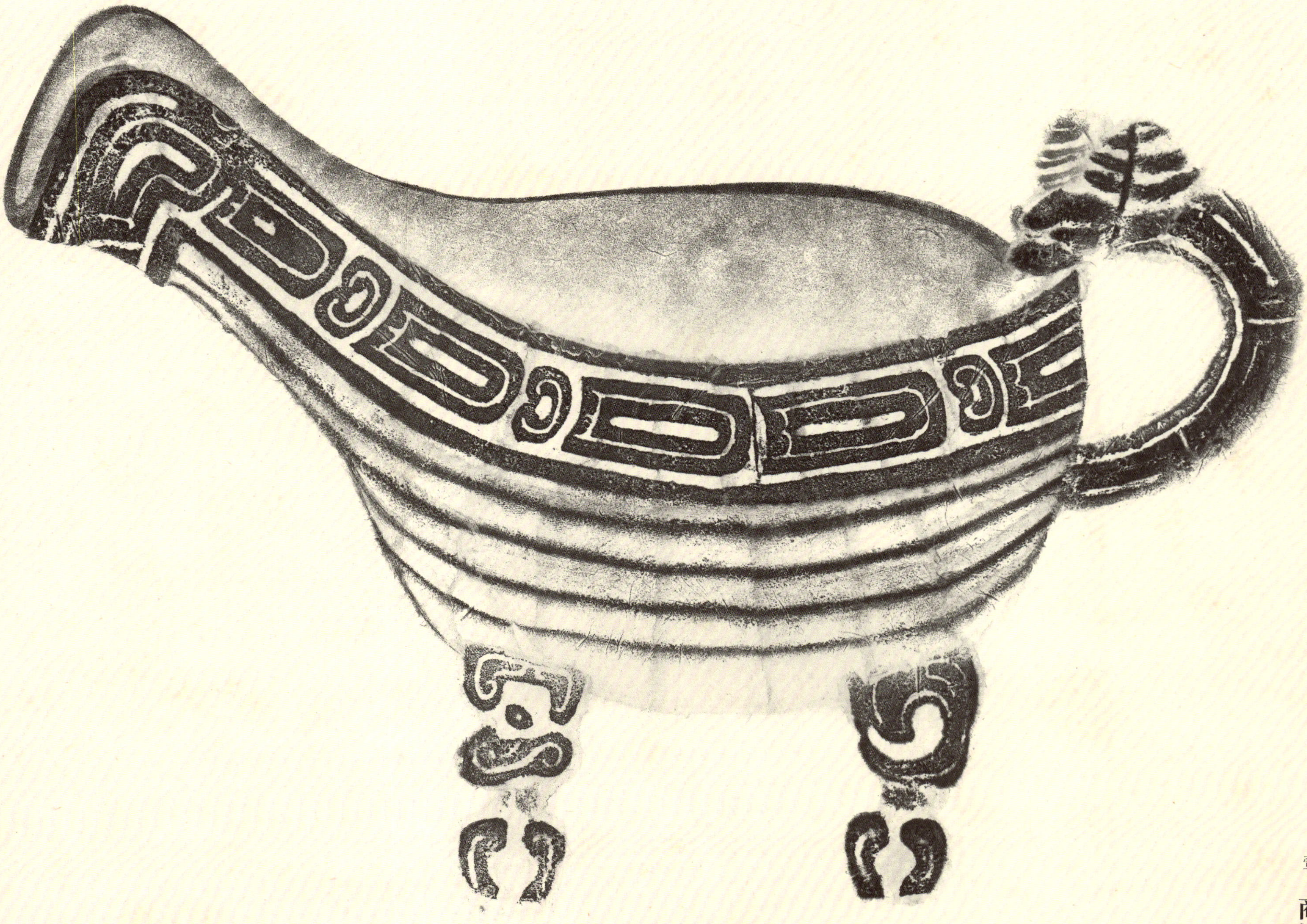

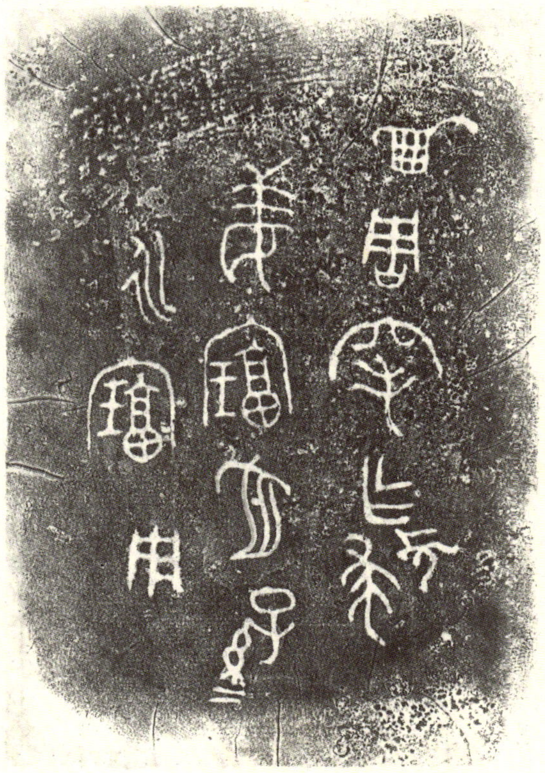

一三四

周窀匜

0995.2.42

西周晚期

全形拓最大縱橫25.4×35.7釐米

該器現藏：上海博物館

銘文字數：一二（又重文一）

《集成》著録編號：一〇二一八

釋文

□，周窀作救

姜寶匜，孫=

永寶用。

附録

周庬匜

十三字。

甲戌易秦量於潘伯寅。

參見《簠齋金文題識》頁六七

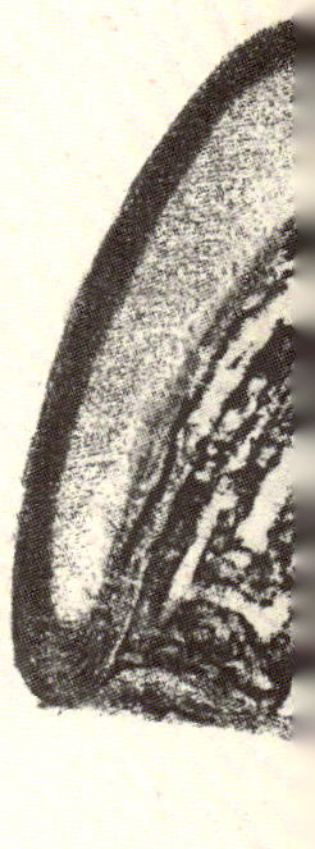

一三五

黃仲匜 00995.1.25

西周晚期

全形拓最大縱橫16.4×28.4釐米

銘文字數：一〇

《集成》著録編號：一〇二一四

釋文

黃仲自作[illegible]

匜，永寶用享。

附録

黃中匜

十字。

參見《簠齋金文題識》頁六六

一三六

史孔卮

春秋

00995.1.23

全形拓最大縱橫10.4×13.3釐米

該器現藏：中國國家博物館

銘文字數：九（又重文二）

《集成》著録編號：一〇三五二

釋文

史孔作

枳（卮），子=孫=

永寶用。

附録

史孔和（盉）

和即盉而小，無蓋足。

十一字。

得之濰市。

參見《簠齋金文題識》頁三八

一三七

谷⿱器皿器皿

00995.2.27

戰國

全形拓最大縱横35.9×26.8釐米

銘文字數：九

《集成》著録編號：一〇五七九

釋文

谷（?）⿱器皿（器）不

而由其

釿（欽?）

廿一

附録

欽罍

七字，下又有廿一字，是後刻紀數字。

字奇，多不可識，以末一字名之。罍之器見於閻皇父毁，而齊侯罍文中則名鉼，器文中亦未見罍字名者，姑名之以俟考。器亦不甚似酒器。

關中寄。

参見《簠齋金文題識》頁三九

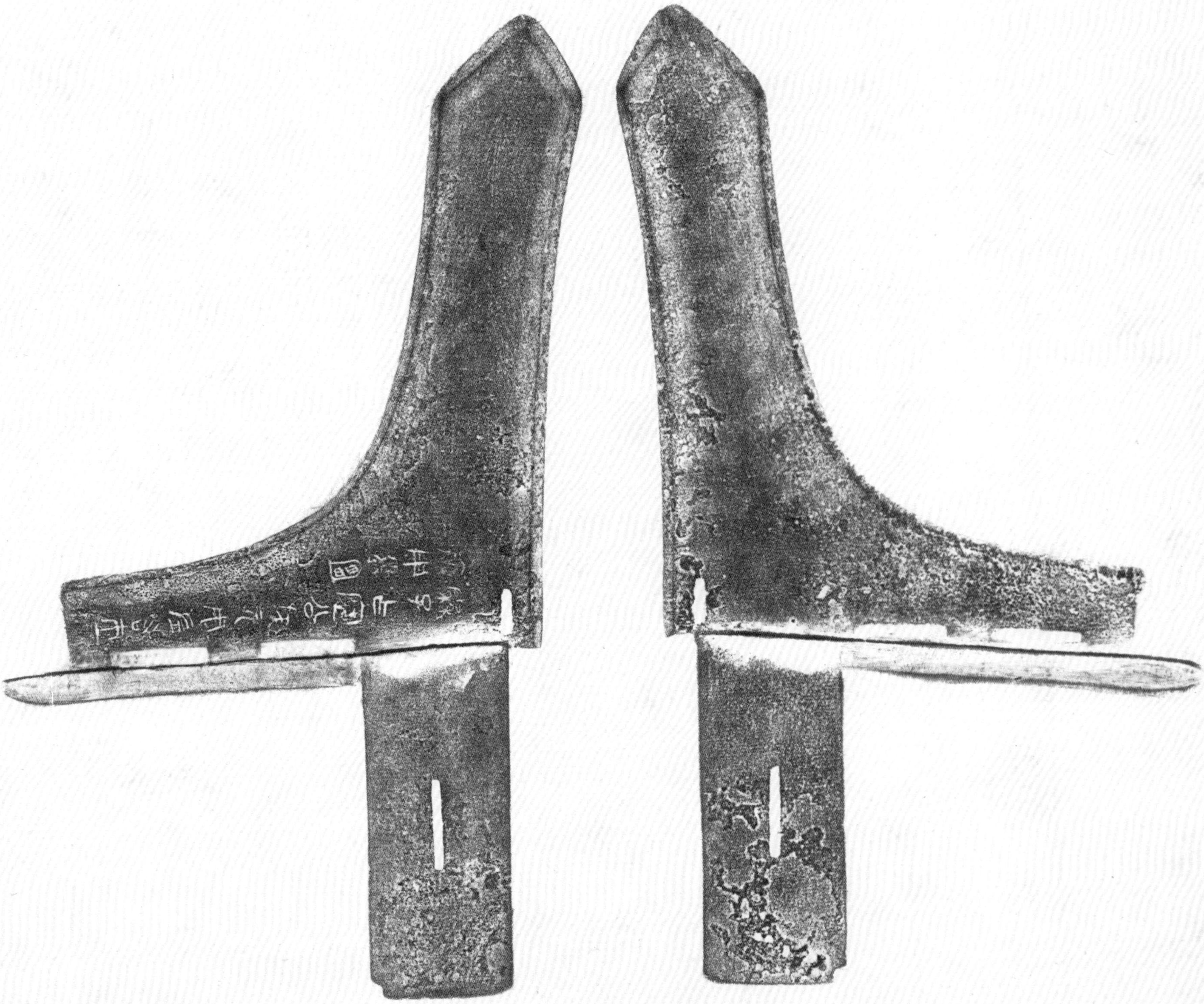

一三八

秦子戈

00995.5.21

春秋早期

全形拓最大縱橫20×11.3釐米（兩面同）

該器現藏：廣州市博物館

銘文字數：一五

《集成》著録編號：一一三五三

釋文

秦子作⿱穴造（造）公族元用，左右市（匝）⿰魚夫（夾），用膌（逸）宜。

附録

秦子戈

十五字。

伯益七世孫非子事周孝王，封爲坿庸，而邑之秦。平王東遷，襄公以兵送之，王封襄公爲諸侯，此曰秦子，或襄公之器與。

參見《簠齋金文題識》頁七八

一三九

二年戈

00995.5.19

戰國早期

全形拓最大縱橫21.9×11.8釐米（兩面同）

銘文字數：一七（又合文一）

《集成》著録編號：一一三六四

釋文

二年，宔（主）父攻（工）正明義、

左工師郾許、馬童丹所爲。

虎奔（賁）

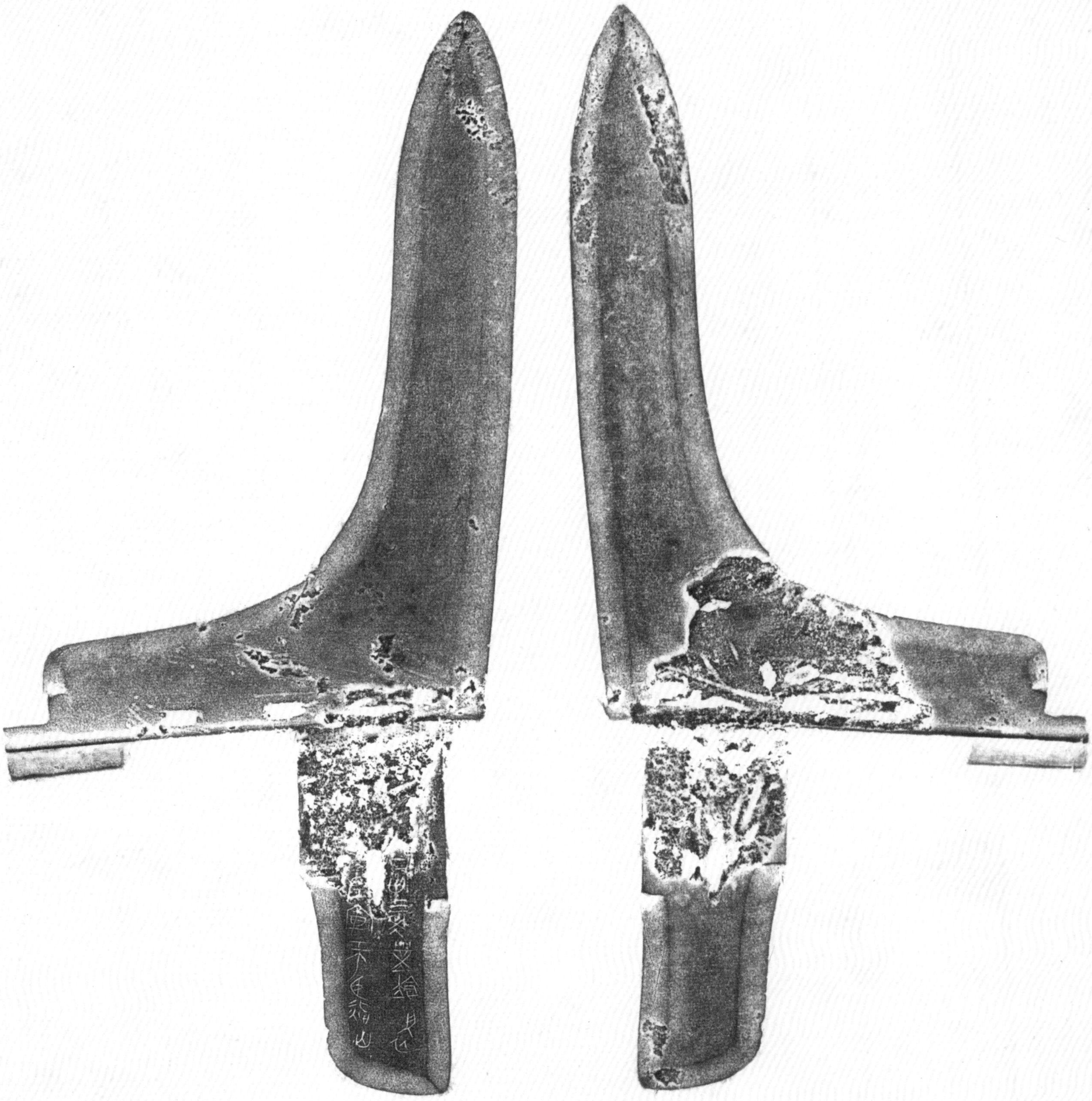

一四〇

卅三年業令戈

00995.5.20

戰國早期

全形拓最大縱橫24.5×11釐米（兩面同）

銘文字數：存一二（又合文一）

《集成》著録編號：一一三一二

釋文

卅三年，業（鄴）令衺（瘍）、

左庫工師臣冶山

附録

卅三年戈

存十二字，餘掩於青緑。

參見《簠齋金文題識》頁七六

一四一

仕斤徒戈

00995.5.22

戰國早期

全形拓最大縱横25.5×9釐米（兩面同）

銘文字數：四

《集成》著録編號：一一〇四九

釋文

仕斤徒戈

附録

[illegible][illegible][illegible]戈

四字。

翟文泉年丈賜物，後又得一齊出銅合符鉤，
文曰圭[illegible][illegible]，余謂[illegible]从有人有土，與圭之
省寸，并是封字，封㡉自是人名。
山左土物。

参見《簠齋金文題識》頁八二

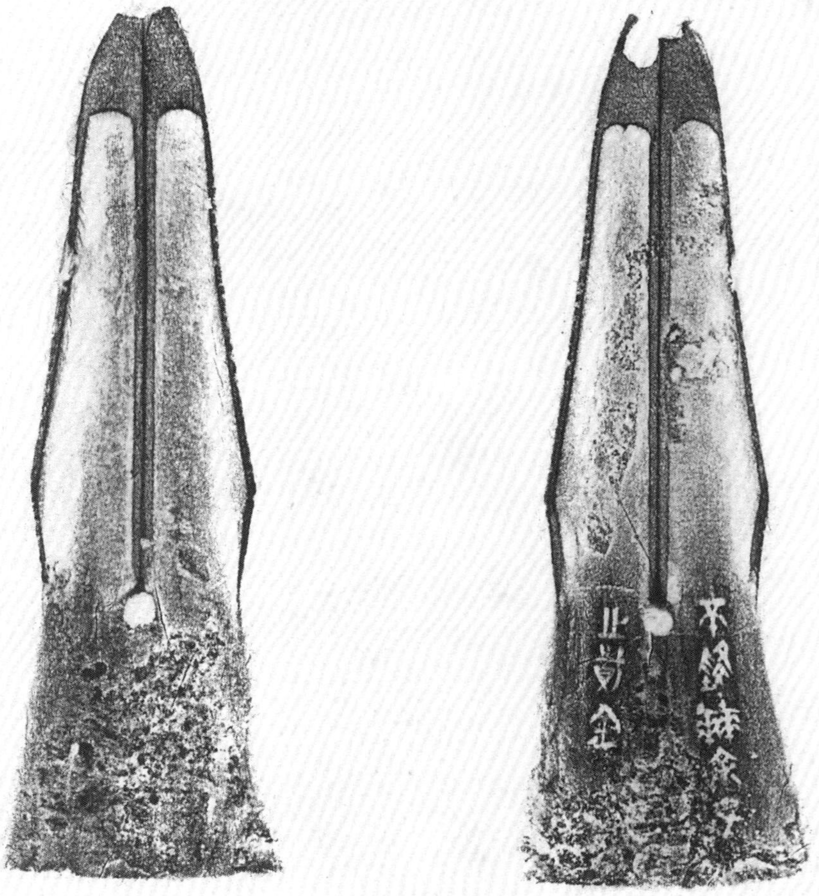

一四二

不降矛

00995.5.23

戰國

全形拓最大縱橫11.9×3.7釐米（兩面同）

銘文字數：八

《集成》著錄編號：一一五四一

釋文

不降棘余子
之貲金

附録

帝降矛
八字。
降下或是貲字。
山左土物。
參見《簠齋金文題識》頁九一至九二

贰

秦漢時期

中國文化遺産研究院藏陳介祺吉金全形拓精選集

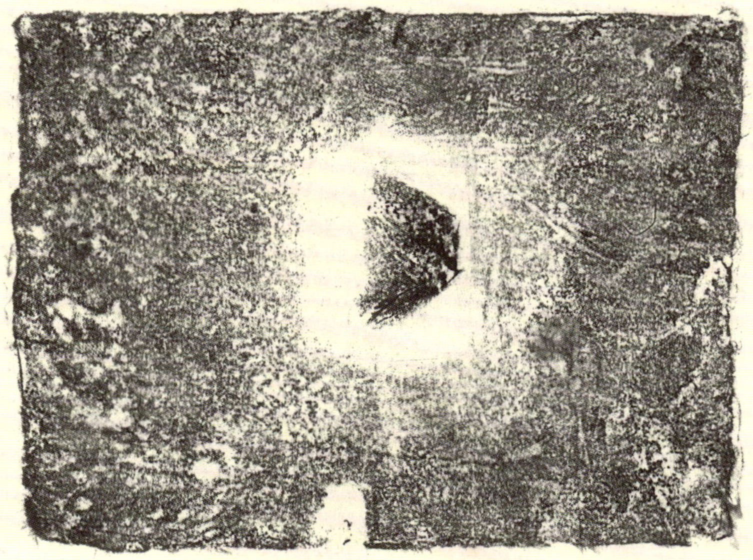

一四三

秦二世銅詔版

00995.5.24

秦二世

全形拓最大縱横7.4×9.6釐米

銘文字數：六〇

《商周青铜器铭文暨图像集成》著録編號：一八九五一

釋文

元年制詔，丞相斯、
去疾，灋（法）度量，盡
始皇帝爲之，皆有
刻辭焉。今襲號，
而刻辭不稱
始皇帝，其於久遠
也，如後嗣爲之者，
不稱成功盛德，
刻此詔，故刻左，
使毋疑。

一四四

陽朔二年上林鼎 0095.4.01

西漢陽朔二年（公元前23年）

全形拓最大縱橫20.1×22.3釐米

銘文字數：三五（蓋七、器二八）

《秦漢金文彙編》（以下簡稱《秦漢》）

著録編號：六三

蓋釋文

上林第二百六十

器釋文

上林銅鼎，容一斗，重九斤十兩，陽朔二年三月工錯駿造，七百合第四百。

附録

上林鼎

陽朔二年，西漢成帝十年戊戌。上林，上林苑。《史記·始皇紀》乃營作朝宮渭南上林苑中。《漢舊儀》其中離宮七十所。器廿八字，曰十百第四百，一千之四百也。蓋七字，曰二百六十，非一而合也。

參見《簠齋金文題識》頁一〇六

一四五

永始三年乘輿十湅鼎

西漢永始三年（公元前14年）

00995.5.25

全形拓最大縱橫23.6×28.8釐米

銘文字數：四八（重文一）；另有細文「酉」字二，「貝」字一

《秦漢》著録編號：六六

釋文

乘輿十湅銅鼎，容二斗并重十八斤。永始三年考工=蒲造，佐臣立，守嗇夫臣彭，掾臣開主，守右丞臣光，令臣禁省，第二百八十。

附録

乘輿十湅銅鼎

永始三年，成帝十九年丁未所作。細文貝字一，酉字二，共五十二字。

此漢至佳之器。

参見《簠齋金文題識》頁一〇六至一〇七

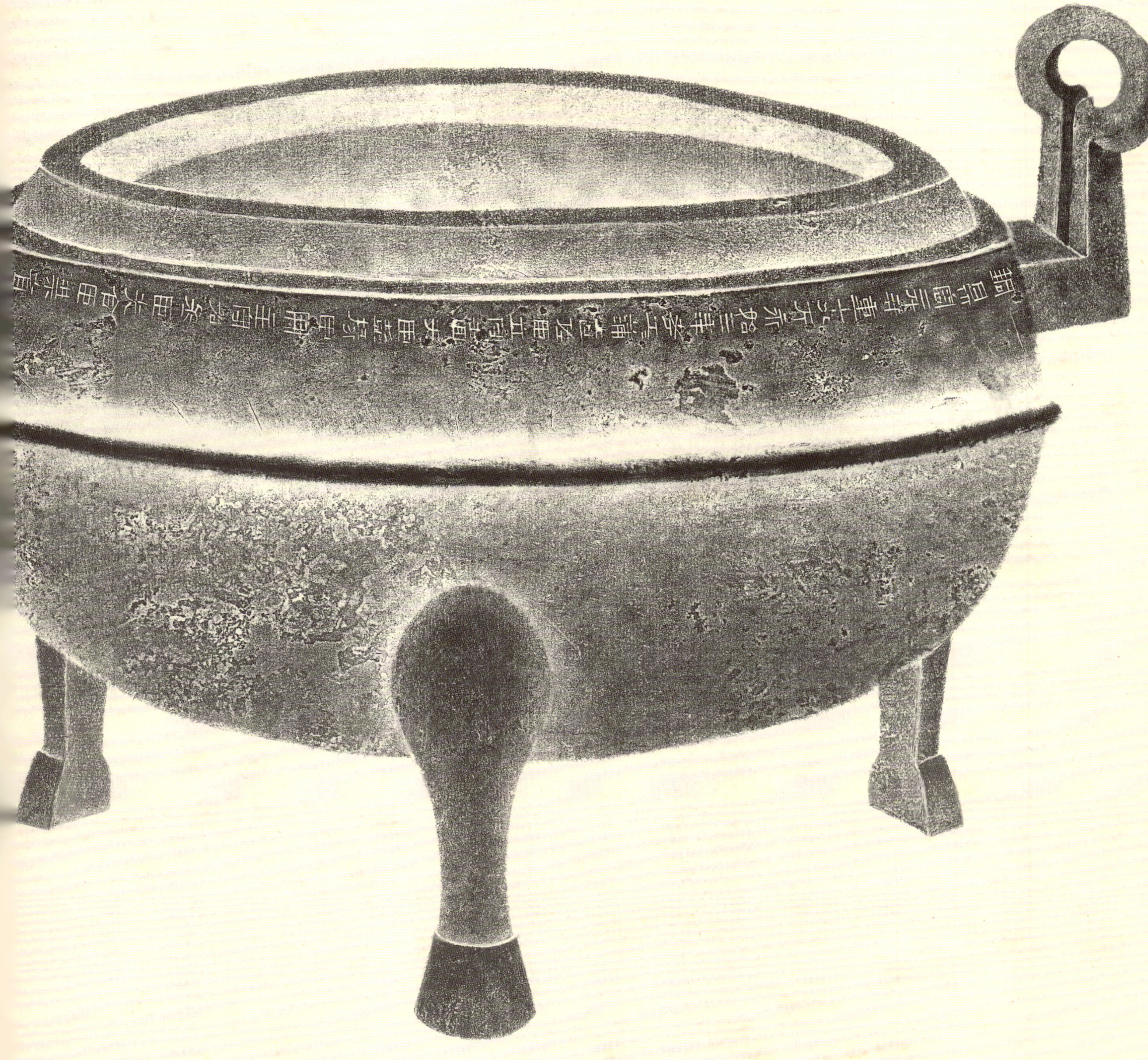

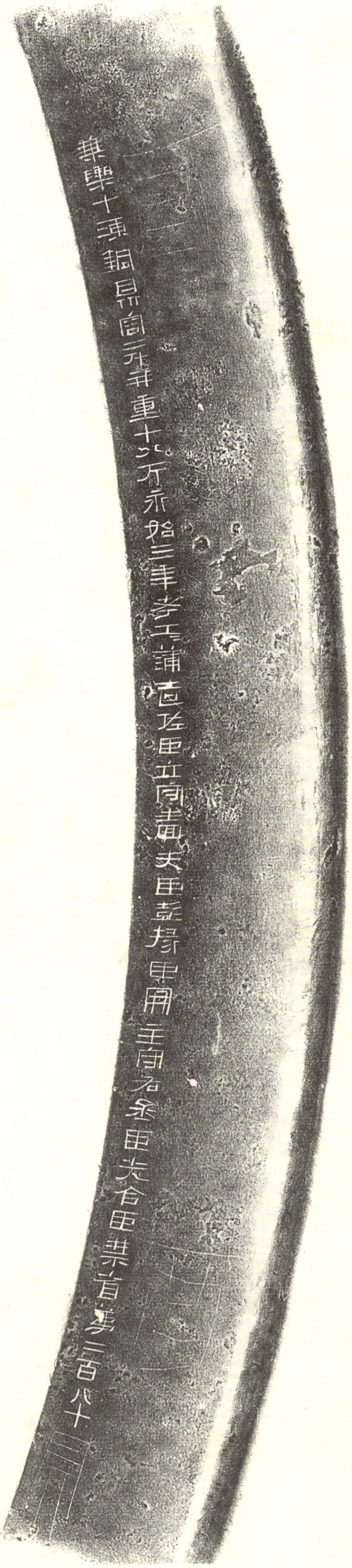

一四六

陽周倉金鼎

00995.4.02

漢

全形拓最大縱橫22.5×28.3釐米

銘文字數：一九

《秦漢》著録編號：一三八

釋文

陽周倉金鼎，重十四斤十三兩，容二斗一升半升。

附録

陽周倉金鼎

陽周侯劉賜，淮南厲王子，文帝八年封，此其量鼎。十九字。

參見《簠齋金文題識》頁一〇八

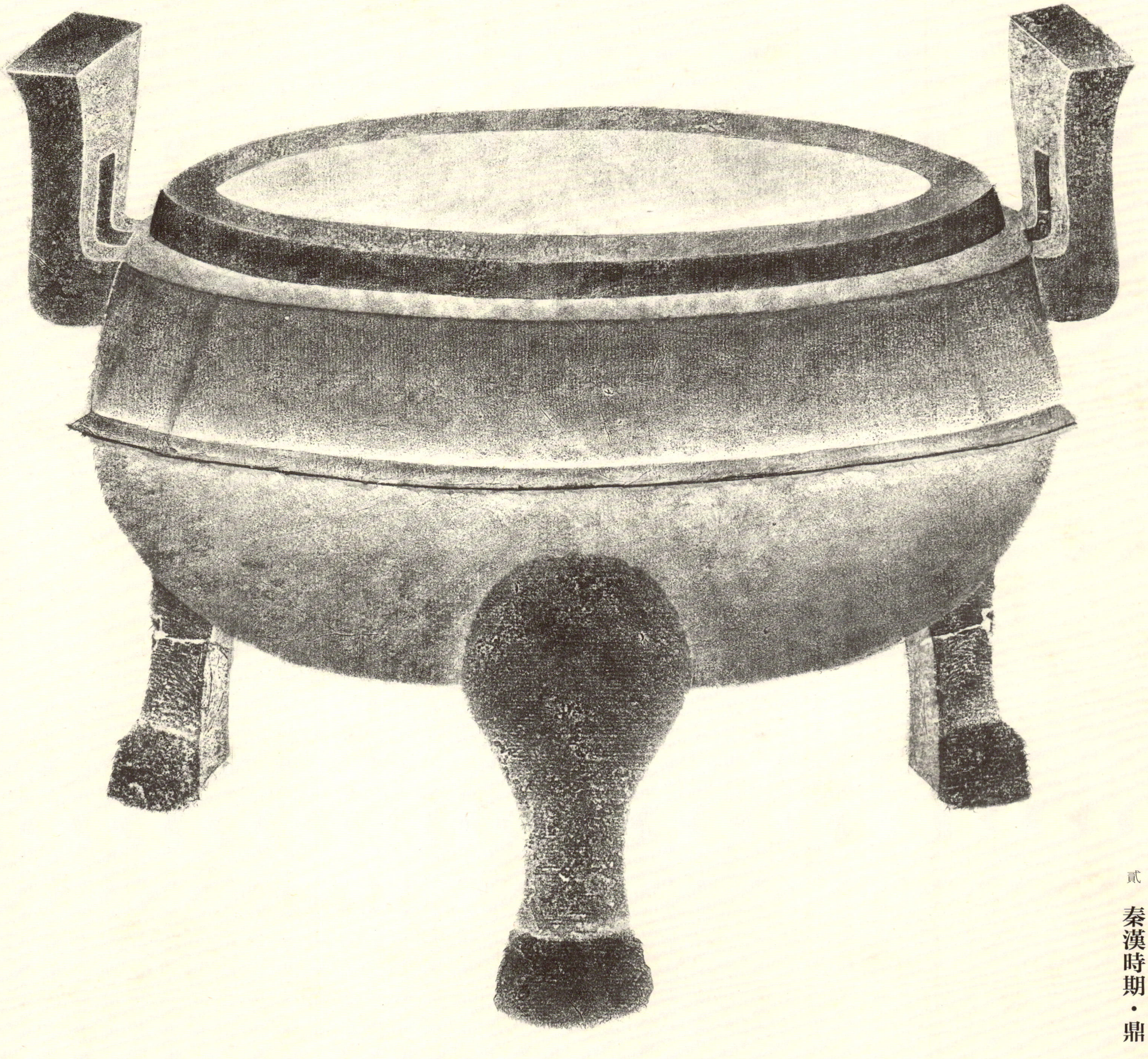

一四七

第七平陽共鼎

00995.4.03

漢

全形拓最大縱橫24×25.5釐米

銘文字數：一八

《秦漢》著録編號：一三三

釋文

第七平陽共鼎，一合容二斗并重十三斤二兩。

一四八

安成家鼎蓋

00995.4.05

漢

全形拓最大縱橫7×17.5釐米

銘文字數：一六（蓋）

《秦漢》著録編號：一三六

釋文

安成家銅鼎，容一斗，蓋重十五斤，第十六。

附録

安成家銅鼎

家，侯家，安成侯劉蒼。器十九字，第十五至第十六，或所容同。蓋十六字，不曰十五。器後十年得。

參見《簠齋金文題識》頁一〇八

一四九

杜鼎蓋

漢

00995.4.04

全形拓最大縱横6.5×17.4釐米

銘文字數：二二

《秦漢》著録編號：一四三

釋文

杜共第百五十五鼎蓋，重二斤，名曰

百五十五。

宜共二斤。

附録

杜共鼎蓋

杜即杜陵縣。宜，宜陽縣。先杜而後宜與。

名曰百五十五，亦多矣。二十二字。杜，杜

陵，宣帝陵。

參見《簠齋金文題識》頁一〇六

一五〇

犛車宮鼎

00995.5.26

漢

全形拓最大縱橫16.5×21釐米

銘文字數：一四

《秦漢》著録編號：一一三

釋文

犛車宮鼎，容一斗，重八斤八兩，名衣。

附録

犛車宮鼎

十四字。

宮名未詳。車宮見《周禮·掌舍》。犛即《漢志》右扶風漦縣。《周禮·樂師》注：旄，氂牛之尾。余藏封泥有犛丞，是从毛，而誤出此キ似牛與。《銘文》或作犛，合。名衣，衣或鼎名，如甲酉文與。

參見《簠齋金文題識》頁一〇五

一五一

廢丘鼎蓋

00995.4.06

漢

全形拓最大縱橫9.7×19.7釐米

銘文字數：一二

《秦漢》著録編號：一〇八

釋文

廢丘，一斗少半斗，重三斤，甲四。

附録

廢邱鼎蓋

項籍以章邯爲雍王，都廢邱，高祖三年，更名槐里，此或是章邯器。十二字。

參見《簠齋金文題識》頁一〇七

一五二

臨菑鼎

00995.5.27

漢

全形拓最大縱橫20.6×23.9釐米

銘文字數：一〇

《秦漢》著録編號：九四

釋文

臨菑，斗五升，十一斤十兩。

附録

臨菑鼎

項羽封田都臨菑王，此或其器。九字。

山左土物。

參見《簠齋金文題識》頁一〇七

一五三

孝文廟甗鍑、漁孝廟甑

0995.5.28

西漢

甑鍑全形拓最大縱横分别爲11.3×14.7釐米、10.7×15釐米

銘文字數：十九（甑三、鍑十六）

《秦漢》著録編號：一五一

甑釋文

漁孝廟

鍑釋文

孝廟

漁陽郡孝文廟銅甗鍑，重四斤七兩。

附録

漁陽郡孝文廟銅甗鍑

鍑十六字，甑三字，鼎失。

景帝末收漁陽郡時所造也。《史記・文帝本紀》，景帝元年十月詔御史爲文帝廟昭德舞，丞相嘉等請郡國諸侯各爲文帝立太宗之廟，此漁陽郡所以有孝文廟也。同治己巳得泰山前出土漢鼎，內深如盂，外有輪，尚存一甑，始知此二器爲甗鼎之用，鍑以受米，甑鼎重湯烝之，唯甑名未定。

參見《簠齋金文題識》頁一〇九

漁孝廟甑

即甑，《説文》甗、甑互訓。制如圜合，平底，中出輪，上有口，輪合鼎口，口容鍑足。余見泰山下出全器，始知之，文三字。

參見《簠齋金文題識》頁一〇九至一一〇

另有《西漢漁陽郡孝文廟銅甗鍑并甑考》，見《簠齋金文考》頁九五至一一

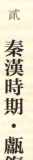

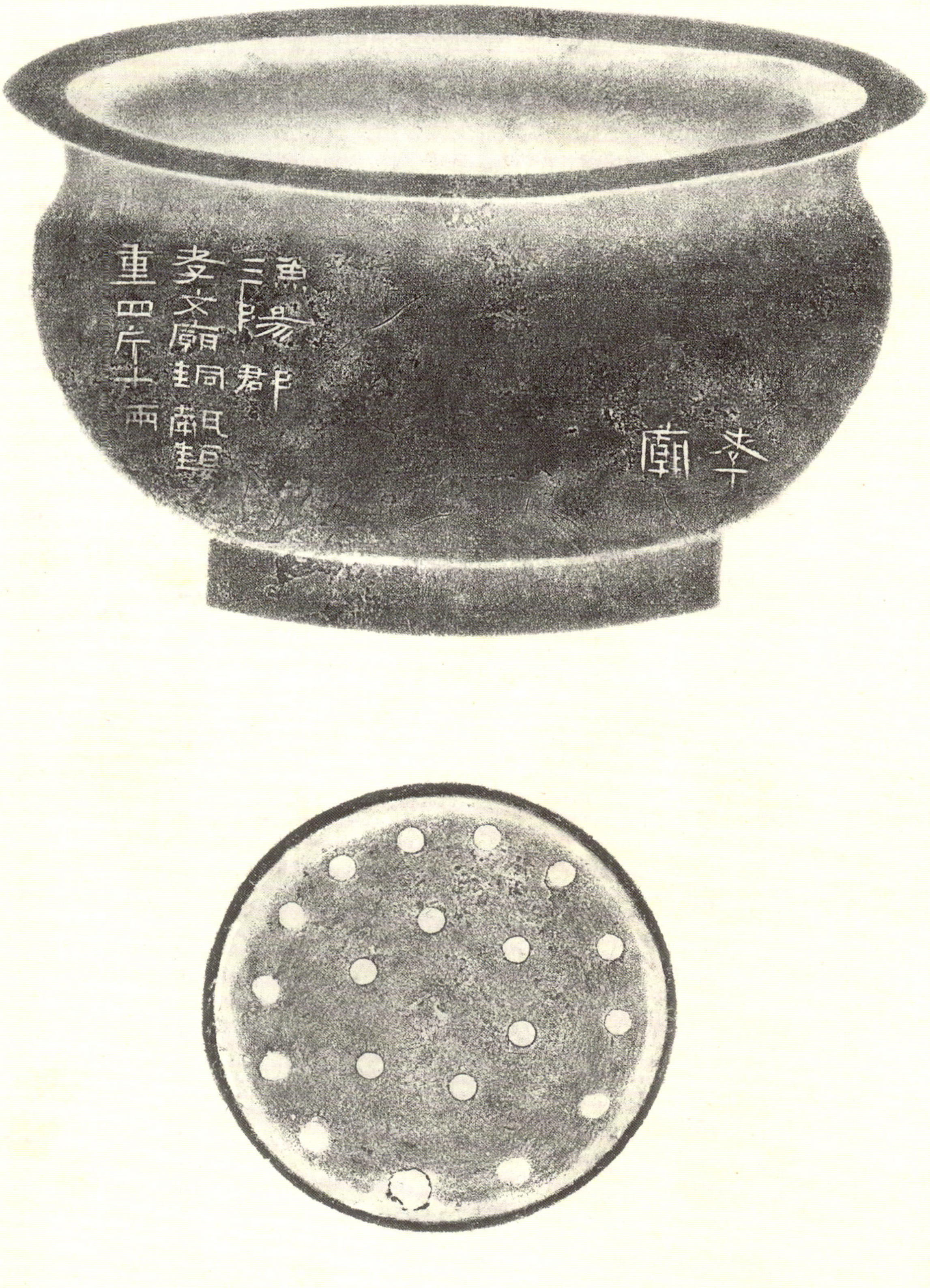
漁陽郡
孝文廟銅甗鍑
重四斤十兩
孝廟

一五四

池陽宮行鐙 00995.4.35

西漢甘露四年（公元前50年）

全形拓最大縱橫8.6×23.7釐米

銘文字數：二九（又前右足下一「莊」字）

釋文

池陽宮銅行鐙，重二斤六兩，甘露四年工虞德造，守屬陽瀫邑丞聖佐博臨。

附録

池陽宮行鐙

三十字。

宮在池陽南上原之阪，宣帝二十四年辛未作。劉燕庭有詩，張石匏、鮑子年和之，皆未見足下莊字。

宣帝二十四辛未所作也。東武劉燕庭方伯得之青門，刻入《長安獲古編》，長歌紀之，曰二十有九言，未及足下莊字，余作圖時，次子厚滋始辨得之，因賦句坿張石匏、鮑子年和詩後：足下鑿文諦曰莊，勒名取義兩難詳，當年原文猶疏略，一字縑留此日償。

參見《簠齋金文題識》頁一一七

池陽 宮銅 行鐙 重二 斤六兩 甘露 四年 工虞德造守屬陽瀫邑丞聖佐博臨（篆書二十九字，十四行，行二字，五行三字。又前右足下一「莊」字。共三十）。

參見《漢鐙考記》稿本，中國文化遺産研究院藏

一五九

臨虞鐙（之二）00995.4.09

西漢元延四年（公元前9年）

全形拓最大縱橫50.7×19.6釐米

銘文字數：三六

《秦漢》著録編號：三四二

釋文

臨虞宮銅鐙，高二尺，重十六斤四兩，元延四年正月，工張博造，掾武守令史寶主解，右尉賢省。

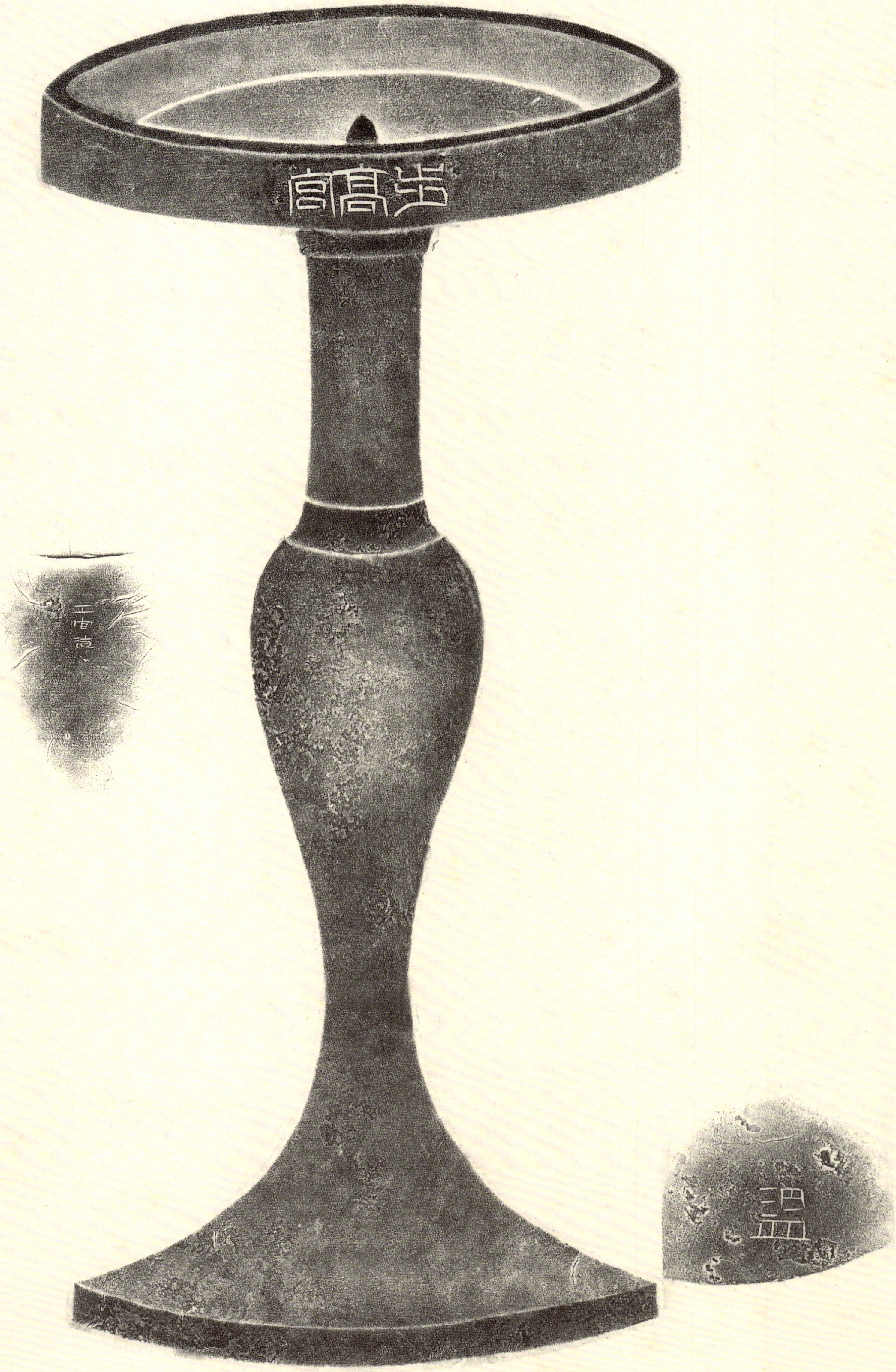

一六〇

步高宮鐙

00995.3.19

漢

全形拓最大縱橫36.6×16.6釐米

銘文字數：七

《秦漢》著録編號：三六三

釋文

步高宮

工官造

溫

附録

步高宮鐙

七字。

步高宮在新豐縣，亦名市邱城。

溫，宮之溫室，工官見《漢・地志》。

參見《簠齋金文題識》頁一一四至一一五

步高宮（篆書三，平列在上架），工官造（隸書三，直行在中），溫（隸書一，在下。共七）。

參見《漢鐙考記》稿本；《簠齋金文考・漢鐙考記》頁四〇

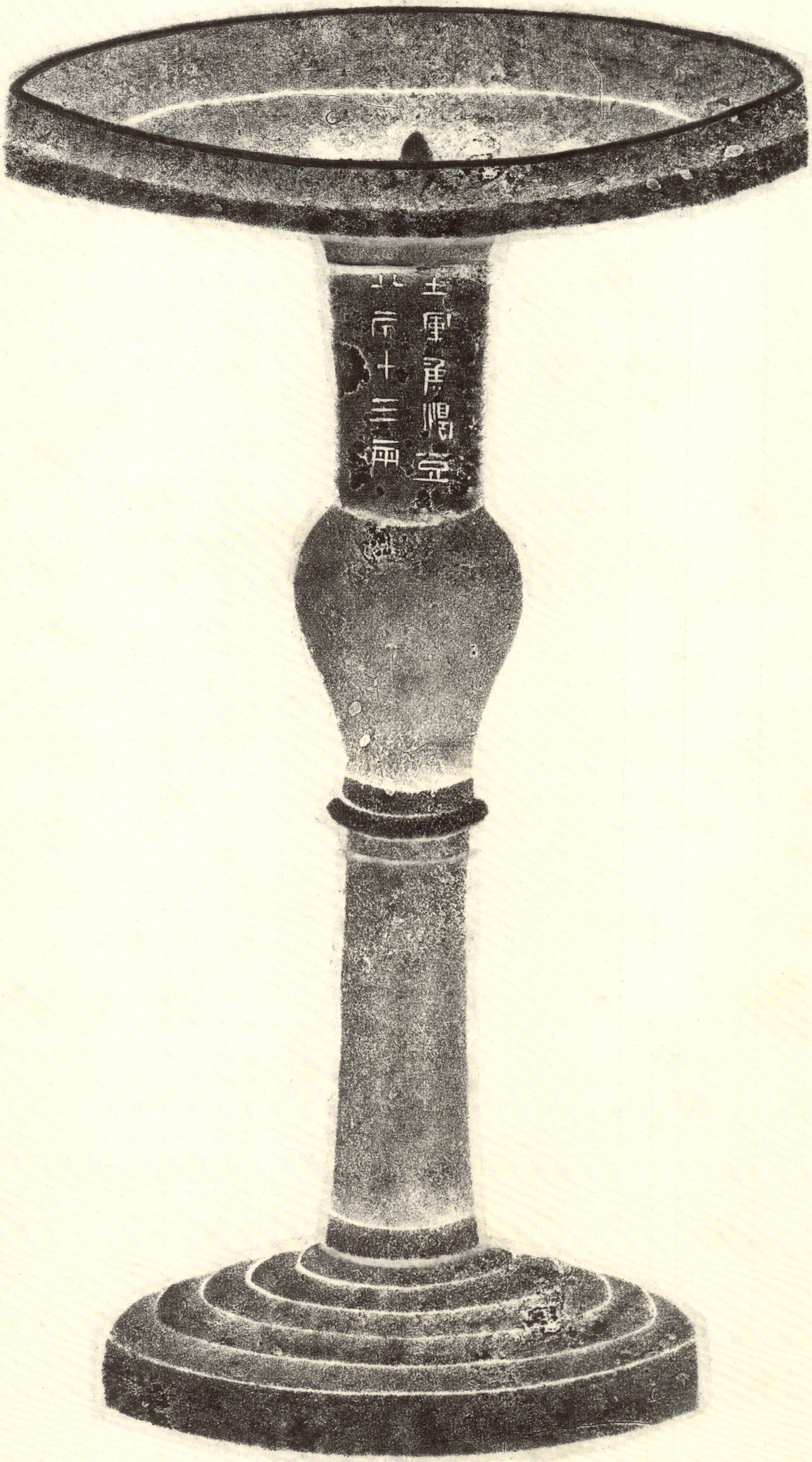

一六一

土軍侯燭豆 00995.4.11

西漢

全形拓最大縱横33.6×17.9釐米

銘文字數：一〇

《秦漢》著録編號：三六六

釋文

土軍侯燭豆，八斤十三兩。

附録

土軍侯燭豆

十字。

高鐙也。豆，登也。土軍侯宣義，高帝封；劉郢客，武帝封。

縣屬西河郡。燭，舊誤鴻。

參見《簠齋金文題識》頁一一五

土軍侯燭豆八斤十二兩（隸書十，在柱）。

參見《漢鐙考記》稿本；《簠齋金文考·漢鐙考記》頁四〇

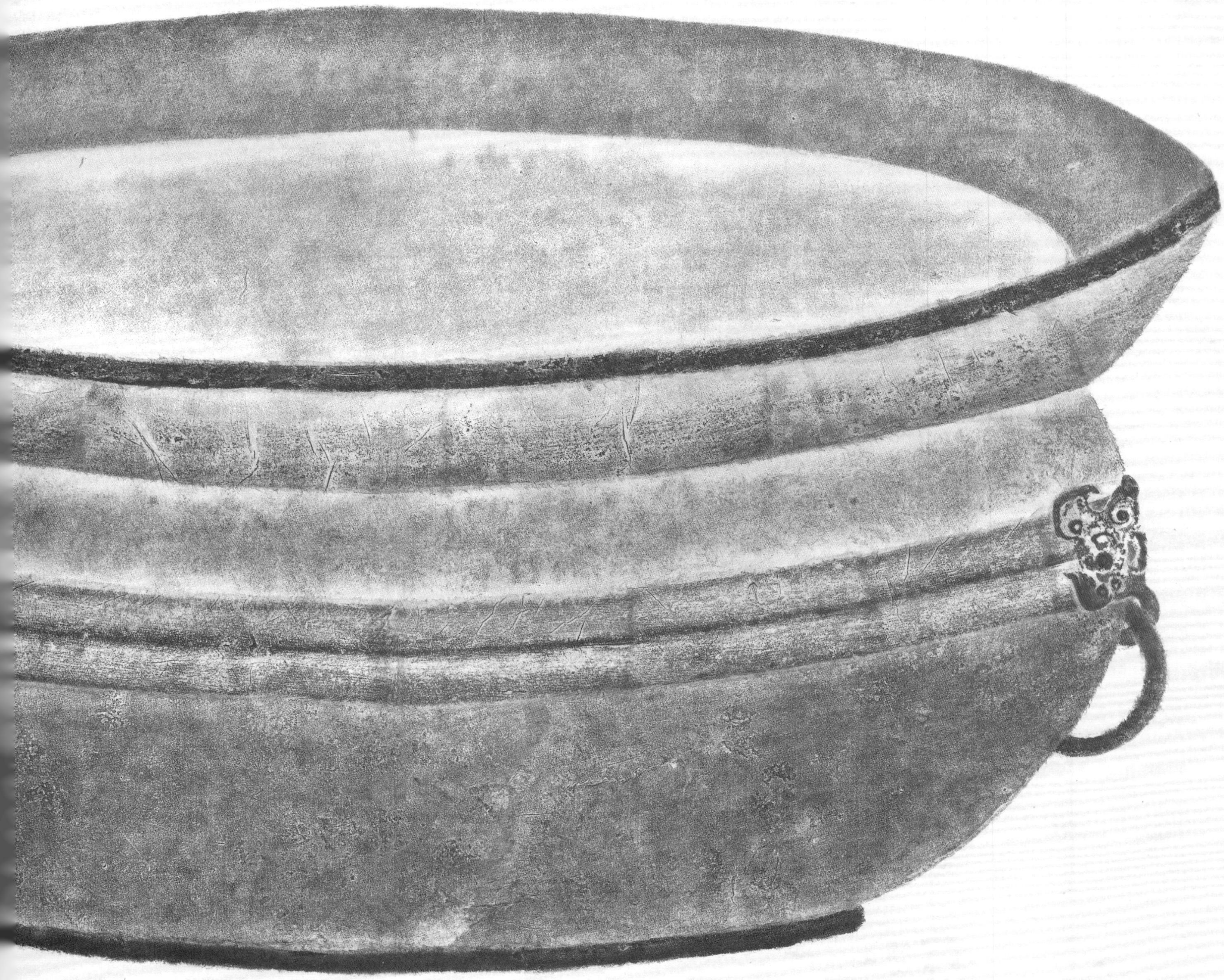

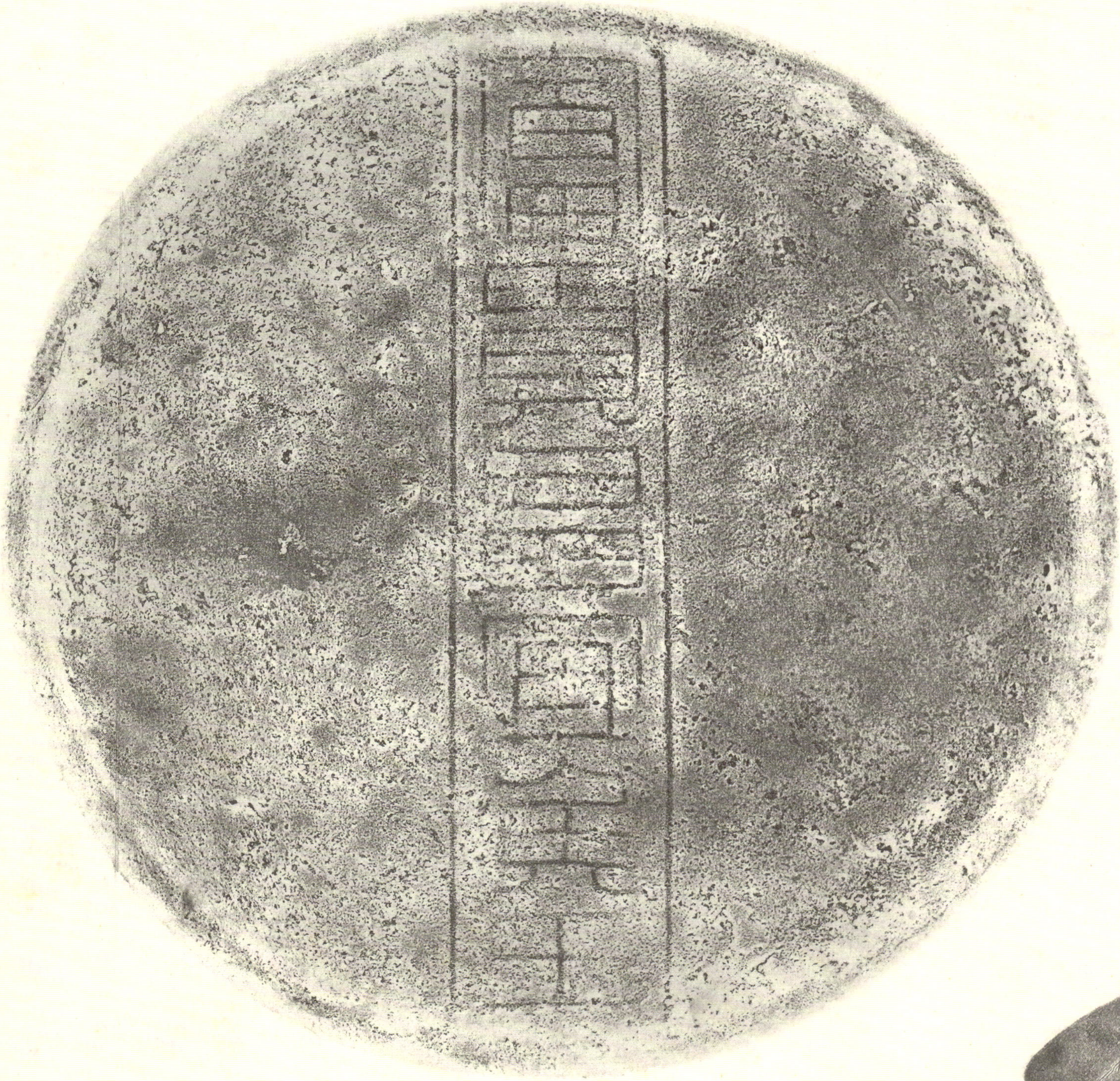

一六二

富貴昌宜侯王洗

00995.5.30

漢

全形拓最大縱橫28.2×46釐米

銘文字數：六

《秦漢》著録編號：四七九

釋文

富貴昌，宜侯王。

附録

富貴昌宜侯王洗

參見《簠齋金文題識》頁一二六

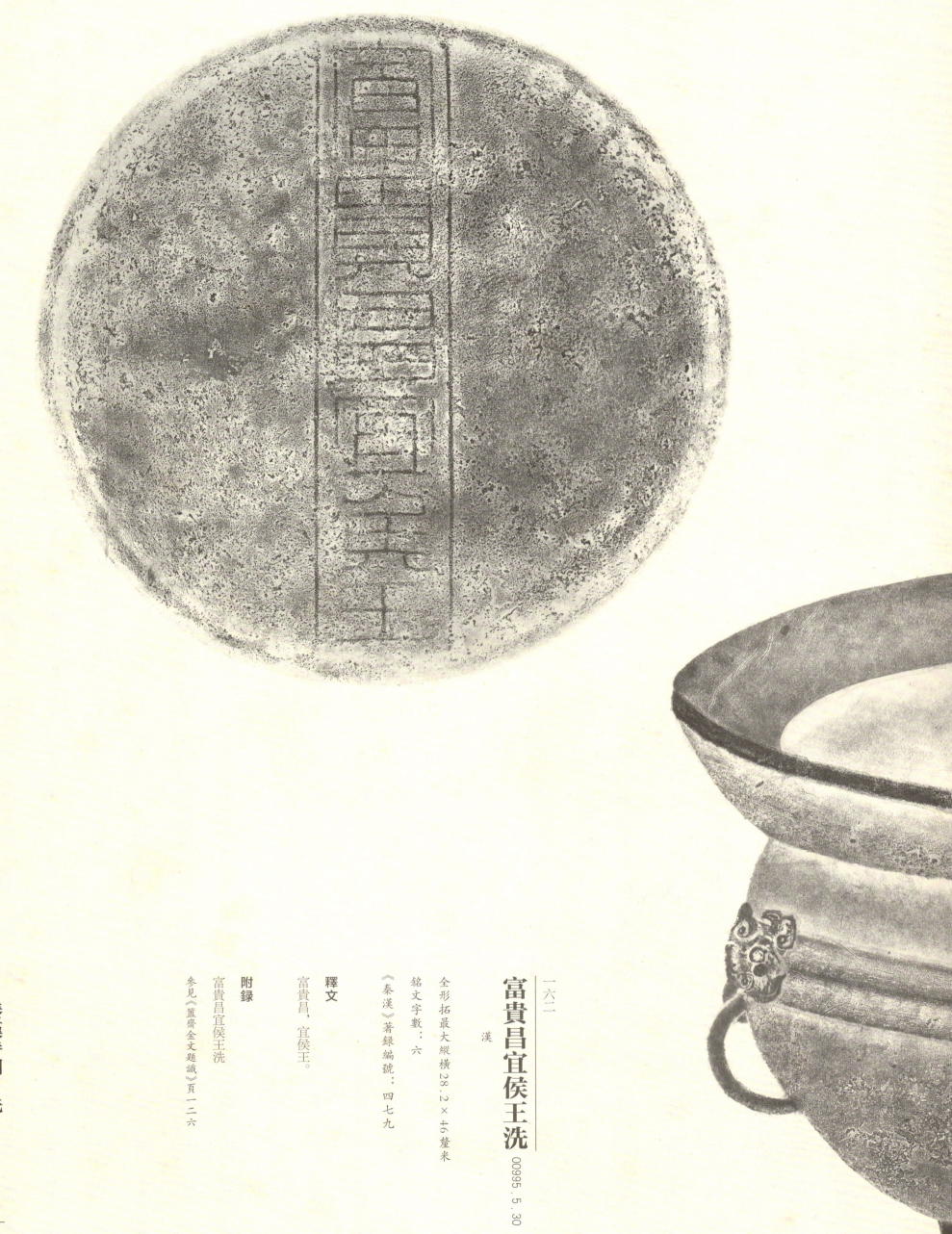

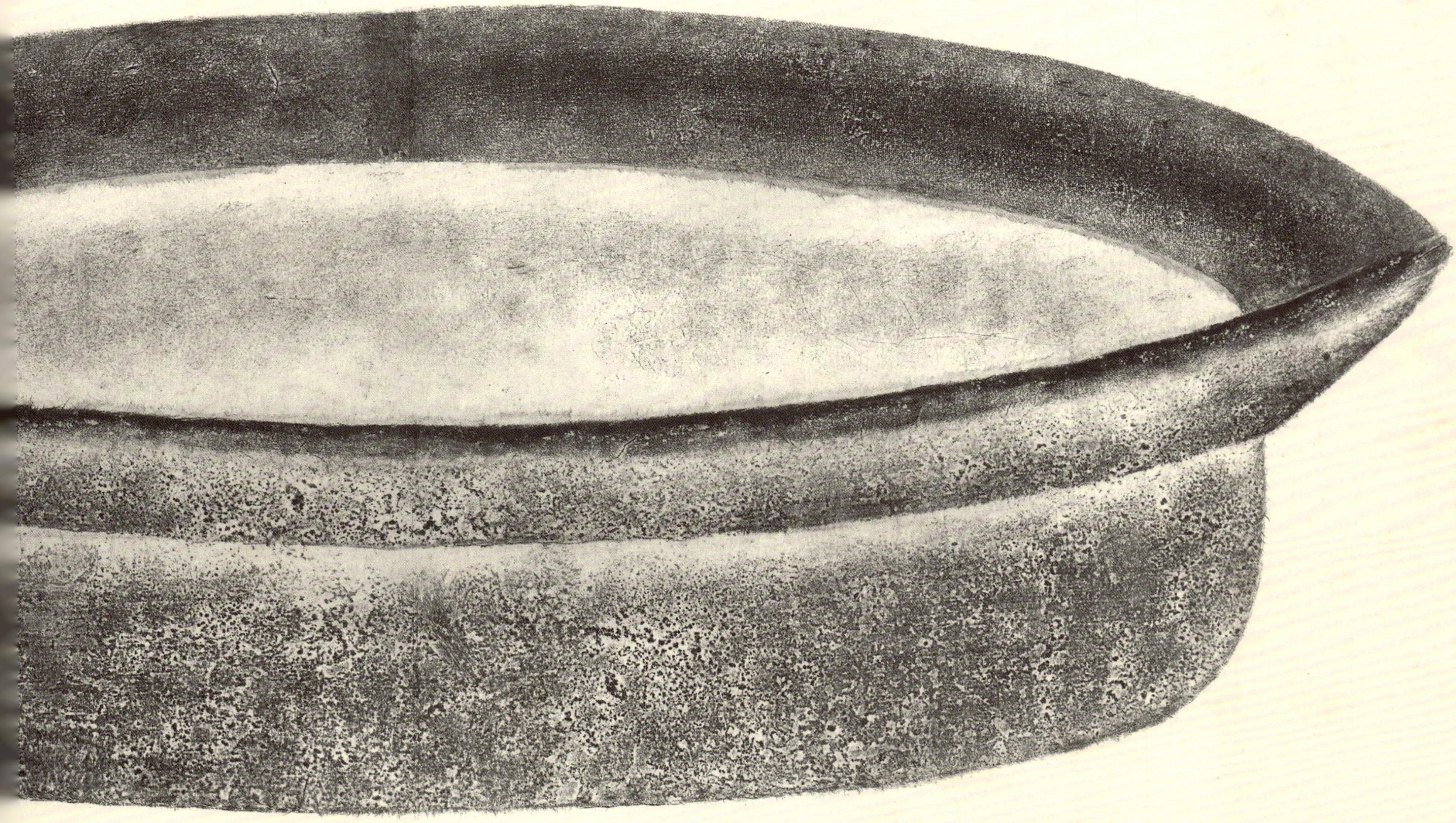

一六三

富貴昌宜侯雙魚洗

0095.5.34

漢

全形拓最大縱橫15×37.5釐米

銘文字數：五

《秦漢》著録編號：四九三

釋文

富貴昌，宜侯。

附録

富貴昌宜侯雙魚洗

即侯省。

參見《簠齋金文題識》頁一二六

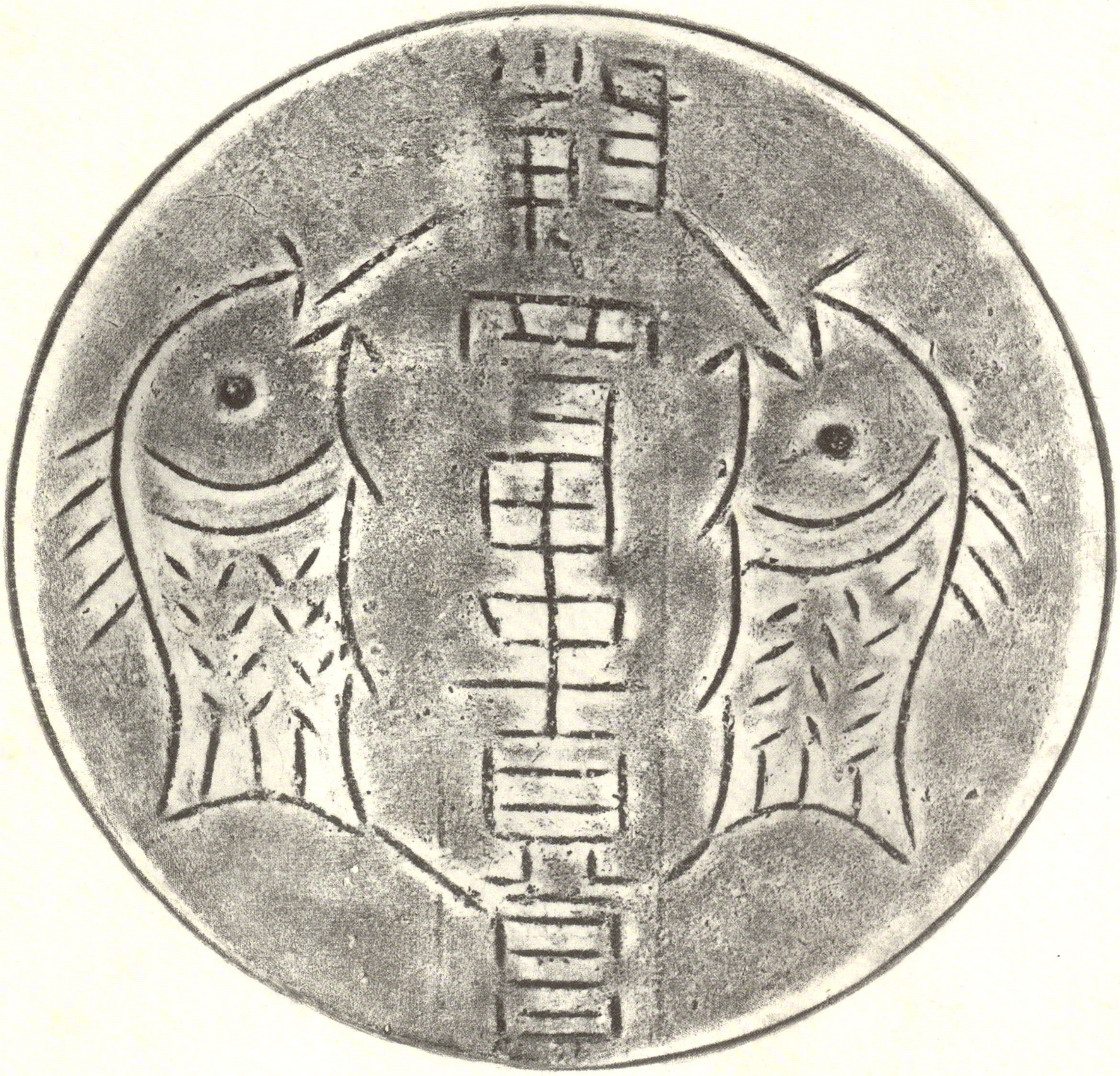

一六四

陳富貴昌雙魚洗

00995.5.31

漢

全形拓最大縱橫22.4×36.8釐米

銘文字數：四

《秦漢》著録編號：四六九

釋文

陳富貴昌

附録

陳富貴昌洗

雙魚。

参見《簠齋金文題識》頁一二六

一六五

長宜子孫雙魚洗（之一）00995.5.32

漢

全形拓最大縱橫14.1×33.2釐米

銘文字數：四

釋文

長宜子孫

一六六

長宜子孫雙魚洗（之二）0095.4.14

漢

全形拓最大縱橫17×27釐米

銘文字數：四

《秦漢》著録編號：四六五

釋文

長宜子孫

附録

長宜子孫雙魚洗

文同字異。

參見《簠齋金文題識》頁一二七

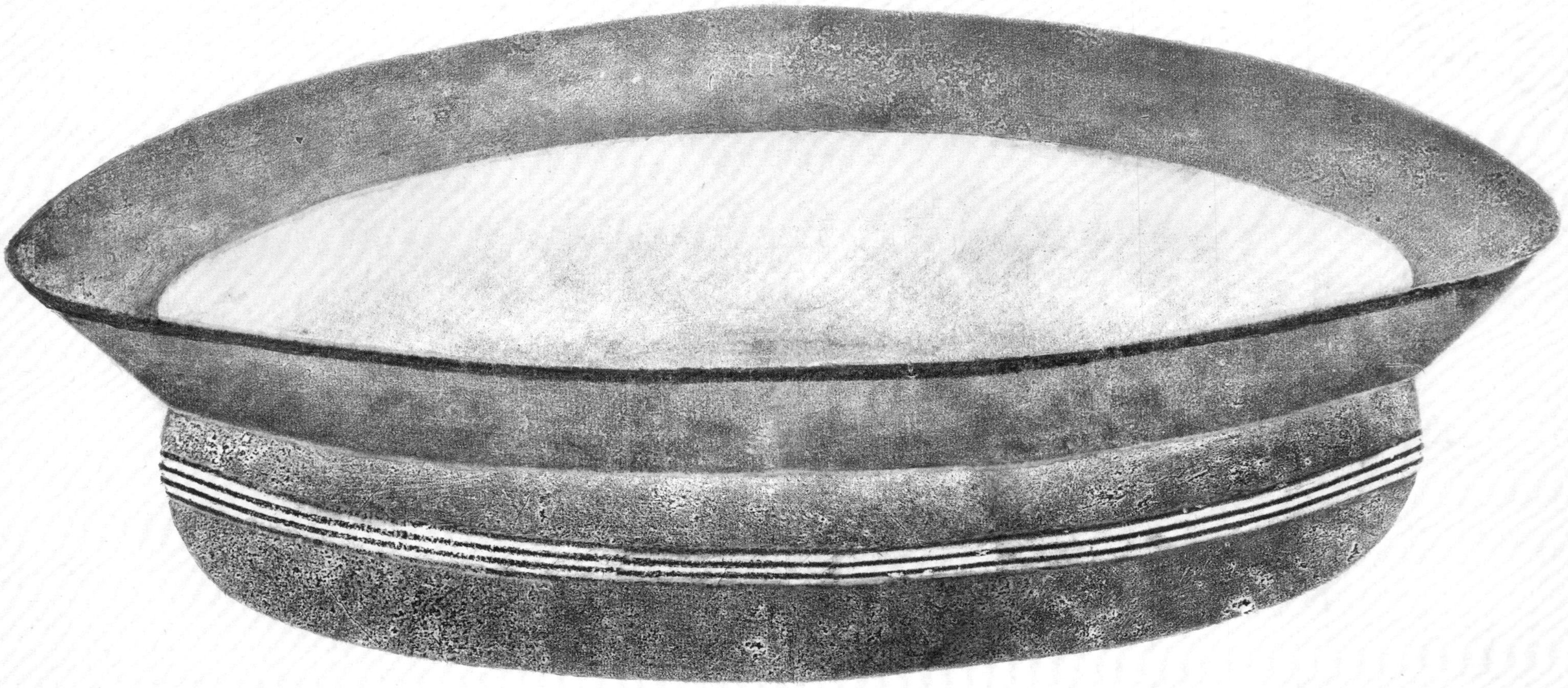

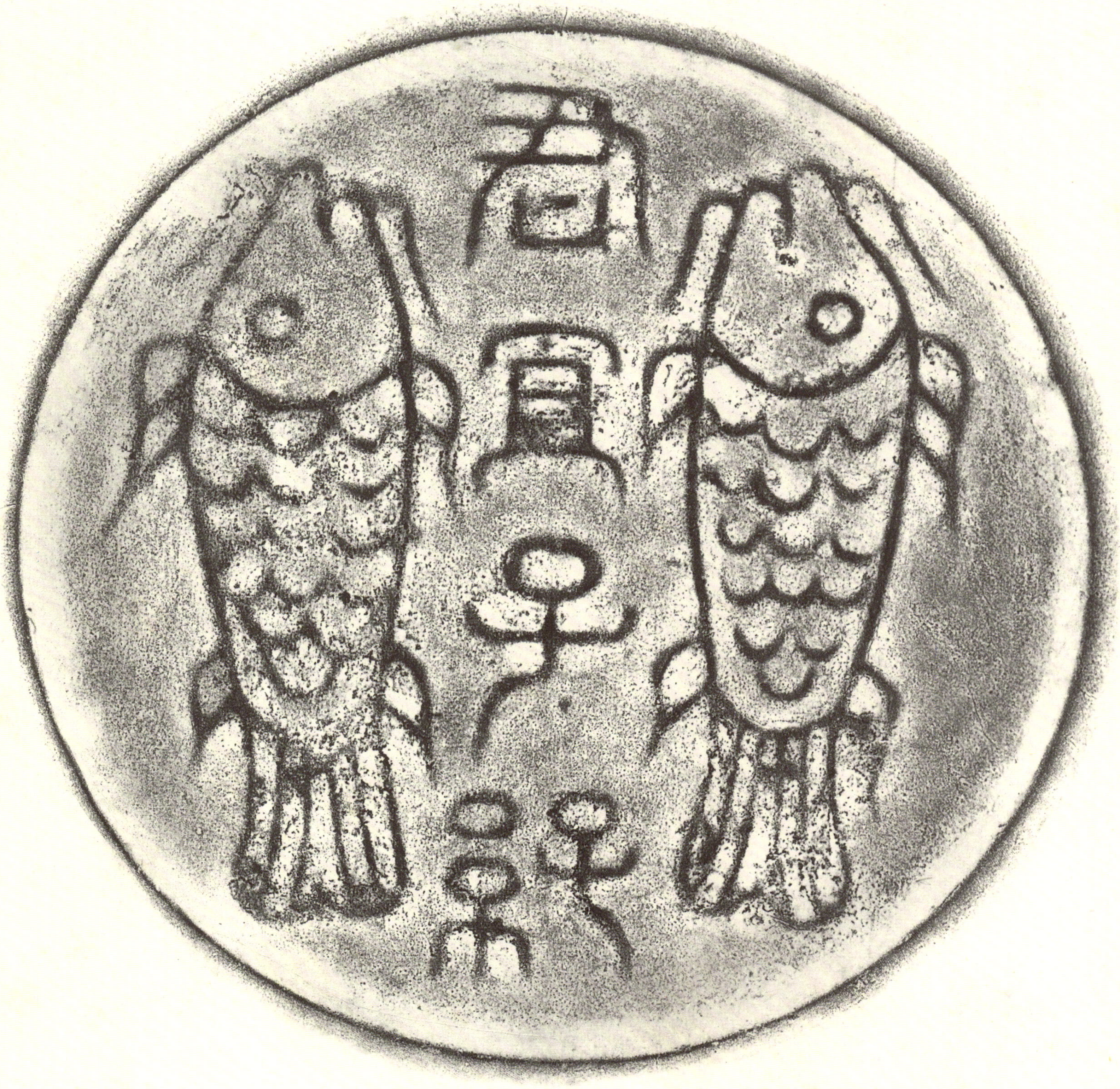

一六七

君宜子孫雙魚洗

00995.5.33

漢

全形拓最大縱横16.5×36.5釐米

銘文字數：四

釋文

君宜子孫

附録

君宜子孫雙魚洗

參見《簠齋金文題識》頁一二六

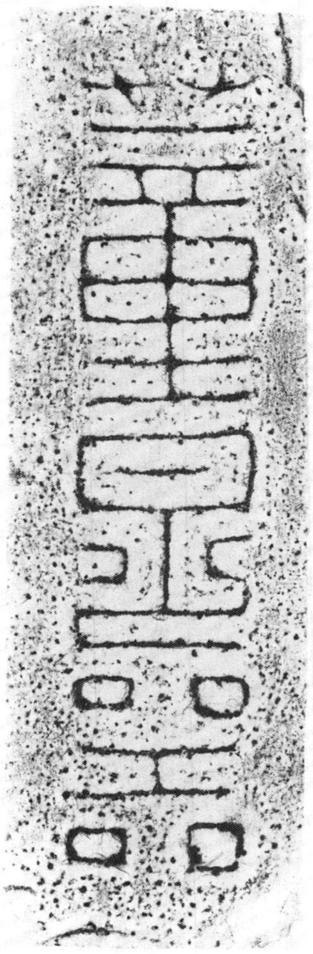

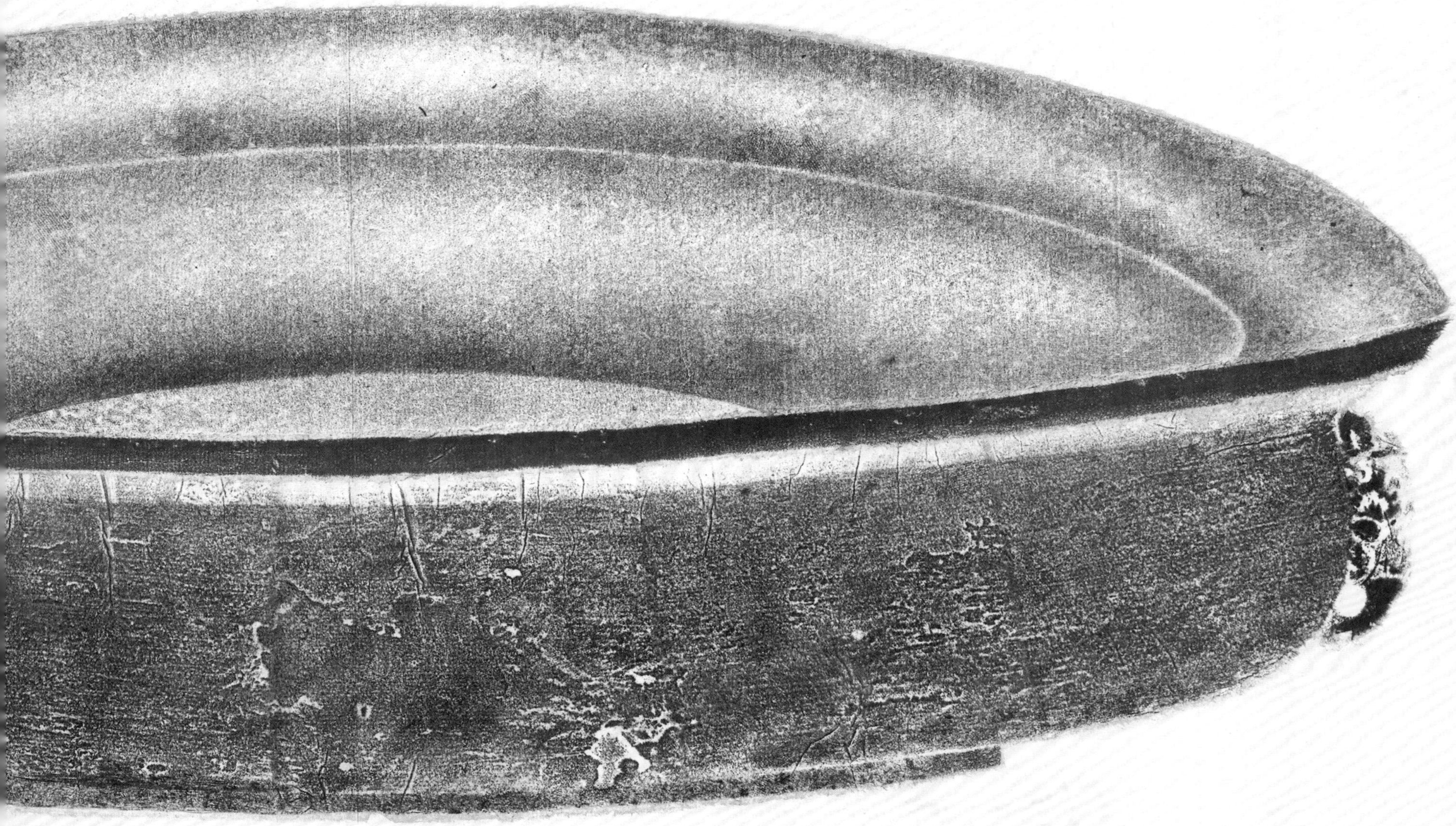

一六八

董是器洗

漢

00995.4.13

全形拓最大縱横14.7×37.6釐米

銘文字數：三

《秦漢》著録編號：四四〇

釋文

董是器

附録

董是器洗

是、氏同。象雉雛鼎耳。

參見《簠齋金文題識》頁一二五

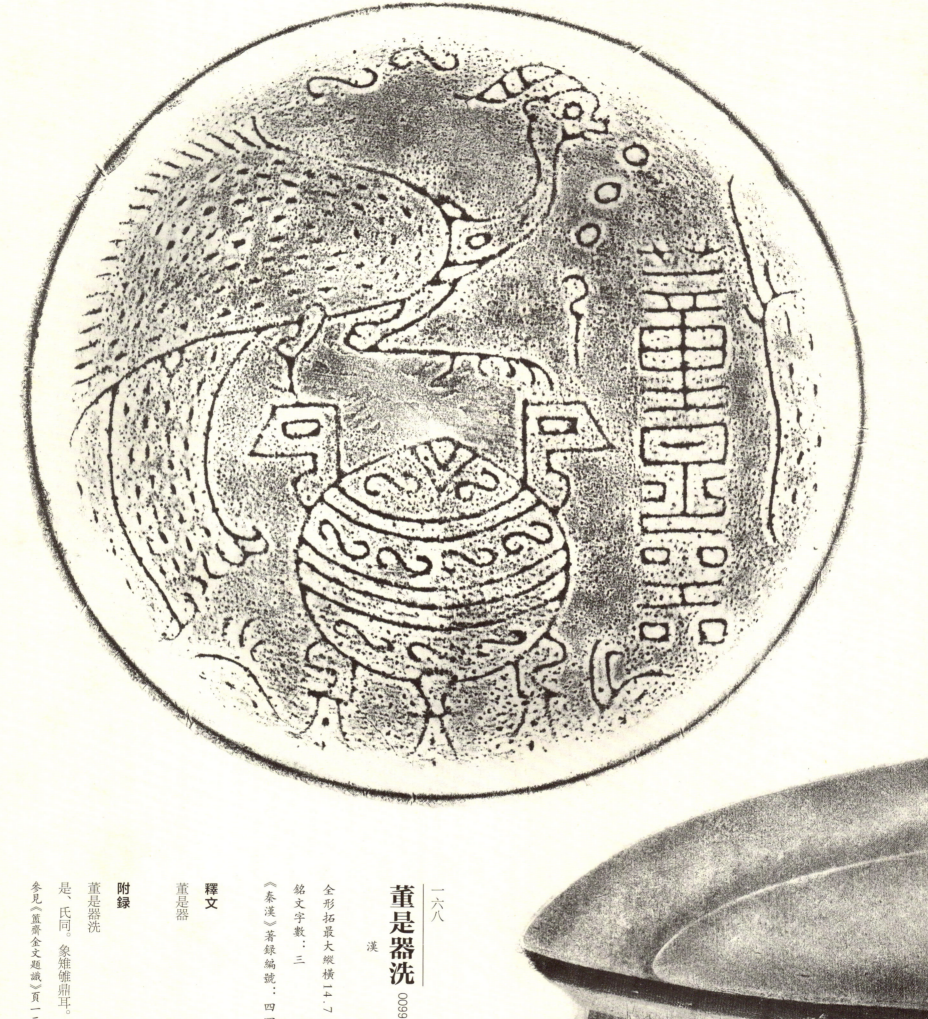

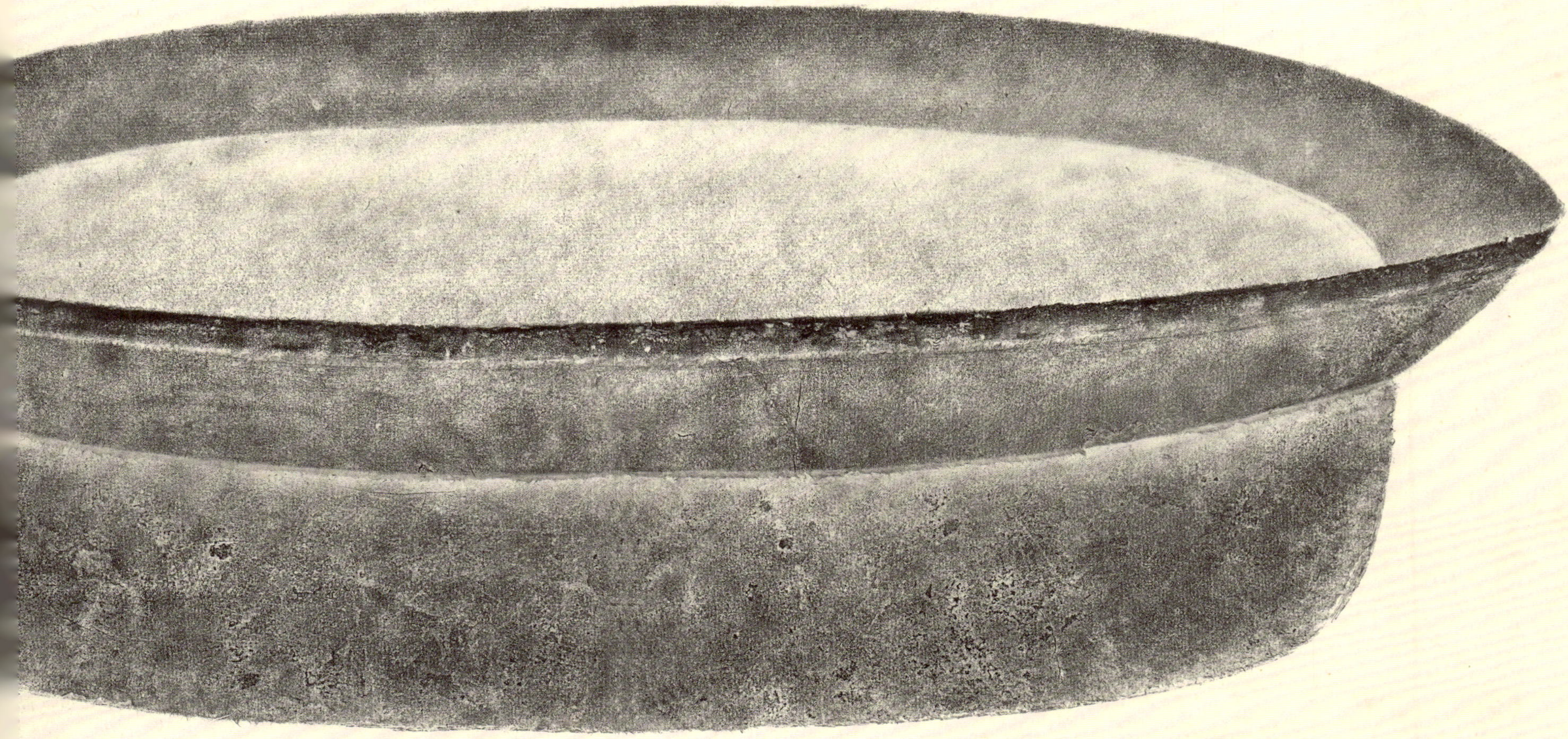

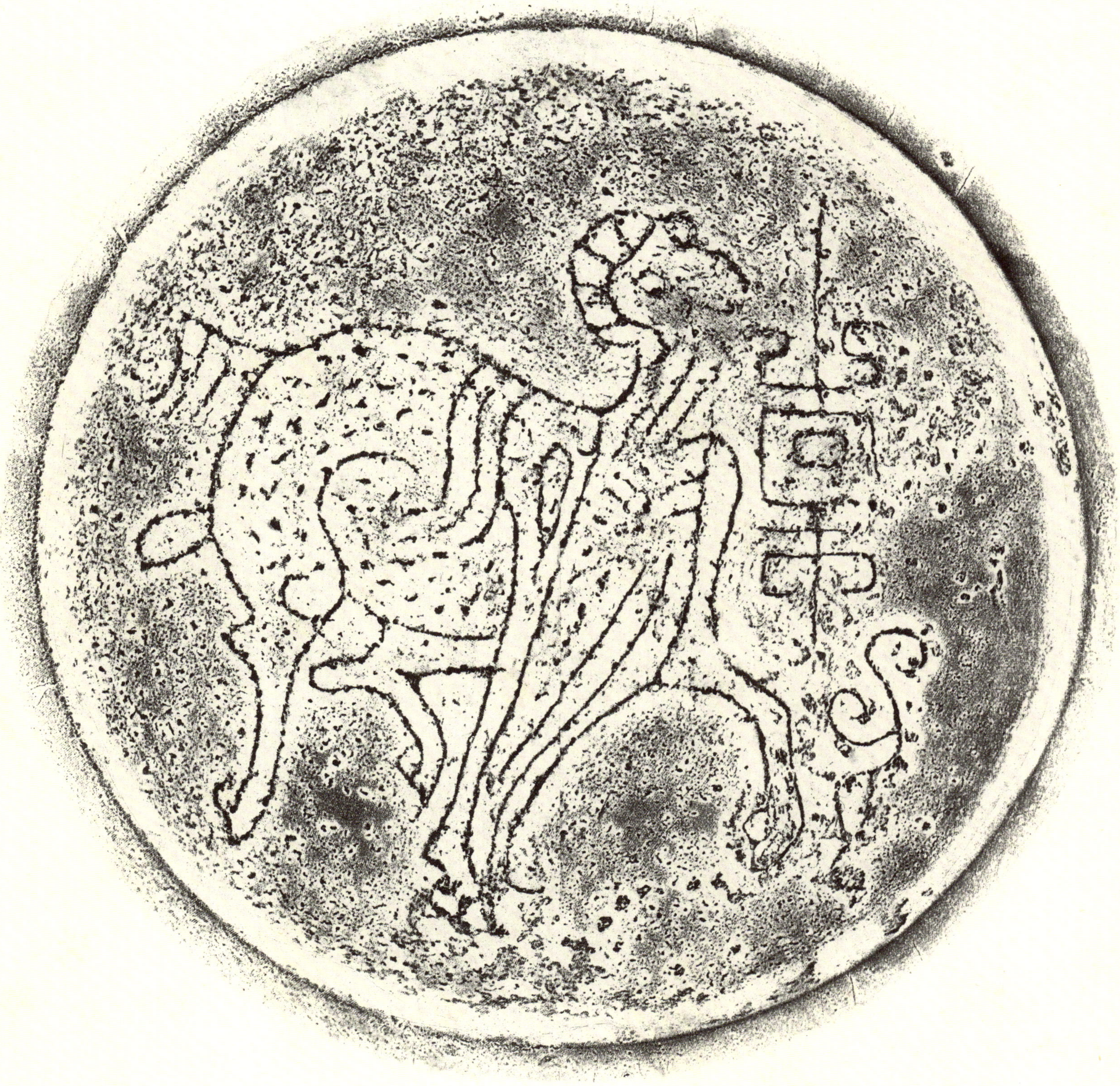

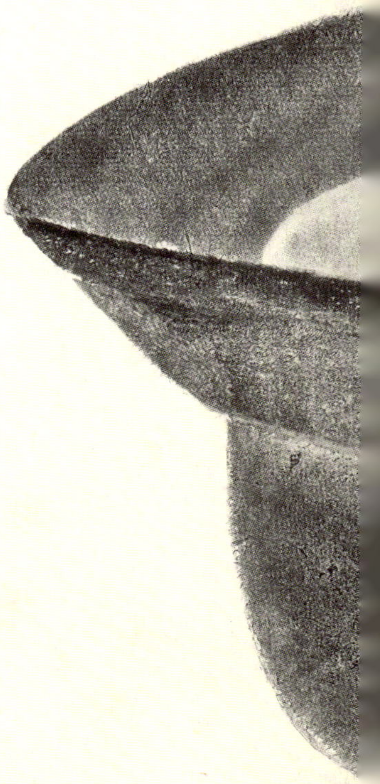

一六九

吉羊洗（之一）00995.5.35

漢

全形拓最大縱橫15×37.5釐米

《秦漢》著録編號：五〇七

銘文字數：二

釋文

吉羊

一七〇

吉羊洗（之二） 00995.3.21

漢

全形拓最大縱橫14.2×30釐米

銘文字數：二

釋文

吉羊

一七一

十六年鍪

00995．4．34

西漢

全形拓最大縱橫14.6×16釐米

銘文字數：一九

《秦漢》著録編號：一五五

釋文

鍪容五升，重三斤九兩，十六年工從造，第一閔主。

附録

十六年鍪

十九字。文帝十六年，或始皇十六年，未可定。

鍪，溫器，象兜鍪形。

《内則》敦牟巵匜之牟當即此，鄭讀曰堥，堥从土，或古陶器。

參見《簠齋金文題識》頁一一二

另《西漢孝文帝銅鍪考釋》，見《簠齋金文考》頁五至七

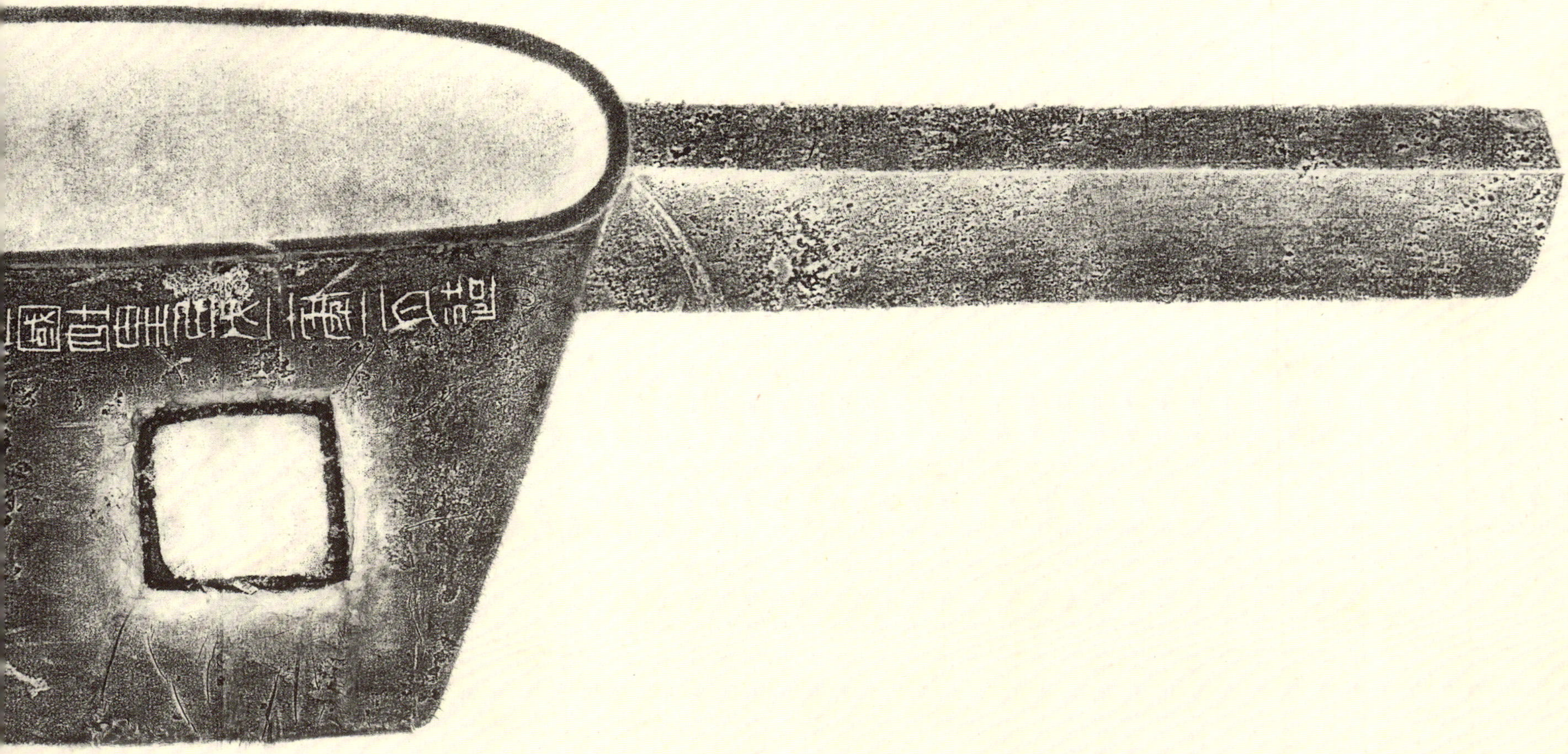

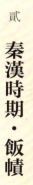

一七二

常樂衛士飯幘 00995.5.29

新王莽時期

全形拓最大縱橫11.7×38.9釐米

銘文字數：二六

《秦漢》著録編號：五二九

釋文

常樂衛士上次士銅飯幘，容八升少，新始建國地皇上戊二年二月造。

附録

新莽常樂衛士飯幘

式如秦量而底平，名曰幘，可見古幘之形。莽量也，幘其形。廿六字，外一口高起，即斗檢封。地皇上戊二年。

參見《簠齋金文題識》頁一一九

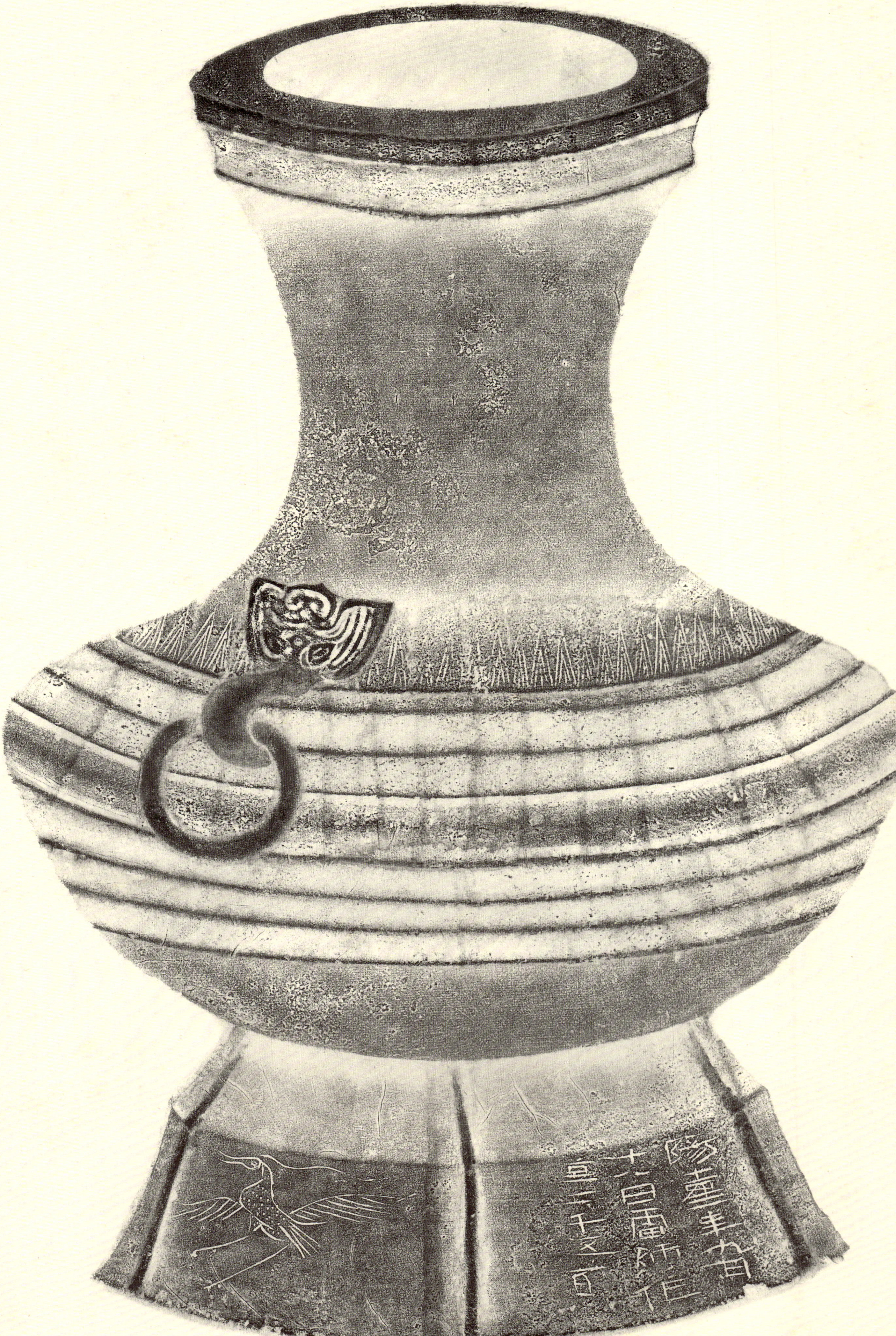

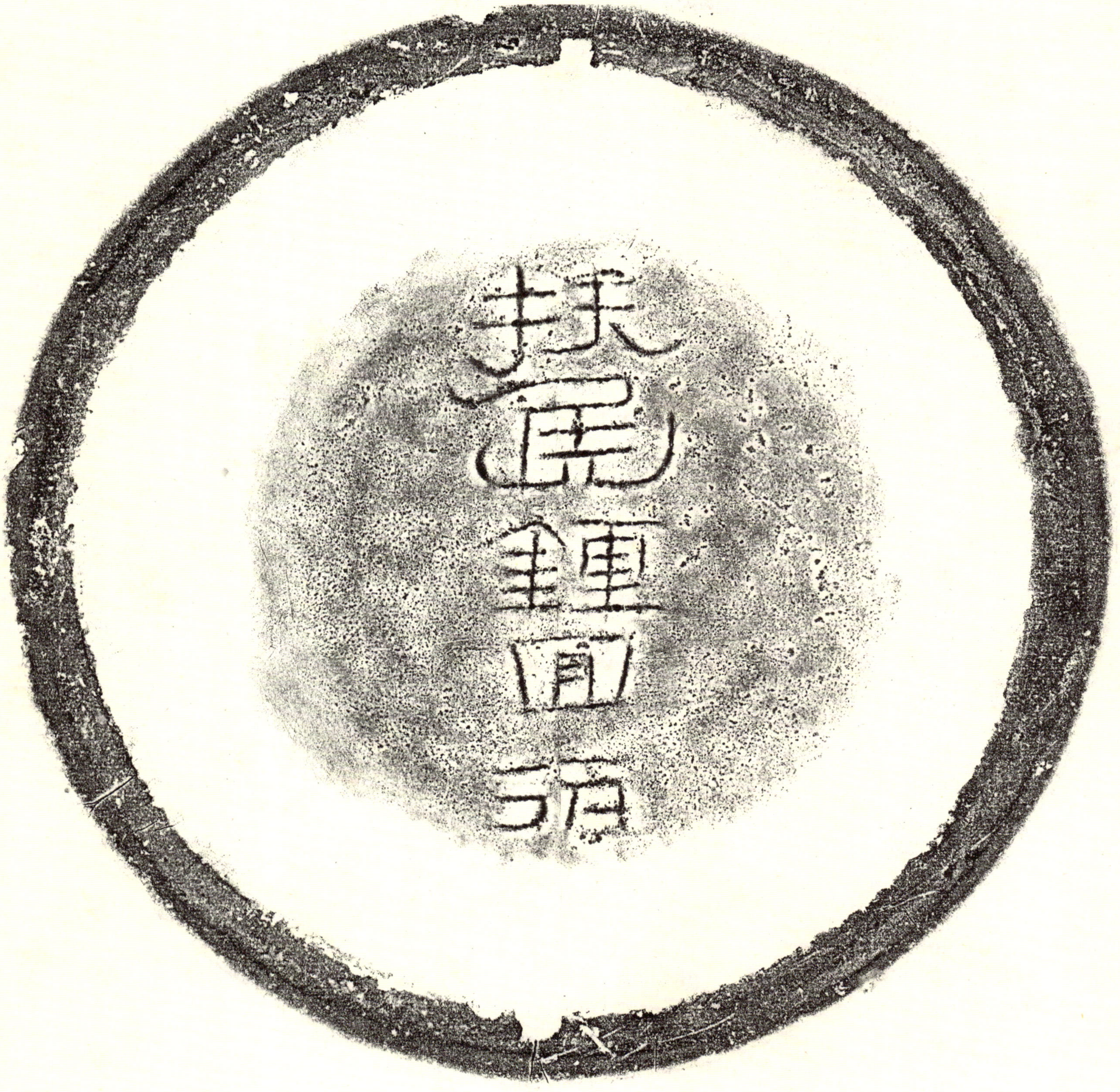

一七三

扶侯鍾

00995.4.07

東漢陽嘉三年（134年）

全形拓最大縱橫40.9×26.8釐米

銘文字數：二二（足底五，足外一七）

《秦漢》著録編號：一七九

釋文

扶侯鍾宜𢓊（復？）

陽嘉三年九月十八日，雷師作，重二千五百。

附録

扶侯鍾

足底陽識五字。漢侯扶下有柳、德、平、陽、鄉，此省，未可定。𢓊當是復，國除而祝復家與。足外刻款十七字，雷師作，又紀直，又鷺形。陽嘉下當是三字。

陽嘉三年九月十八日十七字鑿款，又鷺形，均在足外。扶侯鍾宜𢓊五字鑄款，在底內。扶鄉侯劉𦙍楚思王子，扶柳侯呂平，扶陽侯韋賢，扶德侯馬宮，扶平侯王崇，無扶侯，扶侯自是東漢所封者。

參見《簠齋金文題識》頁一一一